Individuality in Early Modern Japan:
Thinking for Oneself

徳川日本の
個性を
考える

Peter Nosco
ピーター・ノスコ：著
Robert Ono
大野ロベルト：訳

東京堂出版

日本語版のためのまえがき

一九七四年秋の中世史の授業の教室で、故ポール・ヴァーリー（一九三一―二〇一五）教授は、おそらくその場の思いつきだったのだろう、「あらゆる歴史記述は自伝的だ」と言い放った。私は彼の言っている意味がすぐにはわからなかったが、しばらくして、彼は正しいどころか、ずいぶんと時代の先を行っていたのだということに気づいた。[1] 歴史記述は、過去のことと同程度に筆記者自身のことを明らかにするものだ。それ以来、私も事あるごとに「私のことを知りたいのなら、私の書いたものを読むのが早道だ」と言うようにしている。自分が見たこともない場所への郷愁についての研究である *Remembering Paradise*（Nosco 1990、邦訳『江戸社会と国学――原郷への回帰』ぺりかん社、一九九九）から、それぞれの文化が組織内の不和にどのように対応してきたのかを取り上げた近著（Nosco and Chambers 2015）まで、私の書く本や論文にも多かれ少なかれ自伝的側面がある。それは今回も例外ではない。

もう半世紀も前のことになるが、コロンビア大学の一年生として日本語を勉強し始めた時、私はその言語の難しさと、内的に折り重なってゆく韻や、繊細な抑揚にすっかり魅せられた。日本語との出会いは私の人生を変えた。そして一九六九年の夏と、卒業後の一九七一年の夏に実現した訪日も、やはり衝撃的だった。というのも勉学を通じて出会った日本には、どこか「架空の構造物」とでも言うべきところがあったからである。四季折々のリズムに彩られた美しい国に、あらゆる外的な脅威に立ち向かう強さを持った、驚くべき協調性を具えた人々が暮らしている……。そのような「書物のなかの日本」と、私が学生として、あるいは研究者として訪れ、生活した「現実の日本」との間には、大きな隔たりがあった。そのような隔たりが生じたのは、私が場違いな存在だったからなのだろうか？　それとも、日本をめぐる物語のほうに、何か見当外れなところがあったのだろうか？　半世紀近くも考えあぐねた結果、おそらくその両方だろうということで私は納得した。

この「まえがき」のあとには九つの章が続く。第一章は序章にあたるもので、本書の問題意識を提示するものであるが、それは端的に言えば、徳川時代（一六〇三―一八六七）の社会においては、私が数十年前に教えられたその時代のイメージに比べて遥かに高度な個性が存在した、という点から出発している。身分にかかわらず、江戸では多くの人々が様々な方法で自己の向上を図り、自らに課せられた社会的な条件や限界、運命などと向き合っていたのである。本書の第八章に登場する鈴木其一（一七九六―一八五八）の屛風（二四五頁）には、このことが視覚的に表現されていよう。そこには五羽の、地に足のついた（社会基盤を持った）鶴がおり、毛づくろいをしたり、草を食んだりしているが、そのうちの二羽は、そのような日常から少し顔を上げて、物思いに耽るような面持ちで（と、私は想像したい）、上空をゆく六羽の仲間を見やっている。この六羽は、あたかもピーター・パンのように、大地という足枷から解き放たれて、特異な高みに昇っているのである。

続く六つの章、すなわち第二章から第七章が、本書の核である。各章の主題は多岐にわたるが、第八章にあたる結論部で、私はそれらの主題を、糸を縒り合わせるようにしながら、近世日本の個性をめぐる言説へと収斂させたいと考えている。結論部のあとには「あとがき」を設けて、それまでに論じた近世日本のいくつかの側面を、現代日本の場合と比較してみるつもりである。

中心となる六つの章で展開される物語は、いずれも私自身の過去に根を持つものでもある。例えば第二章ではアイデンティティと志向性を論じるが、移民の子供である私自身も、「私たちは何者なのか？」「私たちはどこから来たのか？」「どうしてここへやって来たのか？」というような疑問に囲まれて育ったのだ。そしてある時期からは、「私たち」よりも「私」のことが気にかかるようになった。だが、ずいぶんあとになってから気づいたのは、結局のところ「私たち」について考えてみなければ「私」のことはわからないし、逆もまた然り、ということであった。

日本を訪れ、そこで有意義な時間を過ごしたことのある外国人なら、たいていは「私たち日本人は〜」とか、「日本人というものは〜」で始まる台詞を耳にしたことがあるだろう。社会、国家、民族、人種を問わず、あらゆるグループに属する人がこのような言い方をするが、そこに滲んでいるアイデンティティの背後には、圧倒的な力を持ったイデオロギーが感じられる。例えば頻繁に行われる一般化として、日本人が均質的で、集団への帰属意識が強いのに対して、北米やヨーロッパの人間は多種多様で個人主義的、というものがある。なるほど、これには真実と思われる部分もある。少なくとも表面的に言って、日本は先進国のなかでは人種的および民族的――この二つは、日本を論じる際にはしばしば同義的に用いられる――な多様性が見られない国であり、集団行動をとろうとする姿勢も目立つ。しかし日本を訪れる者は、水面下で、あるいはすでに目に見える形で現れている、豊かな多様性に驚かされるのである。志向性（orientation）の重要性もまた明らかだろう。物事がうまくいかない時に、私たちが「道に迷ってしまった」とか「我を失ってしまった」とか、あるいは「方向を見失ってしまった」という言い方をすることも、その証拠の一つと言える。本書では、今も昔も、個性にとっては集団および個人のアイデンティティと同様、空間的・時間的・社会的な志向性も根本的な要素であるということを明示したいと思う。

第三章では、政治参加や反抗という側面を含めて、自己利益（self-interest）と公共圏（public sphere）の問題を取り上げたい。自己利益の追求とはすなわち、公共の善よりも個人的な利益を優先するということであり、反抗とはすなわち、不法行為に参加してでも個人的な利益を守るということである。明治時代においてもそうであったが、太平洋戦争からの復興期においても、国の支えとなったのは集団的な市民性であった。そのなかで日本人は、国のために犠牲を払うことは「自然」なことであり、逆にそうしないことはむしろ逸脱であると考えるよう仕向けられてきた。だが第三章では、そのような考え方とは相容れない反抗や自己利益の追求という概念が、徳川の社会においてすでに深く根ざしていたことを論証したい。

第四章では仏教、なかでも日蓮宗に見られた地下活動を素材に、秘密とプライバシーの関係性を考察する。

個性を容れる社会においては、人は自分らしくあることを許される。そして保守的なものであれ急進的なものであれ、他者に迷惑をかけない限りにおいて、信仰の自由も与えられる。徳川幕府は宗教指導者を統制することで人々の信仰を統制しようとし、しかも驚くほどの成果を上げたが、その過程ではまた、虚偽や隠匿によって巧みに信仰を守り抜く人々を作り出すことにもなった。

第五章では修身（self-cultivation）の問題と共に、サロン文化や私塾におけるエリート主義や平等主義を取り上げる。私自身の経験から言えば、極めてエリート主義的かつ実力主義的なケンブリッジ大学においても、ニューヨーク州クイーンズの中産階級的な世界においても、芸術を含めた深い教養を身につけておくことが社会的および職業的な成功の鍵であることは同様であった。もちろん、徳川時代の日本においてもこれに近いことが言える。結局のところ、修身とは自発的に、自給自足の方法で自己を形成してゆくことであり、それには必ずしも外部からの力を必要とはしないのである。

第六章では幸福と福利を扱うが、これらについての説明は不要だろう。個人として存在するということは、ただ福利のみならず、個人的な幸福を追求する権利を持つということである。今日の世界と二、三百年前の日本の場合とでは昼と夜ほどにも事情が違うと思われるかもしれないが、実のところ似た部分は多くあり、何より福利について考察することが幸福の追求と結びついている点も同じである。また、両者を結びつける第三の概念としては、「クオリティー・オブ・ライフ」が挙げられよう。今日の日本においては保険や長寿、安全や教育など、クオリティー・オブ・ライフを構成する多くの要素が遍在していると言えるが、一方で個人の社会に対する不安は根強く、仕事への不満や、人間関係や自己決定に関する悲観的な見方も蔓延《はびこ》っている。第六章では幸福の淵源を探りながら、その過程で不幸の成り立ちについても間接的に探求することになるだろう。

第七章では価値観（values）の問題を扱う。価値観は、外見にも比肩するほど、その人物について多くを物語るものである。しかし、本書が大きな関心を払うのは、エリートである武士たちが称揚したようなイデオロギーに与する価値観よりも、むしろ個人や集団の利益を追求する都市および地方の庶民が抱いた、カウンター・イデオロギー的な価値観（counter-ideological values）のほうである。[2] 果たして幕藩体制のなかで容認されていたようなイデオロギー的な価値観だけが、工業化や官僚的な合理主義、近代性の獲得などに貢献するのだろうか？　それともカウンター・イデオロギー的な価値観にも、何らかの役割があるのだろうか？　普段は思慮深い人物でも、標榜する価値観に真っ向から対立するような言動に出ることがあるのはなぜだろうか？　本書ではこれらの疑問に完全に答えることはできないが、本章での考察をきっかけとして、さらなる議論が今後も継続されることになれば幸いである。

結論部ではそれまでの各章で確認されたことを振り返りながら、それらを編み上げるようにして、近世日本における価値観をめぐる言説を形づくりたいと思う。近代から現代に至る日本をいかに歴史化してゆくべきかという問題について、今後の議論の端緒となるような何らかの示唆を行うことができればと願っている。

「あとがき」では、私がこれを書いている二〇一八年初頭の日本と、各章で取り上げた問題とが、どのように関係しているのかを考えてみたいと思う。あえてそのような比較を行うのは、もし各章での考察が現代の日本を考える上で何の役にも立たないとすれば、私たちは自分たちが「そこ」（近世）から「ここ」（現代）

までどうやって歩いて来たのか、説明できないことになると思うからである。また、私はそこで、日本研究において永らく「社会通念」となってきたいくつかの概念についても疑問を投げかけてみたいと思っている。日本史において実に興味深い時期と言える現代についても、この「あとがき」をきっかけに活発な議論が展開されればと期待している。

そのような期待を抱くことができるのも、本書の刊行を実現してくれた東京堂出版のおかげである。本書を手に取る読者のお一人お一人には、今日の日本における個性の位置というものについて、ぜひ改めてご一考をお願いしたい。

ピーター・ノスコ

カナダ、バンクーバーにて　二〇一八年四月

■註

（1）ドナルド・マレー名誉教授は、さらにその範囲を広げて、以下のように述べている。「私の――そしてあなたの――書くものはすべて自伝的である」(Murray 1991, p. 66)。

（2）実践としての価値観については、池上二〇一六を参照。

徳川日本の個性を考える

目次

第二章 アイデンティティと志向性

第三章 自己利益、反抗、公共圏

第四章 信仰と宗教実践における秘密とプライバシー……115

第五章

第八章 結論

あとがき——現代日本における個性への反発

第一章

序論——「我を思う」ための文脈づくり

いくつかのキーワード

本書には、近世、個性、そしてイデオロギーという語が頻出する。そこでまず、定義とは言わないまでも、本書でそれらをどのような意図で用いているのかを整理しておこう。言うまでもなく、これらの語には長い伝統のなかで培われた、裾野の広い、豊かな意味がある。だが、以下で私が述べようとするのは、そのような複雑な議論とは若干の距離を置くもので、むしろ棒人間の絵を使って描いた図のような、単純化された解釈なのである。

近世については、私はビョルン・ウィットロック（Wittrock 1998）の見方に従う。つまり、近世のあり方には多数のモデルがあるものの、共通理解としては、それが先行する「中世」や「中世後期」よりも豊富な資源動員を許容した時代であり、またそれ以前には確認されなかったような、新たな次元の集合的アイデンティティを開花させた時代である、ということが言える。もっとも本書では、集合的アイデンティティと個人的アイデンティティは同時的に発生すると考える。そうである以上、近世と呼ばれる社会では一般的に、新たな次元の個人的アイデンティティも発生しているはずだ。それは、日本の近世においても同様なのである。

大まかな年号を示せば、日本の近世は、織田信長（一五三四―八二）が覇権を強める一五七〇年代から、戊辰戦争が終結した一八六九年までとなろう。資源動員の顕著な達成としては、一五八三年の大坂城築城や、一五九〇年代に無分別にも敢行された朝鮮への侵略が挙げられる。集団的アイデンティティが勢いを増すのはそのおよそ一世紀後、それが「日本的なるもの」という理論にまで発展するのはさらにその百年後である。本書では近世、徳川時代、江戸時代という語がしばしば同義語のように用いられるが、多少なりともニュアンスの違いはある。比較的な側面を強調する際には「近世」を、国家の存在が重要である際には「徳川時代」を、そして政治よりも社会や文化に注目する際には「江戸時代」を採用している。

次に、本書で言う「個性」とは、個々人の間の差異、すなわちある人間と別の人間とを区別するところのものを受け容れ、評価することを意味する。日本の個性を理解するためには、現存する史料が重要であることは言うまでもないが、近世における個性のイメージは、エリートであった武士たちの名誉の文化や、やはりエリート思想を持っていた仏僧たち、それに宮廷文化の担い手であった京の公家たちや、あるいは中世の隠遁者たちの考え方のなかに、すでにその先触れがある。本書の中心的な主張は、先行するそれらの特異な個性が、徳川の治世においてはもはや凡庸な個性となっていた、ということである。なお、人間の多様性を称揚し、集団の利益よりも個人の利益を優先するという意味を含む「個人主義」という語を、本書が用いていないことに注意されたい。「個性」と「個人主義」の違いは重要である。

最後に「イデオロギー」は、権威を持つ者が、個人や集団に対して影響を与えようとする際に利用される、あらゆる世俗の思想を指す。あくまで世俗の思想であり、宗教的なもの——近世の日本では主に仏教ということになるが——は含まない。なぜなら、宗教とは本質的に個人や集団に影響を与えようとするものであるから、これをイデオロギーに含めてしまうと、その定義が大幅に拡散することになるのだ。[1]また国家から黙殺、あるいは否定された社会思想については、これを「カウンター・イデオロギー」と呼ぶ。一般的に言って、元禄年間（一六八八—一七〇四）から徳川の治世が終わる一八六七年までの間、徳川幕府は特定のイデオロギーを推奨しつつも、ある程度の文化的自由を許容していた。つまり幕府は、それが秩序を揺るがすような脅威とならない限り、文化的表現や社会規範に介入しなかったのである。

個性とイデオロギー

近現代の日本では、極めて効率的なイデオロギー生産が行われた。その結果、一八九〇年以降の日本社会においては、欧米に比べて個性の発現が低い次元に留まっている——。これが、近現代の日本に対するほとんど絶対的な見方である（DeVos 1985）。本書は、この見方を問題視するつもりはない。しかし、社会のなかで個性が現前するためには、つまり、社会が個々人の多様性を容認するような状況が出来するためには、まず集団や個人を国家に奉仕させる目的で利用される国家主導のイデオロギーを克服する必要がある、ということは述べておきたい。

バートランド・ラッセル（一八七二—一九七〇）は、個々人の考え方の違いを尊重する近代イギリスの姿勢を、ルネ・デカルト（一五九六—一六五〇）の命題「我思う、ゆえに我あり」に淵源を持つものと捉えた。それは、人間はそれぞれに自己の経験に立脚した知識を持つ以上、知識の基盤は人によって違う、という見方を支持するものである（Russell 1946, p. 579）。この見方は、本書で言うところの個性の概念にも通じるものであり、本書が取り上げる時代の日本には、確かに広い範囲で人々の個性が確認できる。しかし、それは右で説明されているような個人主義や、ましてや現代の北米に見られるような個人主義と同じものではなく、混同は避けるべきである。

日本におけるイデオロギーの形成を扱った優れた英語の文献には、一五七〇年から一六八〇年を取り上げるもの（Ooms 1985）や一八九〇年から一九一二年を取り上げるもの（Gluck 1985）があるが、このオームスとグラックの優れた研究の間には、私が主に取り上げる一六八〇年から一八七〇年までの期間にちょうど重なる、ほぼ二世紀もの空白がある。また私の関心は、両者が研究の主題とするような、国家によって支持され、称揚されたイデオロギーよりも、個性の出現を許容し、かつ個性が出現したことの反映でもあるところの、社会のなかで醸成されたカウンター・イデオロギーのほうにある。本書で私は、この空白の二世紀の間に社会によって許容されていた個性や、その個性に基盤をおいたカウンター・イデオロギー、そしてその思想に結びついた価値観などの存在を証明するために、新たな証拠を提示するつもりである。この二世紀という期間こそ、日本において個性が隆盛した期間である、と私は考えている。少なくともこの時期、個性は国家主導のイデオロギーと併存していた。個性はイデオロギーの優位に立とうとし、イデオロギーは個性の優位に立とうとするので、両者は建設的な緊張関係にあったのである。なお、この関係性が今日でも見られるものであることは、本書の「あとがき」で論じることになるだろう。

自分のために考える

本書の原著の副題（*Thinking for Oneself*）となっている「我を思う」という概念についても、いくらか説明しておく必要があるだろう。『論語』の「為政第二」、第十五で、孔子は「學而不思則罔、思而不學則殆」と述べたとされている。人は機械的な暗記や勉強だけでは何も学ぶことはできず、自らの学んだところのものについてよく考え、その反省によって、自らを変化させていかなければならない。また、伝統的な知識に基づかない奔放な思惑に身を任せれば、すぐに危険な領域に迷い込んでしまう。大意はそのようなものであろう。もちろん孔子は正しい。学ぶことと考えることのバランスは重要である。自分のために何かを考えるということは、本質的にカウンター・イデオロギー的であり、したがって反体制的な行為に繋がりかねないし、少なくともそのように見なされてしまう危険性がある。だが同時に、自分のために何かを考えるということこそ個性の源であり、定着している知識に対する挑戦という意味では、それは批判的思考(クリティカル・シンキング)の最たるものでもある。

様々な史料を見れば、元禄年間の終わり頃までには、日本のすべての主要都市で、自分のために考える――つまり「我を思う」――ということが行われていたのは明らかである。それは活力に溢れ、自給自足で隆盛してゆく庶民の文化が花開く条件に恵まれた時代であった。識字率は比較的高く、余剰資源は、公正とは言えないまでも、広く配分されていた。文化的活動は殷賑を極め、時には国家が許容する範疇をはみ出してしまうこともあった。また、都市化が進んだことで、傑出した人々が実り豊かな交流を結べるようになったのである(Nosco 1990, pp. 15–40)。このように整備された土壌が、個人的なアイデンティティと集団的なアイデンティティとを涵養した。個性という概念はこの時まさに芽生えつつあり、様々な思想が飛び交う巷間には、異端的なものも散見されるようになっていた。そして、このような社会の変革や、カウンター・イデオロギーの拡散は、いつまでも都市部に限定されていたわけではない。十八世紀の半ば頃になると、それまでに蓄積された情報やコミュニケーション網を活用して、地方の小都市においても「自分のために考える」ことが行われるようになった(Ikegami 2005; Beerens 2006, esp. pp. 195–219)。

原著の副題のもう一つの由来は、私の恩師であるウィリアム・セオドア・ドバリーの研究、なかでも一九九一年の著作 *Learning for Oneself: Essays on the Individual in Neo-Confucian Thought*（邦訳は『朱子学の自由と伝統』だが、題名の直訳は『我がために学ぶ』）である。日本の個性は、世界の様々な地域の個性、なかでも東アジア諸国に比べて、どのように異なるのだろうか。ドバリーは古代中国をめぐり、次のように述べている。

まず第一に、世間からすっかり隔絶された、隠者の個人主義がある。これは分離型の個人主義とか、「私的」な個人主義と呼べるだろう。（中略）それとは対照的に、個人や自己を、他者との関係においてきちんと位置づけることを目指し、既存の規範に基づいた組織の枠組みのなかで個人に立場を与えるような、より肯定的で社会的な種類の個人主義もある。

(de Bary 1991, p. 5)

多くの極端な人々や奇妙な人々を生んだ隠者の伝統については、本書の後段でも取り上げることになる。また、多くの弁明を必要とした、自己というものが前面に出た修身の原理についても、詳しく検討することになるだろう。

しかし、日本の個人主義が中国のそれを希釈したものに過ぎず、したがって東アジア的現象の一端に過ぎないのだ、という結論を出す前に、ドバリー教授の著作から再び引用しよう。そこでは、十三世紀から十六世紀の中国王朝において、学者たちの文化的活動のなかでどのように個性が発揮されていたのかが論じられている。ドバリーによれば、ここで言う個性とは「学者であり官吏であった階層が立たされていた特殊な立場や、当時の中国の豊かさ、そして自己の問題に強い関心を払う仏教の影響などに加えて、教養ある者は文化的、政治的に重要な役割を果たすべきという人文主義的な伝統」が反映されたものなのである（ibid., p. 69）。個性が顕著に見られるようになった頃の近世の日本の文脈を見ると、そこにも社会の豊かさは確認できるが、その他の要素は中国の場合と異なっている。第一に、「学者であり官吏であった階層」に相当するものとして幕府や藩ごとに武士が置かれはしたものの、武士はそのような階層としての機能は果たさなかった。第二に、徳川の土壌に個性を根づかせるためには、自己をめぐる中世仏教の不可知論はむしろ克服されなければならなかった。第三に、徳川幕府の成立以前には、日本には中国に見られるような、伝統に深く根づいた人文主義が存在しなかった。そして第四に、政治的役割を果たすにあたって教養が求められるようになるまでには相当の年月が必要とされたし、それも武士の家に生まれた者に限ってのことであった。要するに、徳川時代の日本にも確かに個性は存在するのだが、それは中国の場合とはかなり異なる文脈においてなのである。

そして、本書の題名の三つ目の由来は、只野真葛（一七六三―一八二五）の最も重要な著作、一八一七年の『独考』である。十六歳からの奥女中奉公、失敗に終わることになる二十五歳での結婚、そして仙台藩の家臣と再婚し、仙台へ移ったものの、ほとんど夫と会うことのなかった日々――このような彼女の経歴が、必然的に『独考』を書かせたのである。その内容については後段で複数回にわたって考察することになるが、『独考』とは文字通り「我を思う」ことでもあり、真葛はその道の達人であった。真葛には同時代の社会規範をまるで自分とは無関係のことのように傍観する鋭い観察眼があり、規範に逆らうことを恐れずに、自分自身のために自由に考える能力が具わっていたのである。

素晴らしき明治と悪しき徳川

そもそも私が個性やカウンター・イデオロギーという問題に関心を持つようになったのは、一九七〇年に学部生として近代日本の研究を始めた当時と比較して、日本の歴史観がずいぶん変化しているように思われるからである。当時は、明治時代（一八六八―一九一二）に関する研究と突き合わせる形で近世を検討するという伝統があり、前者が「文明と啓蒙」によって特徴づけられるのに対して、後者は封建的な、抑圧された時代であるとされていた。学術誌 *Early Modern Japan: An Interdisciplinary Journal* の編集者であるフィリップ・C・ブラウンが述べるように、「近世の顕著なイメージは（中略）ネガティブなものであり（中略）そのイメージは明治維新を勝ち抜いた勢力の思惑によって左右された部分も大きかった。政治を掌握したことの正当性を訴えるために、彼らは徳川時代の先人たちを、時代遅れで無能な人々として描き出したのである」（Brown 2009）。

君主制を採用した「維新」から四年後の一八七二年、文明開化を体現するスポークスマンであった福澤諭吉（一八三五―一九〇一）は、自らの見方を次のようにまとめている。(2)

旧幕府の時代には士民の区別はなはだしく、士族は妄に権威を振るい、百姓町人を取扱うこと目の下の罪人のごとくし、或いは切捨御免などの法あり。この法に拠れば、平民の生命は我生命に非ずして借物に異ならず。（中略）幕府は勿論、三百諸侯の領分にも各々小政府を立てて、百姓町人を勝手次第に取扱い、或いは慈悲に似たることあるもその実は人に持前の権理通義を許すことなくして、実に見るに忍びざること多し。

（『学問のすゝめ』、一九七八、一二三頁）

一八六〇年代から一八七〇年代にかけての福澤諭吉の存在感はあまりに大きく、西洋の問題を取り扱う書物であれば誰の著作であっても「福澤本」と呼ばれたほどであった（Blacker 1964, p. 27; Storry 1965, p. 428）。本書でも福澤には何度も言及することになるだろう。しかし、いま述べておきたいのは、二十一世紀の初頭においても、日本の中等教育の教科書では江戸（あるいは徳川の）時代というものが、農民を苦しめる過剰な年貢、飢饉、経済的・社会的な不平等、科学への反感など、全体的に暗い色調で縁取られており、欧米の「明るい」文明とは対照的な、因襲的な姿で描かれているという事実である（西尾二〇〇七、一〇—二六頁、Brown 2009, pp. 73–75）。

日本国内でこのような見方が広まった背景には、それぞれの利害関係から生まれた二つの思想の潮流があった。一方では西洋列強への仲間入りを目指した明治の為政者たちが、日本に対する不平等条約の見直しを迫る根拠として、新しい国家の像を描き出す過程で、そのような見方を強調した。そして他方では、マルクス主義史観に立つ歴史家たちが、彼らの理想とする歴史モデルに合わせる形で、新しい国家を革命の絶頂にあるものとして描き出したのである（Dower 1975）。この二つの主張が合わさることで、いよいよ強固なものとなった「素晴らしき明治と悪しき徳川」という見方は今日でも根強く、特に個性の問題を考える際には明確に立ち現れてくる。二十世紀を代表する思想史家である松本三之介（一九二六―）は、日本において国家の意識から個人の意識がはっきり意味を持つものとして分離するようになったのは、一八九四年から翌年まで続いた日清戦争の終結後であると述べている。松本によれば、それまでの日本では国家の意識と個人の意識とが、「富国強兵」や「官尊民卑」、「忠君愛国」や「立身出世」などのスローガンによって、国家的な言説のなかに等しく溶け合わされていた。つまり個人の利益は、国家の集団的な利益を経由してこそ最も効率よく追求されることになるのだ（松本一九九六、一九一―二一一頁）。それは一八九〇年の教育勅語が、父なる国家に仕えることを臣民の義務と定めていることからもわかる。

一九六〇年代になっても、鎖国政策と各地の大名への徹底的な締めつけによって、幕府歴代の将軍たちが二世紀にわたって驚くほど秩序的な国家運営を行った、という理解は一般的なものであり続けた。十九世紀の半ば、強まる国内からの圧力と、外交政策の失敗によって、将軍たちはついに権力の座を追われた、というのがこの物語の結末である。徳川幕府の崩壊は、進歩的な明治時代の始まりであり、またそれによって、より自由で人道的な改革が可能になったというわけである。

このような見方を疑問視する向きは当初からあり、何度も批判に晒されはしたものの、その屋台骨は揺らぐことがなかった。試みに一例を挙げるならば、万亭応賀（一八一八―九〇）が福澤諭吉の『学問のすゝめ』

（一八七二―七六）を揶揄し、すべての人間の平等というその理想に疑問を呈したのは、本家の作品が完結する一年も前の一八七五年のことであった（スティール二〇一六）。だが結局、明治の改革者たちの視点を批判する万亭応賀やその他の著者たちは嘲笑され、広く共有されることになる近代性のナラティブからこぼれ落ちてしまった。勝利したのは、過去との断絶を謳い、政体の変革を推し進めようとしたイデオローグたちであった。

とはいえ私の目的は、そのような近世と近代化に対する見方を批判することではない。すでに過去数十年の研究により、そこに事実に基づかない多くの誤謬が含まれていることは証明されている。(3) 本書の各章も、程度の差こそあれ、そのような修正的な先行研究に多くを拠っている。特に本書が参考にしたのは、徳川の治世を締めくくる一世紀の間に頻発した百姓一揆をめぐる新たな理解である。一揆に関しては、幕府が農民への圧迫を強めていった結果、地方で権力者に対する暴力的な反抗が増え、それが徳川幕府の安泰を徐々に揺るがせていった、というのが一般的な捉え方であった（Borton 1938）。しかし後続の研究では、一揆が徳川の支配構造に与えた影響はごく僅かであったことや（Bix 1986; Vlastos 1990）、甚大な被害をもたらす飢饉が頻発したにもかかわらず、近世末期の農家の経済状況はむしろ好転しつつあったという事実も明らかになっている（Hanley and Yamamura 1978）。また、さらに近年の研究によれば、一揆をもたらしたものは農家と各地の権力者の間の契約関係や、互いがそこに期待したものの齟齬であり、その意味では、権威的な近世の日本社会において、むしろ公共圏が拡大していたとも見なせるのである（Ooms 1996; Berry 1998）。

社会の価値観は、個性を支持する（認める）か、あるいは排斥する（拒否する）ものだが、この価値観についての研究としては、その理論と相容れない証拠が多く見つかっているにもかかわらず、一九五七年のロバート・ベラーの研究*Tokugawa Religion: The Values of Pre-Industrial Japan*（『徳川時代の宗教』）が代表的なものであり続けた（Borovoy 2016）。ヨーロッパにおける資本主義の擡頭とプロテスタント倫理との関係性に相似したものを日本に見出したベラー（一九二七―二〇一三）が、徳川時代の宗教や哲学について、それが勤勉・倹約・忠・信・正直などの価値観を拠り所とし、教育と権威への追従を奨励するものであったと論じたことはよく知られている。そしてベラーの結論は、そのような価値観のおかげで日本は急速な工業化と経済成長を成し遂げることができた、というものであった。この見方は日本の「奇跡的」な近代化を説明する術を求めていた研究者たちから大いに歓迎され（Jansen 1965）、今後近代化することになるであろう他国を対象とする研究においても参考とすべきモデルとなったのである。

徳川の社会のあり方を説明する典型的な諺として用いられてきたのが「出る杭は打たれる」である。厳密な秩序のなかで、人々は自分の所属する階級にふさわしい規範を優先し、全体の利益のために自らのそれを抑圧する。そのような見方に従うならば、この秩序を乱す「出る杭」は当然「打たれる」ことになる。したがって、徳川の社会は個人にとって有害なものであり、進歩的で民主的、なおかつ人道的な明治時代の価値観とは相容れぬ、広い意味で「封建的」な社会であった、と考えられてきたのである。だが驚くべきことに、江戸時代に発表された膨大なテクストのなかで、この諺に言及するものはほとんど皆無なのである。本書の主な目的の一つは、ベラーが取り上げなかった多くのカウンター・イデオロギー、あるいはカウンター・カルチャーと言うべき価値観を再評価することである。私はそれらの価値観を、（宗教的、世俗的を問わず）権威化された価値観と対比させる形で、十八世紀および十九世紀の日本の「無視《ネグレクト》された価値観」と呼ぶ。また、これらの価値観を再評価する過程で、徳川時代の中葉から後半にかけて大きく擡頭しながらも、明治時代に入ってその痕跡を抹消されてしまった個性の概念にも、光を当てることができればと思う。

徳川の世の日常生活がいかに魅力的なものであったかという点については、同時代からすでに多くの証言があるが、特に力強いのは西洋人によるものである。一八五四年の五月、政府公認の画家としてペリーと共に日本へやって来たドイツ系アメリカ人のヴィルヘルム・ハイネ（一八二七—八五）は下田について、そこは大坂や京、長崎に比べれば「小さく、取るに足らない」場所ではあるものの、「目新しく、記憶にとどめるべきものに溢れている」と記している。彼の日誌には下田の「滑らかできれいに舗装された歩道」や「通りに面した家々」の縁側が記録され、「家にも通りにも塵一つ落ちていない」ことも書き留められている。特に清潔さについては何度も指摘があり、ハイネによれば、下田の通りは少なくとも一日に一度は清掃され、「自宅で入浴する金持ちだけでなく、貧しい者も公共の施設で」毎日お湯に浸かるのが普通であったという（Heine 1990, pp. 134–35）。

その数年後には江戸に駐在していた二人のイギリス人による鋭い観察が残されているが、彼らが記録した日本の社会規範や人々の暮らしの質の高さは、特にイギリスや欧州との比較によって際立っている。イギリス海兵隊大隊所属のJ・M・W・シルヴァー大尉は、一八六四年から翌年にかけての記録のなかで次のように記している。「日本の生活の平穏さと水準の高さは筆舌に尽くしがたい。礼儀正しさ、勤勉さ、目上の者への従順さ、そしてどの階級にも共通する、愉快で満足そうな雰囲気。（中略）わが国の農家などは、彼らの作る穀物や根菜、野菜などの豊かさに目を瞠るだろう」(Silver 1867, pp. 10, 13)。また政治形態については、サー・ラザフォード・オールコック(一八〇九―九七)が、江戸から熱海への途次で以下のような記録を残している。

封建領主の圧制的な支配や全労働者階級が苦労し呻吟《しんぎん》させられている抑圧については、かねてから多くのことを聞いている。だがこれらのよく耕作された谷間を横切ってひじょうなゆたかさのなかで家庭を営んでいる幸福で満ち足りた暮らし向きのよさそうな住民を見てみると、これが圧制に苦しみ、過酷な税金をとり立てられて窮乏している土地だとはとても信じがたい。むしろ反対に、ヨーロッパにはこんなに幸福で暮らし向きのよい農民はいないし、またこれほど温和で贈り物の豊富な風土はどこにもないという印象をいだかざるをえなかった。

(一九六二b、一九五―一九六頁)

もちろん、欧州と比べて日本が劣っている点を挙げる記録もあるが[4]、この点も含めて、近世の日本における福利や生活への満足、そして幸福については、第六章で改めて論じることにしよう。ここでは引き続き、徳川の社会がいかに厳密な階級制度に基づいた専制的なものであったか、という明治時代に作り上げられた戯画を検討することにしたい。

確かに徳川時代の政治・社会的背景が、規範に違反した人物に矯正を促すようなものであり、社会的、経済的に従うべき明確な価値観があったことは事実であるが、それだけでは説明として不十分である。なるほど、徳川のイデオロギーは何一つ変化しないことを理想とし、権威への忠誠、質素倹約、それに農業においては生産性を重視した（Ooms 1985）。だが、本書が示唆したいのは、そのような価値観が奨励されたということは、取りも直さず、それらの価値観がしっかりと共有され、実践されるには至っていなかったことを意味するはずだ、という点なのである。平民は社会の至るところで、欺瞞や反抗を通してその権威を誇示した。贅沢は社会に許容されていたのみならず、褒めそやされさえした。そして、特に都市部では、かつて厳密に定められていたはずの境界が曖昧になり、武士と裕福な町人の区別が付きにくくなっていた。したがって、徳川幕府が声高に宣言した理想とは、明治政府によるそれと同じく、現実の社会を形容したものというよりも、そのような世界が実現できればよいのだが、という希望の表明として捉えるべきなのである。

名誉をめぐる武士の価値観について、近年に英語で発表された研究書のうち、特に重要なのは池上英子によるものである。池上（Ikegami 1995、邦訳二〇〇〇）は、一六四〇年から一八五〇年という比較的平穏な時代において、それまで武力によって獲得されてきた武士の評価が、名誉や体面というものによって構成されるようになったことを論じている。本書と池上の著書が異なる点は、本書ではこの体面という考え方をより広く敷衍し、徳川社会の構成員の九割を超える庶民の場合にも当てはめていることである。また、池上はより新しい著作（2005）で、江戸と京で始まり、徐々に全国へと拡大していった様々な文化的ネットワークに、武士たちがどのように参加していたのかを論じているが、これに関しても本書ではむしろ武士以外の庶民に焦点を絞ることになる。(5)

日本人の人格や個性を題材とする英語圏での研究は、むろんそれ以前からなされており、池上の一九九五年の著作に先行するものもあるが、それらの内容には大きな差異がある。例えばドナルド・シヴリー（一九二一―二〇〇五）との共編著の序文のなかで、アルバート・クレイグは日本史における人格の問題を取り上げているが、そこで焦点化されていたのは例外的な人物、つまり過去の英雄や指導者、高名な先祖、名家の始祖、それに高いカリスマ性や特殊な能力を具えた、伝説化された傑物たちであった。彼らは歴史の軌道を変えたという明白な理由によって、大多数の人間とは異なり、歴史に記憶されることになるのである（Craig and Shively 1970）。また、その五年後にはアイヴァン・モリス（一九二五―七六）もある種の規範となる人物たちを取り上げているが、それらの人々は英雄たちとは反対に、手ひどい失態によって歴史に名を残しているのである（Morris 1975）。本書は、これらの先行研究とは異なる形で現前する様々な個性と、そのような個性をもたらした社会的状況、あるいはそのような個性を受け入れた価値観に光を当てることになる。

繰り返しになるが、本書の言う「個性」とは「個人主義」そのものとは異なっている。したがって、日本では「目標として個人主義が打ち立てられる」ことが他国に比べて稀であるという社会学的なコンセンサスに関しては、私も同意するのに吝かではない（De Vos 1985, p. 162）。だが私が問題にしたいのは、それぞれの個人の有機的な統一体としての「個性」の存在と、それぞれの個人の差異、そしてそれぞれの個人が経験によって独自に成長してゆく潜在能力を持つということが、どのように理解され、かつ受容されたか、ということなのである。また、決まりごとへの反抗や、禁じられた宗教への信仰など、様々な抵抗の実例を見ることで、あらゆる階級にある個人が、様々な回路を通じて、いかにして複雑化する社会構造と折り合いをつけていたのかについても明らかにしたい。

二〇〇四年前後から、近世後期の社会や文化に関する研究成果が怒濤の勢いで発表されている。その多くは良書であり、この領域にまだ活発に議論すべき課題が山積していることを示唆している。(6) 後続の各章では、これらの先行研究も大いに参照するが、その際には、これらの研究をかつてない文脈から読み解くことにも気を配りたい。そのような方法が重要であると考えるには、いくつかの理由がある。第一に、第二次世界大戦後の日本では、少なくとも半世紀の間、個性というものが背景に追いやられていたし、二〇一一年三月十一日に起こった三つの悲劇（地震、津波、原発事故）によって、再びその度合いは強まっている。いくつかの例外を除いて、日本政府は国民に対し、復興や経済成長という全体的な目標のために、個人の利益を抑制するよう呼びかけ続けてきたのである。経済が上向けば誰もが利益を得ることになる、というのがこの呼びかけの根拠であったが、それはまた「我慢」という美徳によっても支えられていた。国家は、「世の中は幕末の頃から比べてずっと良くなってきているではないか」という理屈で、すべての構成員に我慢を強いることを正当化してきたのである。

このように、「完璧とは言えないまでも、結局は現代こそがあり得べき最高の状態なのだ」という見方は、識字率や教育水準、世帯あたりの財産、政治参加の度合い、憲法で保障された自由、旅行の機会や趣味の充実、宗教上の選択肢、幸福や福利の追求、等々の無数の指標によって根拠づけられている。どの数値を見ても、日本は、例えば二百年前と比べて、向上しているということになるのだ。しかし、社会の進歩を証拠立てるこれらの数値からは、奇妙なほどに個性に関する視点が抜け落ちている。本書が何よりも明らかにしたいのは、日本の個性の淵源は近世にすでに見出せるということであり、今日散見される個性の発露は、何も前例のない、危険な反社会的態度ではなく、過去にすでに現れていた個性が枝分かれしたものに過ぎないということなのである。

イデオロギーの問題に戻ると、もはや日本では百年以上にわたり、「勤勉に働き、明日のために蓄えよ」というようなイデオロギーが固守されており、それは謹厳、集団主義、連帯責任、順応、質素、秩序などの価値観と共に、日本らしさを象徴するものとなっている。このイデオロギーから逸脱すれば、「不思議」であるとか「変」であるという批判を免れないだろう。反対に、怠惰、自己中心主義、派手さ、乱雑さは「日本人らしさ」とまるで相容れないものであり、これらは価値観というよりも病理という視点で説明されかねないほどである。だが本書では、遊び心や反抗、贅沢や快楽主義などのカウンター・イデオロギー的な価値観が生き生きと存在していたこと、そして自己中心的な無秩序や不従順、嘘などが確かに実践されていたことを歴史的見地から振り返り、理想化されたイデオロギーの正当性に揺さぶりをかけてみたい。

個性の問題を中心的に取り上げる研究は、どうしても複雑になりがちである。本書は個性のすべてを網羅するものではないし、それを表象する価値観や社会的現象についても、その一部を扱うに過ぎない。本書は当初、十二人の執筆者によって様々な立場から組み立てられた *Values, Identity and Equality in 18th- and 19th-century Japan* (Nosco, Ketelaar, and Kojima 2015、邦訳ノスコ、ケテラー、小島［編］二〇一六、『江戸のなかの日本、日本のなかの江戸――価値観・アイデンティティ・平等の視点から』) の副読本として企図されたものだが、(7) 考察を深めるうちに、そこに独自の方向性が兆したのである。とはいえ、日本の近世社会に対する行き過ぎた一般化や、長らく持続している思い込みに待ったをかけ、ひいては日本における近代性を再検討しようという目論見そのものには、同書と共通するところが少なくない。

各章の概要

ここで各章の概要を見てみよう。第二章は「アイデンティティと志向性」に関するものである。私のこれまでの研究(Nosco 1990)とも関連の深い本章では、前掲の共編著(Nosco et al. 2015)同様に修正的なアプローチによって、個人的なアイデンティティは集団的なアイデンティティのなかから出現し、徐々に擡頭したというわけではなく、両者は同時的に発生したのだということを主張したい。ここでアイデンティティは様々な志向性——空間的なもの、時間的なもの、社会的なもの——と結びつけられるが、これらの志向性が正確に分類されることによって、個人はそれぞれにユニークな存在となるのである。章の最後では徳川時代の宗教や宗教的な思想のあり方に目を向けることで、形而上学的な文脈からも個性について考察する。

「自己利益、反抗、公共圏」を扱う第三章では、積極的に二次資料を利用する。この章が必要なのは、反抗や公共圏の概念に触れずに個性の研究を完遂することは不可能だと思うからである。個人がリスクを計算に入れて積極的に自己利益を追求する場合や、向上心を持って同志たちと行動を共にする場合について分析するのが、この章の目的である。

自己利益の追求は興奮をもたらすが、それは問題を孕んだ行為でもある。多くの社会、あるいはより小さな規模のグループにおいて、組織は自らを生物のように捉える。スポーツのチームであれ、軍隊であれ、校友会であれ、儒教的国家であれ、この点は同様である。つまり、組織に所属する個々人、あるいは各世帯、または各職業や階層の人々が、それぞれに任された役割を完璧にこなす必要があるのだ。このような有機的社会においては、個人の領域は萎縮しがちである。マクロコスモスがミクロコスモスの集合体である以上、個人が自己利益を追求することは独りよがりであるとの誹りを免れない。反対に、資本主義的な自由民主制においては、人々が自信を持ち、公平に、効率よく仕事をこなせるような、競争をほどよく調停するメカニズムがきちんと働いている社会が、よい状態にある社会と見なされる。そのような環境では、自己利益の追求は至極自然なことであり、社会はそれを統制することはあっても、禁止することはない。また、自己利益を追求する場合にも尊重すべき倫理が設定されている場合も多く、例えば人助けをすることや、他者に寛容であることが称揚される。

反抗という行為にもまた、独特の魅力がある。好ましくない結果に終わったスポーツ・イベント、支持しない政党が勝利を収めた選挙、あるいは公益を損なうような政策の承認などを受けて群衆が反抗を始めると、私たちは驚くほど簡単にその波に呑み込まれ、普段であれば決してしないような行為にも手を染めてしまう。集団で行われるという性質上、反抗は報復から身を守るための手段であるという幻想を生むこともある。一九八九年の天安門事件はその好例であった。いずれにせよ、大人数であることで、人は安心するのである。

「信仰と宗教実践における秘密」を扱う第四章では、主に日蓮宗の不受不施という波乱含みの運動を取り上げる。絶対主義的な幕府はその威信を保つため、この原理主義的な動きを封じ込めようとした。だが、不受不施の取り締まりを極めて難しくしたのは、教会を持たないキリシタンの場合とは違い、彼らが迷路のように複雑なネットワークで結ばれた無数の日蓮宗の寺の内部に潜んでいたということである。宗内の仲間割れと言えばそれまでであり、被害者のいる犯罪というわけでもなかったので、日蓮宗の側から幕府に協力しようという動きも起こらなかった。不受不施に対する取り締まりには波があり、幕府による支配の最初の数十年と最後の数十年が最も厳しく、近世中期には緩かった。その時期には、隠れキリシタンの場合と同様、個人の信仰が私的なものとして、事実上許容されていたことが指摘できる。

第五章では、「修身、サロン文化、私塾」を取り上げ、自己の向上という概念を通して、中世から近世の移行期に起こった認識論の変遷について考察する。個性は、自己利益の追求と同様に、修身や、他者と自由に関係を築くことについても、基盤となるイデオロギーを提供するのである。自己を修めること、自己の利益を知ること、そして自己を発展させること——このような自己へのまなざしは近世に入って広まったが、公家や、戦いのなかで名を上げることに数十年を費やした武将たちは、以前からそのような考え方に親しんでいた。しかし、闘争の機会が急激に失われてゆく時代に入り、武士は自己のあり方を構成し直す必要に迫られた。そして武士でない庶民は、新たな試みとして、社会的、文化的、あるいは知的側面から、自己というものを見つめ始めたのである。

徳川の世となってから数十年の間に、武士たちは公家たちから礼儀作法や芸事を学んだのち、今度は向上心の強い裕福な町人たちを相手に、それらを教える側に立った。町人たちはそのようにして文化の消費者となり、また発信者にもなっていった。経済的ネットワークを彷彿とさせる知的ネットワークを、商品やサービスが流通するのと同じようにして、様々な文化的生産物が往還した。いわば国家が成立する以前に、すでに国産品が誕生していたのである。近世を締めくくる一世紀には前近代のヨーロッパに見られたコーヒー・ハウス文化とも類似するサロン文化が花開き、懐の深い、身分を越えた交流を可能にする社会が形成された。そのような環境は私塾にも見られたが、これを可能にしたのは、根本的には、識字率の急激な上昇であった。サロン文化や私塾に続いて、本書で最も哲学的な色彩が濃い第六章では、徳川時代における「福利と幸福」の問題を取り上げる。個人が幸福を追求する権利は幕府の下では存在しなかったが、それでも個人は最低限の福利を享受し、いわば「合理的な期待」を抱くことを許されていた。今日で言う「クオリティー・オブ・ライフ」と重なるところもある「よい人生とは何か」という哲学的な理解がなされ、儒教が奨励するところの修身の概念も存在した。つまり、自らを向上させることで、社会を向上させることができるという発想が共有されていたのである。

私たち現代人は、福利を保障することは国家の義務であると考えがちであるが、近世にも同様のイデオロギーが存在したことは当時の文書からも明らかである。また、徳川の世で許容された個人の利益を追求する権利は、いわば人権の概念に極めて近いものでもある。さらに、今日の洗練された「クオリティー・オブ・ライフ」の実践においては、良質の教育や医療、長く豊かな人生などが求められているが、実はこれらの要素もまた、江戸時代の福利と幸福をめぐる言説のなかに、すでに登場していたのである。

第七章では「価値観」、特にベラーが十分に論じなかった反抗の価値観を取り上げる。反抗は、単体でよりも、様々に相反する価値観と対置された時にこそ価値観としての役割を担うようになる。例えば、順応の価値観。自己利益を追求することの副産物としての嘘や、正直さの裏返しとしての言い逃れ。義理や人情のように、板挟みの状況を招く価値観。ホモソーシャルな友人関係や社会性。一家を支えるために必要な経済力。そのような高度にイデオロギー化された価値観が、最も裕福な大名から、最も貧しい農民に至るまで、徳川の社会には流布していた。もちろん本書の関心は、徳川時代の価値観がどのように推移したのか、という点にあるので、そこに光を当てるために、只野真葛という驚くべき女性の遺した『独考』についても詳しく取り上げることにする。

結論では、各章の内容を振り返りながら、それらを統合する形で、個性――個人間の差異を理解し、許容すること――が社会の活力の源になっていたこと、あるいは、場合によってはその活力の衰退を表象するものでもあったことを示したいと思う。また、間接的にではあるが、「素晴らしき明治と悪しき徳川」という二項対立についても、改めて考察を加えることにしよう。

結論に続く「あとがき」の部分では、六つの章で取り上げたトピックを、二十一世紀の日本で見られる様々な場面と比較し、そこに歴史的な文脈を見出したいと思う。欧米の視点や規範を急速に消化したために、日本の個性は皮肉にも埋没したのではないか、ということで浮上する問いについては、ぜひそれぞれの読者にも一考を請いたい。

いくつかの覚書

先へ進む前に、後段で展開される分析について、倫理的な側面を整理しておきたい。自己を理解しようとすれば、必然的に、自己の責任にも目を向けることになるからだ。倫理学者の竹内整一は、言語的な視座から、近世の日本には独特な自己理解があったことを論じている。竹内によれば、「自」の文字は「みずから」でもあり「おのずから」でもあることから、それは作用でもあり、不可避性を示すものでもある、と捉えることができるとする。このように考えれば、出来事は必ずしも人間の行為の結果として起こるのではなく、自己の責任の範囲を越えた、出来事それ自体によって引き起こされたものとも言えるわけである（二〇一〇）。竹内は、このような曖昧性こそ日本的であると述べ、自らの視座を賀茂真淵（一六九七―一七六九）や、その弟子である本居宣長（一七三〇―一八〇一）などの国学者の系譜に位置づけている。彼らもまた、民族や文化は言語と分かち難く結びついていると考えたからだ。本書でも、これらの国学者を取り上げることになるが、そこでは言語的な観点ではなく、彼らが個人間の差異というものについて論じながら、なおかつ集団的アイデンティティの存在を疑わなかったこと――宣長の考えでは、人生そのものが〝神〟によって決定される――に注目したい。集団的アイデンティティの存在を明確に規定すれば、個人の従うべき倫理や果たすべき責任について考えることは非常に難しくなるのである。

また、私が本書で試みるつもりのない二つのことについても、ここで触れておこう。第一に、いくらか詳しく取り上げることになる只野真葛のように例外はあるものの、本書は女性の価値観や個性、アイデンティティをめぐる状況を──男性と比べる形で──論じるものではない。女性は、武士の家庭では家計をやりくりし、私塾では男性と机を並べ、農家や家族ぐるみの経営を行った商家では貴重な労働力でもあった。そもそも、女性がいなければ家族が増えることもない。父系社会と言われる時代であるにもかかわらず、女性が離婚や相続、財産の所有などに関係して諸々の権利を与えられていたことも興味深い。本書には、そのような女性論の視点が欠落しており、可能であれば補いたいところではあるが、中途半端な論の展開を避けるためにも、取り上げないこととしたい。(8)

第二に、本書で探求する「個性の出現」が経済とどのように関係していたかについては、私はそれを論じるだけの知識を持たない。(9)私たちは現在、「スマート」な携帯電話、クレジット／デビッドカード、住宅ローン、家賃、税金、電子決済、引き落とし、普通預金と当座預金、投資、交通機関、食物や衣服の購入、レジャー、エンターテイメント……などのものに囲まれ、非常に複雑な生活を送っている。そして、あらゆる取引において、私たちは明確な自覚と責任を持った一人の当事者として、その複雑な環境のなかでそれぞれの役割を果たしている。実際、架空の取引であっても現実の取引であっても、自分の経済的環境に影響を与える交渉に参加することは、「成長」の過程において欠かせない経験である。江戸時代においても、電子決済こそ存在しないものの、各世帯が置かれていた経済的環境はかなり複雑であり、その環境を生き抜くということが個性の出現を後押ししたことは容易に想像できる。だが残念ながら、この問題について考察することは私の能力を超えている。

この導入的な章の要点をまとめれば、次のようになるだろう。徳川の治世であった近世という時代は、権威的な幕府が二世紀半にわたって平和を維持し、社会においては協調性、順応性、均質性といったものが前景化された時代であった、と考えられがちである。しかし、よりつぶさに観察すれば、当時の環境が遥かに複雑で不安定なものであったことがわかる。なるほど、表面上は平和な時代であり、徳川のイデオロギーとは確かに順応性を奨励するものであったが、それは裏を返せば、社会の公益よりも自らの利益を追求する動きが広がりつつあり、幕府にそれを不安視する向きがあったことを意味している（Brecher 2013）。

徳川時代においては、性質を異にする様々な思想や宗教が、質素・勤勉・正直・忠誠などの価値観のもとに融和し、のちの「奇跡的」な経済発展や急速な近代化を可能にした。——というお馴染みの見方をベラーが提出したのは、およそ六十年前のことである。だが、ベラーの研究が一部の価値観に重みを与えたことで、同じように拡散していたはずのカウンター・イデオロギー的な価値観は見えにくくなり、各種の研究でも取り上げられることが稀になった。これらの「無視された価値観」、すなわち自己の利益と幸福の追求、必要以上の福利を求めることの正当化、自己満足のための個人的経験への関心などが、本書の第二の焦点となる。

第三に、「日本的なるもの」に対する同時代的な理解は、特定のイデオロギーを背景としたものであり、少なくとも部分的には誤謬を含んでいることを主張したい。過去五十年の大部分にわたって、「我慢」すること、つまり共同体の利益のために自らを抑えつけるという行為が、日本的な態度として国内外で認識されてきた。日常の一コマとして、老年世代がより若い、反抗的な世代に向かって「日本人らしくない」と口にする場面もしばしば見られる。また同時に、保守的な政治思想に影響を受けた若者が、極めてイデオロギー色の強い考えを、無批判に受け入れてしまうこともある。しかし、本書の立場としては、今日の極端な思想、つまり快楽主義や反抗の哲学に染まっている人々も、あるいはデモに参加する人々も、個人間の差異を容認した徳川の伝統を受け継ぐ末裔という点では等しいのである。そうであるにもかかわらず、現代の日本において個性が特殊なものとなってしまっているのは皮肉としか言いようがない。百五十年前の日本に存在した公共圏のほうが、現代社会のそれよりもむしろ活発であった可能性さえあるのだ。本書では結論として、そのような仮説を立てることも試みたい。

さて、それではまず次章で、集団的アイデンティティと個人的アイデンティティの歴史に目を向け、個性というものがどのように発生してきたのか、また近世の日本において、個人の志向性——空間的なもの、時間的なもの、社会的なもの——がどのように形成されてきたのか、という問題について検討してみることにしよう。

■註

（1）同様の理由から、市民社会を形成する人々の自発的な集まりや、ポピュラー・カルチャーと呼ぶべき自立した都市文化を論じる際にも、宗教的な思想や市場原理は除外した（Nosco 2002）。

（2）なお西洋における福澤研究の白眉は、Carmen Blacker の *The Japanese Enlightenment: A Study of the Writings of Fukuzawa Yukichi*（1964）である。

（3）欧州を代表する三人の日本研究者は、一九八〇年代末の時点で、「日本や西洋の研究者の仕事には、これまで以上に、新しい雰囲気や言語が結びつくようになっている」とし、「だから、いまこそ、日本研究の置かれている状況をかつてない広い視点から問い直すべきなのだ」と述べている（Boscaro, Gatti, and Raveri 1990, ix）。

（4）イザベラ・バードの『日本奥地紀行』（http://www.gutenberg.org/cache/epub/2184/pg2184.html 二〇一七年三月六日取得）はオールコックの記録の十五年後、一八七八年に書かれた著者の書簡集だが、バードが自身の出会った、あるいは観察した日本人について書き残した言葉の辛辣さは悪名高いものである。しかし一方で、山形や秋田への旅の記録に見られるような、好意的な評価も存在する。

（5）徳川時代の人々のネットワークのあり方については、オンラインで公開されているBettina Gramlich-Okaの研究に詳しい。http://icc.fla.sophia.ac.jp/html/projects/Network_Studies_2014-2015.html（二〇一四年十一月十一日取得）。

（6）特に注目すべき著書を、五十音順に列挙する。揖斐二〇〇九、今橋二〇〇九、遠藤二〇〇八、桂島二〇〇八、黒住二〇〇三および二〇〇六、桑原二〇〇七、島内二〇〇九、清水二〇〇五、鈴木二〇一三、田中二〇〇九および二〇一〇、辻本二〇一一、徳田二〇〇四、浪川・小島二〇一三、西尾二〇〇七、濱野二〇一四、樋口二〇〇九、前田二〇〇二、二〇〇九および二〇一二、真壁二〇〇七、宮城二〇〇四。

（7）関心ある読者のために、同書の目次を示しておく。「第一章　十八世紀と十九世紀の価値観・アイデンティティ・平等について」（ピーター・ノスコ、ジェームス・E・ケテラー）、「第二章　トビウオが跳ねるのを待ちながら——江戸の人々が実践した価値観と個性を再訪する」（池上英子）、「第三章　賢兄愚弟——平田派に見る兄弟間の競争」（アン・ウォルソール）、「第四章　悪ガキであること——江戸時代の子供たちの反抗の倫理」（W・パック・ブレッカー）、「第五章　近世における個性と集団的アイデンティティの同時発生」（ピーター・ノスコ）、「第六章　ある平田派国学者の再生——鶴舎有節と『加賀鍋』日誌」（藤原義天恩）、「第七章新たな文化、新たなアイデンティティ――十九世紀に沖縄人・日本人になるということ」(グレゴリー・スミッツ)、「第八章　エロスの情緒性を求めて江戸へ」(ジェームス・E・ケテラー)、「第九章　「性」と「聖」とを繋ぐ笑い――パロディ繚乱の江戸文化」(小島康敬)、「第十章　近代日本の奔放なる起源――万亭応賀と福澤諭吉」(M・ウィリアム・スティール)、「第十一章　花盛りの物語――大江卓、神戸、そして明治『奴隷解放』の背景」(ダニエル・V・ボッツマン)、「第十二章　関係的同一性から種的同一性へ――平等と國體(ナショナリティ)について」(酒井直樹)、「第十三章　エピローグ――いかにして近世日本を研究するか――近代の『想像／創造』論を超えて」(磯前順一)。

(8)このテーマに関する英語圏の研究で特に優れているのはBernstein 1991であり、なかでも一一―一四八頁が参考になる。日本語で書かれた研究書では、藪田・柳谷二〇一〇が挙げられよう。

(9)この重要なテーマについて最適の導入となる英語圏の研究書としては、やや古いが、Susan B. Hanley and Kozo Yamamura, *Economic and Demographic Change in Preindustrial Japan*(1978)が挙げられる。

第二章 アイデンティティと志向性

この「我々」とはいったい誰なのか？

――マリリン・ブルーワー、ウェンディ・ガードナー(1)

住所氏名を記入する時の感覚を思い出してほしい。法的なフルネーム、番地、市区町村、都道府県、さらには国、大陸、地球、銀河……。私たちはこのような空間的志向性をよすがに、自分が何者なのかに思いを馳せる。あるいは、先祖について調べたり、日記や日誌をつけたりすることによって自らを血筋や時系列に位置づけ、時間的な志向性を確認することもあるだろう。本章では、このような志向性について検討しながら、集団的アイデンティティおよび個人的アイデンティティ、そして後者が前者にどのような形で貢献するのか、という問題についても取り上げたい。論証したい点は、要約すると以下の通りである。第一に、日本でもほかの国々と同じように、個人と集団のアイデンティティが同時的に組み立てられたということ。その基礎は家父長制であり、上部構造は志向性である。第二に、個人的アイデンティティの萌芽は、自らの名を上げようという人々の衝動が強まっていた戦国時代（一四六七―一五七三）にはすでに見られるということ。第三に、個人間の差異というものが意識されるようになった背景には、人間の本質や本性に関する儒学および国学の形而上的な理解があった、ということ。そして第四に、個性の出現の淵源となったのは、ほかならぬ個人的アイデンティティであった、ということである。

自分は何者なのか。自分はどこから来たのか。自分はなぜこのような状況に置かれているのか。このような問いは恒常的かつ普遍的なものであり、私的・個人的な領域と、社会的・集団的な領域の双方に跨っている。そしてこのような問いは、叙事詩でも、歴史書でも取り上げられてきた。すなわち、ホメロスやヘロドトスによってである。我々は何者なのか、私は何者なのかと問うことは、アイデンティティの構築を始めることであり、それを完成させるには「他者」が存在することが望ましい。自分や自分の属している共同体の外におり、部分的には同一化できるものの、あくまで自分とは異なる存在としての「他者」である。個性に関する書物を、集団や個人のアイデンティティに関する章で始めることは望ましくないように感じられるかもしれないが、ここでは以前（ノスコ二〇一六）と同様に、修正的な見方を提出しているトム・ポストモスとヨランダ・イェッテンの言葉を引いてみよう。二人によれば「グループと個人とは独立、分離しているのではなく、密接に結びつき、本質的に不可分なもの」なのである（Postmes and Jetten 2006, pp. 1-2）。そのようなアプローチを採るならば、どちらか一方についてだけ問うことは不可能となる。個人と集団のアイデンティティは同時的に発生せざるを得ないのであり、本来的に共生関係にあるものなのだ。つまり、私にとっては、我々について学ぶことは私を知る上で有益であり、その逆も然り、ということになる。

本章および後続の各章では、個人的アイデンティティ、集団的アイデンティティ、そして社会的アイデンティティという用語が繰り返し用いられることになるので、重なり合うことも多いこれらの用語について、ここで可能な限りその差異を明瞭にしておきたい。集団的アイデンティティとは、「我々」についての問いに答えるために必要な概念や主張を総合的に指すものである。集団的アイデンティティは平等の概念と同義ではないが、両者は深く関連している。というのも、私たちは全く同じ性質や特徴、属性を持たずとも、平等に集団的アイデンティティを共有することができるからである。平等に関するこのような側面については酒井直樹が素晴らしい例を用いて説明しているが、私たちはまるで共通点のないような人々と全く同じクレジット・カードを所有し、その点において同じ集団に属する、というようなことをしばしば体験するのである（酒井二〇一六）。もっとも、集団的アイデンティティにも様々な種類があることには注意が必要であろう。そのうちの一つ、政治化された集団的アイデンティティについては次章で、近世日本における公共圏と、政治的参加や反抗の問題と絡めて論じることになる。

対照的に、個人的アイデンティティとは、「我（吾）」、「己」、「私」などの言葉が指す対象として理解するのが手っ取り早い。個人的アイデンティティとは「私」についての問いに答えるものであり、個性と同じものではないが、同程度に重要なものである。なぜなら、個人的アイデンティティを通して私たちは差異を受容するのであり、本書ではその差異こそが個性の意味するところだからだ。

次に、社会的アイデンティティとは、その人の生まれや、他者との関係、教育、信条、娯楽などを通して形成されるカテゴリーや役割を指すものであり、したがって、個人の価値観を経由して形成される社会的アイデンティティは、常に多様なものとして捉えられるべきである（Hitlin 2003, p. 118）。また、個人的アイデンティティが自己によって決定されるものであるのに対して、社会的アイデンティティは他者によって決定されるものである（Wensink 2012）。特に注意すべきなのは、社会的志向性のなかから、いかにして社会的アイデンティティが出現して来るのか、という点であろう。もちろん、個人的アイデンティティ、集団的アイデンティティ、そして社会的アイデンティティは共生関係にあり、かつ互いを必要とするものだから、これらが重複することもしばしばある。

時間的・空間的・社会的次元を持つ志向性の受容、そして「他者」の措定は、アイデンティティの形成に欠かせない二つの要素である。私たちは自らの過去といかに向き合うべきなのか。私たちの居場所は、地理的にはどのあたりで、社会的にはどこに位置しているのか。このような問いに答えるためには、様々な側面から志向性を考慮する必要がある。志向性によって、私たちのデカルト的な世界観が説明され、様々な視点の妥当性が確認されることで、個性における認識論上の原理が準備される。その際、私たちは明確な「他者」の存在を通して自らを定義し、自らと「他者」の差異を突き詰めることで、自らの属しているグループの本質を理解することになる。

特定のグループ、あるいは複数のグループとの自己同一化から発生する集団的アイデンティティは、個人的アイデンティティと同時的に発生するものであるとはいえ、個人的アイデンティティを圧倒することもある。反対に、個性があまりに強固であるために、集団的アイデンティティを受け入れることができず、社会の周縁に追いやられることもある。近世においては、これらの人々は「奇人」と呼ばれたが、彼らについては本書の後段で、順応しない人々を論じる際に取り上げることにしよう。そこで詳しく見るように、急進的な個性派の特徴の一つは、複数の社会的空間に跨って生きることができた点であり、彼らは秩序（イデオロギー）に楯突くことなく、非順応性（個性）を発揮することに成功していたのである。

アイデンティティ、平等、個性

先述の通り、個人的アイデンティティは個性と同じものではない。しかし、前者は後者を形づくる契機となる。日本の研究者でそのような見方を示しているのは清水正之である。清水は近世の日本を眺めながら、遠く離れた幻想的な中国、近世の「他者」としての中国と日本との関係よりも、日常的に見られる自己と他者との関係性に着目し、「日常生活の解釈学」を展開している（二〇〇五、一―五、二三二―二四二頁）。国学者による「日本の心」、より詩的に表現するならば「敷島の大和心」の理解を検討するなかで、清水は誠実と虚偽の対立に突きあたる。この問題については、本章の後段で再び取り上げることにしよう。

これも先述の通り、集団的アイデンティティは平等と同じものではない。しかし、両者は深く結びついており、分かちがたい場合も少なくない。日本では主に十八世紀に、今日から見ても身近に感じられるような様々な集団的アイデンティティのあり方が発生したが、そのようなアイデンティティ形成の根本にあったのは、結局のところ個人間にどのような差異があっても、日本人は皆同程度に日本人である、という前提である。つまり、日本的なるものが存在するという仮定は、近代的な個人間の差異という発想を阻害するものではなかったのである。そしてその意味で、国学者の行ったアイデンティティ形成の作法は、あとで見るように、アイデンティティをめぐる朱子学の理解に明らかに相似している。また、誰もが平等に日本人であるという感覚をさらに盤石なものにしたのは、徳川時代の前半に立ち起こってきた文化や伝統の継承という発想でもある。人々は誰もが、それまでに培われてきた歴史や正典、名所や名物、それに道徳規範の後継者なのである。

一八七二年刊行の『学問のすゝめ』の有名な書き出し、「天は人の上に人を造らず人の下に人を造らずと言えり。されば天より人を生ずるには、万人は万人皆同じ位にして、生れながら貴賤上下の差別なく」（福澤一九七八、一一頁）に端的に表れているように、武士というエリートでありながら、福澤は明治初期において最も熱心に平等という形而上的な概念を擁護した人物の一人である。福澤の右の言葉を、トーマス・ジェファソンが草したとされる一七七六年の「アメリカ独立宣言」の冒頭と比較してみよう。そこには「すべての人間が平等に創られた」ことは「自明」の真実であり、人間は「創造主」によって侵すべからざる権利を与えられている、とある。この「創造主」が福澤の言う「天」に当たるものであることは、福澤の文章を読み進めれば明らかである。

人の生まるるは天の然らしむるところにて人力に非ず。この人々互いに相敬愛して各〻その職分を尽し互いに相妨ぐることなき所以は、もと同類の人間にして共に一天を与にし、共に与に天地の間の造物なればなり。（中略）故に今、人と人との釣合を問えばこれを同等と言わざるを得ず。但しその同等とは有様の等しきを言うに非ず、権理通義の等しきを言うなり。その有様を論ずるときは、貧富強弱智愚の差あること甚だしく（後略）

（同書、二一頁）

明治時代の夜明けに福澤が取り組んだのは、大部分の人々にとって未知であった概念を、どうにかわかりやすい形で伝達することであった。そのためには既存の語彙を、新奇な方法で駆使する必要があったのである。儒教における「天」は、確かに創造的な、公明正大な力ではあるが、ユダヤ＝キリスト教や理神論に登場する創造主としての神ではない。しかしながら、確かに平等や権利という概念は民衆にとって耳新しいものではあったものの、それは福澤が心配したほどには斬新でも異質でもなかったのである。

遺産の継承

前述の通り、日本的なるものへの理解が初めて大きく発展を遂げるのは十八世紀である。その背景には、特に賀茂真淵や本居宣長ら国学者の活動があった。しかし、彼らの主張を支えていたのは、それに先立つ数世紀の間に隆盛した、日本的なるものへの関心であった。そこでは、日本人であることとはどういうことか、日本の歴史や文化を継承するとはどういうことか、が問われていたのである。このような問いがもたらされたのは、儒教が存在論の核を形成するようになったからであった。儒教では、歴史を意識した過去の正しい認識が重要である。十七世紀には、一六〇〇年以前に書かれた日本の歴史に関する書物のすべてを合わせたよりも多くの歴史書が作られている。十七世紀の豊穣な歴史記述を逍遥すると、そこには幕藩体制の盤石さへの確信と感謝が横溢している。このような自信はやがて民衆の文化にも浸透し、そこから民衆の意識へと流入した。浮世草子の作者、井原西鶴（一六四二—九三）は、「本朝は、天照太神元年より今元禄二年の初春まで、二百卅三万六千二百八十三年、此国豊に続て、なを君が代の松はひさしきためし」（一九七六、四八頁）と述べている。これが誇張法であることは当時の読者にも明らかであったろうが、そこに現れている存続と繁栄への賞賛も、やはり共感を呼んだだろう。

歴史への儒教的な関心は、自伝を遺そうという意識にも作用する。自伝は自身の属する集団の歴史というよりも、個人的な、自己の歴史であると考えることができよう。むろん、自伝の歴史は日本よりも中国において長く、特に十七世紀の明末期はこのジャンルの黄金時代であった（Wu 1990, p. 235）。対照的に日本では、文学的な日記を除けば、最初の自伝は一七一六年頃に書かれた新井白石の『折たく柴の記』であると考えられている（Ackroyd 1979, p. 17）。白石は六代将軍徳川家宣（一六六二—一七一二、在位一七〇九—一七）の儒学の師であると共に、政策における助言者でもあり、また家宣の病弱な嗣子で、七歳になる前に亡くなった家継（一七〇九—一六、在位一七一三—一六）の事実上の後見人であった。極めて広い知識を誇り、儒学においても特定の流派に縛られることのなかった白石は、当代随一の歴史家であったと言ってよく、『読史余論』（一七一二）と『古史通』（一七一六）という、日本の歴史学を切り開く二つの書物をはじめ、多くの著作をなした。「西洋で人々が自伝に重きを置くようになったのは一八〇〇年を過ぎてからである」というカール・J・ワイントローブの言葉を思えば、個性の問題を考える上で、白石の歴史書や自伝の存在は重要である。ワイントローブはまた、「西洋人による自伝が完成の域に達したのは、彼らが自らの存在を歴史を通して完全に理解できるようになったからである」という論を展開しているが、白石の業績はこれを裏書きしてもいよう（Weintraub 1975, p. 821）。

集団的に共有される過去と対をなすようにして、文化的な遺産として古典を正典化することも、徳川時代の重要な事業の一つであった。ここでも儒教的な発想が目につくが、これはそもそも儒教がその最初から、文学や詩に過去の道徳観を見出し、これを学ぶことを男子の教養の中心に据えるということを行ってきたためである。江戸時代の国学者の典型的な仕事とは、碑銘研究、テクスト批判、注釈、注解、カリキュラムの構築、歴史的仮名遣い、有職故実に焦点を当てた古代研究、そして経典や文学の古典を正典として整理することであった。

このうち、碑銘研究とテクスト批判について言えば、例えば徳川光圀（一六二八―一七〇一）が水戸藩で雇っていた二人の学者に『万葉集』の新たな注釈書を作るよう命じた際、作業の第一の工程は、最も優れているとされた四つの写本を校合し、本文を確定させることであった。また、注釈や注解については、賀茂真淵による『万葉集』の、そして本居宣長による『古事記』の文献学的分析と研究が、それぞれ最良のものとされていた。契沖（一六四〇―一七〇一）や荷田春満（一六六九―一七三六）、そして真淵や宣長の私塾において最も基礎的な学びとされたのは正書法であり、カリキュラムの中心に置かれたのは『伊勢物語』や『源氏物語』、『枕草子』、それに徳川時代を通じて最も刷られた古典である『徒然草』など、新たに正典の地位を獲得した散文の古典作品であった。指導的立場にあった国学者の研究においては、それらの古典が半ば経典のような地位を与えられることもあった。例えば真淵は、古代の美徳を学ぶためには万葉風の和歌を実際に作ってみることが必要だと考えていたし、宣長の論述は『源氏物語』を意識した構成を持ち、漢字の多用も避けられた。十七世紀に隆盛した日本の過去への関心からは、多くの古代研究も生まれ、荷田春満やその息子の荷田在満（一七〇六―五一）は古代社会に関する百科全書的な知識と、『日本書紀』（七二〇）をはじめとする歴史書の精読で培われた感覚を活かして、江戸の大名や武士層の満足するような学術的事業を展開した。また真淵は、儒教以前の日本とその美徳を知るには『万葉集』が最適であると賞賛し、宣長は『古事記』を「まことのふみ」と呼び、日本の神代以来の歴史を知る上で絶対的な価値を持つ書物に位置づけた。徳川の世に見られたこのような活動が、明治、そしてそれ以降の日本における正典の形成にも影響を与えているのである[2]。

十七世紀に奔流のように沸き起こった歴史記述、正典の形成、そして集団的な過去という感覚への関心は、松尾芭蕉（一六四四―九四）が一六九四年に書き上げ、一七〇二年に出版された『奥の細道』にも見ることができる。のちに古典となるこの紀行文の傑作で、芭蕉は平泉にあった藤原氏の本拠地のように歴史的に重要な場所や、あるいは松島のような景勝地へと読者を誘い、まるで実際にそこを訪れているかのような感覚を味わわせるのである。例えば松島について、芭蕉は次のように表現する。

抑《そもそも》ことふりにたれど、松島は扶桑第一の好風にして、凡洞庭・西湖を恥ず。

（萩原一九七九、三六頁）

芭蕉が紀行文によって日本の文化的風景の地図を書き直したことで、右のような土地が日本中の読者にとって手の届くものとなったのである（Shirane 1998, p. 231）。そしてこのようなところから、ラウラ・ネンツィが「個人の自己主張による地図作成」と表現したような、活発な旅行文化が花開いた（Nenzi 2008, p. 2）。しかし本書にとって、芭蕉の紀行文の最たる重要性は、それが歴史的な土地や景勝地を訪れるという経験を媒介するものであると同時に、読者に対して、自分が日本人であるという単純な理由によって等しく与えられる文化的な遺産を明示するものである、という点にある。

右の引用で、芭蕉が中国との比較を行っていることに注目しよう。一六九〇年の時点で、日本はすでに一千年以上、中国を自国との主要な比較対象として利用してきた。しかし、実際に日本人が中国を最後に訪れてからすでに数十年もの時間が経過しており、実在の国としての中国は、偉大で特別な物事の比喩として登場する存在に、とうに取って代わられていたのである。例えば、このような芭蕉による中国の比喩的な利用の仕方を、同時代人である井原西鶴が紹介する、正直で謙虚な塩屋の逸話と比較してみよう。「今の世、金子を拾ふてかへす事が、そもやそもや広い洛中洛外にも又あるまじ。是程の聖人、唐土も見ぬ事」（井原一

九七六、七七頁、傍点引用者)。そして、芭蕉と西鶴の時代から百年が経つと、日本にとっての他者はさらに拡充され、一七八九年の宣長の『玉くしげ』ではヨーロッパもそこに含まれるようになる。ヨーロッパの諸言語で書かれた書物がご法度となってから、西洋の記憶は薄れつつあったが、一七二〇年代に規制が緩み始めると、再びこのように浮上してきたのである。その結果として、当然ながら日本人の地理的な志向性と空間意識も変化してゆくことになる。

志向性

これまでに見てきたような遺産の継承という感覚やアイデンティティの形成を支えているのは、空間的、地理的、そして社会的な志向性でもある。これらは、個人がそれぞれの経験という範囲を越えて各自の地平線を広げ、より広い世界に自らを複雑な形で位置づける過程で磨かれていった。個人の時間は過去や未来と相対的に捉えられ、個人の立場は徳川という社会のなかで詳細に規定されていたのである。もちろんここでも、儒教は重要な役割を担っている。

近世という言葉を通して、現在という時間への賞賛を行うことを着地点とするような歴史記述のあり方や、理想化された時空をめぐるノスタルジックな歴史記述については、本章の後段で扱うことにする。もっとも、未来志向の社会的思想が隆盛するのは、世直しという概念がにわかに重要性を増す江戸時代の最後の数十年においてのみである。基本的に江戸時代の歴史認識の特徴は、現在の状態が想像し得る限りの未来においても持続するものと考える点にある。

また、近世の日本で作られた日本地図に繰り返し現れているように、当時の日本の空間的な理解としては、本州、九州、四国という主要な島に加えて、近郊の諸島も領土として把握されていたが、周縁に位置する琉球諸島および北海道はここに含まれていなかった（織田一九七四、川村二〇一〇）。また、当時の日本の象徴的な中心は、国の名前を冠した江戸の日本橋であり、あらゆる距離はここを起点として計測され、東海道も日本橋を始発点としていた。

一六九〇年の時点で、日本は複数の名前で呼ばれていた。「日本」、「大日本」、「中朝」などに加えて、より伝統的かつ詩的な、「和」や「大和」といった呼称もあった。とはいえ、日本人の八割を占めた農業従事者にとって、空間的な志向性は彼らの住む村落や、大名によって統治された藩、藩が属する地方をその限りとしていた。ところが一世紀が経過すると、食物や政体、神々、地理的な特徴、さらには歴史や文化といった基準によって、この領域は「わが国」あるいは「御国」にまで拡大され、より集合的な、集産化されたものとなったのである（小林二〇一〇）。

さて、この国に暮らす人々は、実に祝福された人々であった。賀茂真淵の理想化された考えに従えば、そのような祝福は原初以来の、天地を包む極楽の脈動とでも呼ぶべきものによって与えられていた。この理論によると、儒教的な合理主義や道徳観に惑わされていない者であれば、たとえ中国の道教を奉ずるような者であっても、誰でも幸福に与ることができるのである。一方、本居宣長によれば、日本人であることの特権はより限られた人にのみ与えられるものであった。つまり、真心を持った日本人だけが、物理的にも形而上的にも、突き詰めれば太陽にまで遡るこの民族に連なることができるのである。すでに述べたように、十八世紀後半になると、日本および日本人と対置される他者の定義は日本や東アジアを遥かに超え、文字通り世界中の人々が、祖国としての日本に感謝を捧げるべきとされた。日本の太陽は、日本人にも異邦人にもあまねく降り注ぐからである。

次に社会的志向性としては、幕府は徳川の世を通じて、各地の寺を誕生や死亡、結婚や離婚、宗旨に関する登録を行う機関に設定していたため、当時の人々は制度上、全員が仏教徒ということになっていた。だが、実際には社会秩序と志向性をめぐる幕府の方法論の確立には、儒教が大きな役割を果たしていたのである。儒教にとって中心となるのは家であり、社会を組み立てるブロックであるところの家は、また幸福の第一歩が踏み出される実験室でもあった。家庭が重要視されたということはつまり、政体にしても、藩内での活動によって構築されるアイデンティティにしても、それらを理解するためには家制度に立ち戻らなければならないということである。このような社会の見方を知る上での金科玉条は、儒教の重要な書である『大学』に見られる。そこでは古の聖人たちが、社会の秩序を実現するために、まずは家庭に秩序を与えたことが記されている。この原則は法制にも適用され、徳川幕府は五あるいは十の家庭ごとに相互を監視する連帯責任を負わせ、法の遵守や経済的な義務の遂行をより確実にするという五人組および十人組の制度を設けた。

儒教の影響下で、社会は本質的に生き物として理解されるようになった。全体がうまく機能するためには、それぞれの部分が正常に働かねばならない。それぞれの部分とはすなわち、身分によってグループに分けられた各個人である。人口の九割は庶民であり、庶民はまた農業従事者、職人、商人に区分されていたが、それぞれの区分はさらに厳密な基準によって小規模なギルドである「座」や「村落」の単位に分かれ、正確に分類されていた。

このように、社会的志向性においては階級や職業、領土や身分などで織られるモザイクが重要であったが、徳川時代が終焉に向かっていた時期には、それも当初のようには峻厳に規定されていなかった。親から子へと受け継がれてゆく最も確固とした区分は武士か庶民かという身分の違いであったが、近世末期には、人脈さえあれば金で武士の地位を買うことは可能であった。このような行為が可能になった背景には、武士が経済的に逼迫していたという事情もあるが、それは皮肉にも武士の収入が安定していたためでもあった。つまり、収入は一定であったのに、その地位にふさわしい物質的な豊かさを体現しようとすれば莫大な金がかかり、様々な娯楽の誘惑もあとを絶たなかったのである。虚飾や娯楽のために武士は質屋を利用し、社会的には劣等であるはずの町人階級のブローカーやコレクターに、その財産を切り売りしなければならなかった。本来は町人を庇護すべき武士が、逆に町人の庇護を受けるという一種の逆転が起こったのである。このような逆転現象は、ほかでも見られた。例えば、死体の処理を行う必要がある時には、士農工商いずれの階級に属している者であっても、階級制度から外れた存在である非人の手を借りる必要があった。また、武士であっても、有名な芸人と交流することは面映ゆいことであったし、身分の如何にかかわらず、裕福な者は評判の占い師に予言を求めた。

武士と町人の逆転を如実に表すものとして、学者であり教師でもあった武士の谷丹内（一七二九―九七）が、一七五〇年に書いた手紙が残っている。丹内は学問とは違い、家計のやりくりは不得手であったのか、世帯収入は増えないというのに支出は増え続け、借金の必要があった。手紙は才谷屋八郎兵衛直益に宛てられている。この町人の金貸しは、社会的に丹内よりも下位にある上、丹内の教え子でもあった。しかも以下の文面を見ると、この手紙が書かれた時点で、丹内はすでに才谷屋に借金をしているのである。

以手紙得御意候、然ハ手前世帯之義、貴様ニ年来御世話ニて必竟相立参候事、今更御礼可申様無之候、然ハ近年は段々ノ物入、御存之通ニて、前へくれ込、今ノ様ニて候ハヽ、行末ゆきせまり、貴様へも心外之損かけ可申かと千万気之毒ニ存候、（中略）されは近年重キ御加増等毎々蒙候事故、取入候分限一はひニて、一ケ年中ヲ仕舞候事本意ノ筈ニ候、（中略）其レヲ十二月ニ割付テ御見セ頼存候、其上ニて考見申度候、此義母妻共ニ同意ニ申候、さて右之通ニて、何分一ケ年ニ切府を遣合申へく候間、其月其月のわり付ゟ外、貴様へ申進間敷候、貴様ゟも御渡被下間敷候、尤推立候不意変ノ義ハ、覚悟之外ニ候間、時ニ当り御見次可被下候、

（『日用米塩録』、高知県立図書館所蔵）

文面は哀れを誘うもので、それなりの成功を収めた中流の武士であり教師でもある人物には似つかわしくない書きぶりである。丹内は何度も懇願する立場から言葉を発している（「得御意候」、「御礼可申様無之候」）。事実、丹内は懇願しているわけだが、一方で、もし自分の首が回らなくなれば、金を貸している才谷屋も損をすることになる、と脅かすことも忘れていない（「貴様へも心外之損かけ可申かと千万気之毒ニ存候」）。また、

武士の家計は女性が管理するのが慣習であったため、母や妻の了解を取り付けることにも丹内は心を砕く。そして借金を重ねる者の常套句であるところの、借金は二度としない、という約束をしながらも、「不意」の「変ノ義」には「御見次可被下候」とその可能性を示唆する。だが驚くべきことに、才谷屋は師匠からの借金の申し入れを断っているのである。才谷屋は、生徒としての心情よりも、町人として、金融業者としての職業倫理を優先したのだ。

その数十年後、一八一六年には、江戸のある侍がこう述べている。「財利は本となり、義理は末になり、四民高下の差別もあつて無きが如く」と（武陽隠士一九九四、一九頁）。そしてさらにその一年後、一八一七年頃には、只野真葛が「売買に世をわたる人のさまは、おもてやはらかにして、内心じやけんなり。武家を仇敵のごとくにくみ、貧しくなるをもて、心の悦とするものなり」と述べている（只野一九九四、二九〇頁）。無名の武士も只野真葛も、その観察眼は鋭い。武士という地位が商品となってしまった以上、それは簡単に手に入るものとなり、その価値も地に墜ちたのである。本書が大きな関心を払うのは武士ではなく才谷屋のような庶民のほうであるが、両者の間の隔絶がさほど明瞭なものではなかったことは念頭に置いておくべきであろう。

ところで、十八世紀の英国では、十八世紀の日本と同じように、商業と金融の世界から新たな人種が生まれつつあった。英国で商人（tradesman）と呼ばれた彼らは、商売を通じて品格を身につけ、それまではよい家柄に生まれなければなれるはずもなかった紳士に、教養教育を受けることによってなりおおせた。つまり英国では、商売によって富が築かれ、教養教育によって血筋に匹敵する品格が獲得されるようになった以上、何も社会的な成功のために戦場で勲功を上げる必要はなくなったのである。これと同様のことが、日本でも町人と呼ばれる人々によって成し遂げられつつあった。彼らは読み書きのみならず、伝統的なエリートの教養を身につけ、芸術への理解も深めた。そのような教育を受けるためには、かつては莫大な財産か強力な後ろ盾が必要だった。しかし元禄年間以降、私塾において儒学が様々な民衆文化と並列されるようになると事情は変わったのである。塾生からの授業料で成り立っていたこの事業は、当初は武士に、次いで庶民に、教育によって身を立てる術を与えた。このことは、同時代の英国ほどではないにしろ、日本の社会の構造を変化させる一因ともなったのである。

評判と名声

徳川時代の幕開けにおいては、評判や名誉、地位、体面などというものを気にかけていたのは、庶民よりも武士のほうであった。戦国時代(3)、戦争文化とでもいうべきものが、個人の躍進を可能にするまたとない機会を提供し、農業に従事する者と戦場に出る兵士との境界を曖昧にした。つまり、武力による貢献を求められれば、農民は自ら武器をとり、すぐさま戦士として参戦することもできたし、また、合戦が終われば、すぐに田畑に戻ることもできたのである。戦争で活躍すれば、物質的な見返りのほかに、軍人としての階級も与えられた。このような動乱の時代に名を上げ、家族の暮らしを豊かにするためには、合戦に参加するのが早道であった。状況が変わるのは豊臣秀吉(一五九八年歿)が一五八八年から始めた刀狩りによってである。

秀吉は「刀、弓、槍、鉄砲、その他あらゆる武器」を持つ者に、土地や職業を保持する代わりに武器を手放すか、あるいは土地や職業を手放す代わりに武器を保持し、武士となるかの選択を迫った(Berry 1982, p. 102)。

徳川の太平の世は、すんなりと実現されたわけではない。秀吉が一五九八年に歿し、徳川家康(一五四三—一六一六)が一六〇〇年に関ヶ原の戦いで勝利を収めると、徳川勢は確かに優位に立った。しかし、その状況に納得しかねた浪人たちは一六一四年、秀吉の息子である秀頼(一五九三年生)の忠臣たちの仲間に加わり、大坂城を拠点に、天下を獲ろうという挑戦に乗り出したのである。この頃の日本をその目で見たイギリス人に、リチャード・コックス(一五六六—一六二四)がいる。コックスは一六一三年、すなわち関ヶ原の戦いから十三年、家康の将軍拝命から十年という時期に日本を訪れ、東インド会社の拠点を立ち上げようとしていた。一六一六年に、彼はそれまでの三年間で目にした惨劇を次のように記録している。

日本への到着以来、いくつもの争いや戦闘が起こった。(中略)ロンドンにも比すべき二つの大きな都市が灰燼に帰し、あとには家一軒残らなかった。大坂と堺である。各種の報告によると、少なくとも三十万人が、いずれかの地で命を落としたそうだ。

(Vaporis 2012, p. 63)

コックスが述べる大坂の被害状況は誇張されており、堺の壊滅については全くの誤りであるが、それでもこの記述からは、一六〇〇年の関ヶ原の戦いが終わって、一六〇三年に将軍となった家康が幕府を創設したあとも、武士同士の争いが絶えなかったことがはっきりと看てとれる。

秀吉が武士を職業化したことは、徳川の天下となってから数十年にわたって続く社会問題の火種となった。暴力の存在感が薄れ、武士に武力による貢献が求められなくなると、殺人のための訓練を積んできた数万の侍たちは経済的に逼迫するようになった。大坂城が落ちた一六一五年の夏、自らを待ち受ける運命を察した浪人たちのなかには、一六三七年から翌年にかけて暴動を繰り広げることになる島原の村人たちに共鳴した者もいた。これは一八三七年に大塩平八郎(一七九三—一八三七)の乱が勃発するまで、徳川の権威に武力で立ち向かった最後の例となる。

平和な世の中となった以上、軍人たちは生き方を変える必要があった。侍の位を維持できた者はまだしも幸運である。領主に任を解かれ、次に仕官する先も見つからなかった者たちは困窮した。そのような浪人たちのなかには野盗に身を堕す者もあり、武具を質入れする者もあった。といっても、谷丹内のように贅沢をするための質入れではなく、自分ではどうしようもない状況のなかで、何とか家族の胃袋を満たすための質入れである。運のよかった者たちは大部分が市民としての役割を得、藩の役人として、あるいは文化的な営みのなかで、活躍の場を見出していった。こうして彼らは激動の時代を生き抜いたのである。

平和な時代にあって、武士たちはいかに名を上げたのか。これが池上英子の著作『名誉と順応』の主題である。池上はそのなかで、武士は名誉を中心的な素材として利用しながら、「社会の深部に埋め込まれている自己意識の活性化を通して(中略)強くしなやかな個人意識を形成」することができた、と述べている(二〇〇〇、五頁)。幕藩体制のなかで、必要とされない限り暴力を用いることが不可能となった時代において、武士は個人のみならず集団の評判にも注意を払うようになった。そしてこのような評判こそ、武士にとって自尊心や尊厳の源だったのである(同書)。しかし近世の武士は、特定の知識を持ち、俸禄を得ていただけの人々ではない。社会において彼らは、武を修めた誇り高い人々として捉えられていた。都市や郊外の生活のなかで、武士を庶民から隔てていたのは、紛れもなくこの誇り高さと自尊心であった。

名誉や地位と同じく、個性もまた社会的な概念である。武士の価値がその名声と切っても切れない関係にあったのと同じように、庶民の男性や女性の評判も、彼らの価値を測る基準となっていた。この時期が近世で最も急速に都市化が起こっていた時期であることを忘れてはならない。また反対に、名声を得ることによって開ける可能性と背中合わせに、無名でいることの利点もあった。名を立てたいと思うのは、現在のところこれといった評判を持たないか、あるいは現在の評判が気に入らないかのどちらかの理由による。近代初期のイギリスでもそうであったように、この時期には日常的に経験する手続きが遙かに多様化し、個人や世帯の生活も複雑化していたのである。

人間性と日本的アイデンティティの構築

遺産の継承、志向性、そして評判は、いずれも個性を構築する要であるが、いま一つ欠かせないのが、自己というもの、あるいは性格的なものを含めた人間性という要素である。十七世紀になると、朱子学は社会政治学的な役割以上のものを持つようになっていた。その普及を考えれば当然の帰結ではあるが、朱子学は徐々に知識人や神道の指導者の心を捉え、やがては幕府や藩のレベルでも大きな影響力と威信を持つようになった。特に水戸藩は二代藩主徳川光圀の時代から、儒教を重んじる藩の模範となった。一年の収入の三分の一が学術的な事業に費やされ、例えば百科全書的な『大日本史』などが編纂されたのである。岡山で池田光政（一六〇九―八二）に仕えた熊沢蕃山（一六一九―九一）や、会津で保科正之（一六一一―七三）に仕えた山崎闇斎（一六一九―八二）など、儒教やその新しい体系である朱子学の権威たちは、大藩に正式に任用されて活躍している。

幕府レベルでは、徳川家康が林羅山（一五八三―一六五七）を重用したところに、儒教への敬意を読みとることができる。羅山は長く幕府に仕え、二代秀忠、三代家光の下ではさらに大きな権威を発揮した。四代家綱（一六四一―八〇、在位一六五一―八〇）の時代には、幕府の儀式においても儒教が尊重され、五代綱吉（一六四六―一七〇九）は、やや茶番めいた形ではあるが、自ら儒教的な君主をもって任じ、大名に『大学』を講じたのである。儒教の権威としての地位は林家が代々受け継ぎ、学問所は湯島に移された。そして六代目と七代目の将軍を教育した新井白石は、実現こそしなかったものの、将軍の地位を軍の最高位である「大君」から、国の君主を意味する「国王」へと変更しようとさえ企てたのである（Tien 2012, pp. 235-236）。

知的な領域における朱子学の興隆は、吉川惟足（一六一六―九四）や度会延佳（一六一五―九〇）のような、十七世紀中葉の神道を牽引した指導者たちが、それまで〝神〟への信仰を支えるための論理的基盤として利用していた仏教を、この頃から徐々に神道から切り離し、仏教的な要素を儒教のそれに置き換え始めたことにも表れている。端的に言って、十七世紀の儒学者は誰もが神道に関心を持っていたのである（Nosco 1996a）。また、人々により身近な祭事など、支配者から知識人へと徐々に目線を広げてゆくと、葬儀や服喪、家庭に置かれる祭壇、あるいは儒教の礼楽の研究や実践など、様々な儒教の儀式が行われていたことがわかる（Tien 2012, pp. 238-239、小島編二〇一三）。

朱子学は人間性に関する新たな見方を提出しているが、それは人類が皆共通の、本来的には善の性質（本然の性）を持っているというものである。つまり理論上は、誰もが聖人になる資質を持っていることになる。だが、人間が完璧というものに到達できないのは、人間関係において、せっかくの本然の性を、十分に活かすことができていないからである。朱子学ではまた、その人ならではの独自の性格（「気質之性」）があることも述べられている。完璧な人間関係や言動が実現されないのは、この性格のせいである。要するに朱子学では、人は完璧ではないが、修身によってその瑕疵を克服することができ、人間性の内にある雑音を静める方法を学ぶことで、聖道を歩むことができるようになると考えるのである。朱子学でこのように強調される、修身を通しての人間性の発達という考え方は、徳川以前の仏教的な人間観とは大きく異なっている。中世の仏教的感覚で言えば、そのような考え方は明らかに尊大であり、危険なほど利己的である。この修身と自己の発展の問題については、本書の後段で再び取り上げることにしよう。

朱子学が人間性を、二重の、分岐したものと捉えたことは、儒教的な文脈から個性や集団的アイデンティティが発生するための形而上学的な基礎となった。林羅山や山崎闇斎のような正統派の朱子学者は、当然ながらこのような枠組みのなかで思索したが、彼らほどではないにしろ、熊沢蕃山や山鹿素行（一六二二—八五）

や伊藤仁斎（一六二七―一七〇五）、それに荻生徂徠（一六六六―一七二八）のようにやや異端的な儒者たちも、人間性とは本質的に多様なものであり、人間性と天との存在論的な結びつきから来る万人の平等も、その多様性の前には霞んでしまうことを認めていた。(4) 言うまでもなく、もし私たちの全員が同様の人間性を具えているならば、私たちは同じ人類という集合体の一部を形成していることになる。同時に、私たち一人ひとりが個別の身体的特徴や性格、運命などによって無限とも言える個人的差異を持つならば、そこに個性や個人間の差異を受け容れるための道徳的な基礎が作られることになる。

一七〇〇年以降に展開された日本研究は、儒者によって牽引される形で、日本の歴史や散文および韻文の古典、神道の神学、古代の文献、そして理想化された、虚構に満ちた過去などに関する知識を共有することのできる私塾の設立によって可能になった。古くて新しい物事を学ぶ意欲に溢れた受講者たちは、喜んで授業料を支払った。一七二〇年代から三〇年代にかけて、荷田春満は自らの家系が社家を務める伏見の稲荷神社の境内に国学の塾を創立しようとしたが、この試みは完全には成功しなかった。一七四〇年代には、養子で秘蔵っ子の荷田在満がその意志を継ぎ、江戸で日本研究の隆盛を図ったが、やはり日本らしさ、あるいは日本の集団的アイデンティティというものが説得力をもって論じられるようになるのは、賀茂真淵や本居宣長によって運営された大規模な私塾と、彼らの著作が登場してからのことである。

人間の感情が最も透明に表現されるのは和歌であると考えた賀茂真淵は、日本最古の和歌集である八世紀の『万葉集』に目を向け、そこに儒教以前、仏教以前の日本の魂を見出そうとした。一七六〇年に真淵は、その古代日本の探求を次のように結論づけている。

掛まくも恐こかれどすめらみことを崇みまつるによりては、世中の平らけからんことを思ふ。こを思ふによりてはいにしへの御代ぞ崇まる。いにしへを崇むによりては古へのふみを見る。古へのふみを見る時は古への心言を解んことを思ふ。古への心言を思ふには先にいにしへの歌をとなふ。古への歌をとなへ解んには万葉をよむ。万葉を凡よみ解にいたりて古へのこゝろ言をしり、古へ人のまことに言なほくいきほひをゝしくしてみやびたることをしる。こを知てこそいにしへの御代々の事は明らかなれ。

（「万葉考」、賀茂真淵一九四二a、一七六頁）

すでに指摘したように、個人的であれ集団的であれ、アイデンティティは「他者」――自己や自己の所属するグループとの比較の対象――の措定なしには形成され得ない。そして真淵にとって他者とは、儒教と仏教によって示される中国の合理主義と道徳観であった。真淵によれば、古代日本は問題なく統治されていたが、古代の人々の真摯で直截なところ――これが真淵の言う極めて日本的な美徳である――はこれらの「小き理りめきたる」理屈の流用によって「俄に」に変わってしまった。そのため、有史以前から続いていた日本の発展は「乱」に取って代わられ、儒教は人々の行いを正すどころか、「さかしく」しただけである（「国意考」一九四二b、一〇八六頁）。だが、真淵に言わせると救いはある。古の楽園とそれを支えていた道徳観は取り戻すことが可能なのである。そのための鍵となるのは、『万葉集』の和歌に習熟し、その魂を我がものとすることである。これにより、祖先から受け継がれた情緒的な遺産が再び花開き、本来の日本的な性質が蘇るのである。

真淵の思い浮かべた理想郷の安定した社会を実現するのは、人々の同質性や従順さではなく、透明性と相互理解である。真淵によれば、絶え間なく論争が起き、しばしば激しさを増すのは、真心を持つ人たちが思ったままを口にし、感情を露わにするからではない。真淵の書物における集団的アイデンティティをめぐる考察には、個人間の差異や個性への配慮が見られるが、それはあるいは真淵自身が、よく知られた好古派の変わり者だったからだろう。教え子の加藤千蔭（一七三五―一八〇八）によれば、真淵は「容姿も普通とは違っていた」のである（Satow 1927, p. 175）。実際、真淵の変人ぶりは、その死後二十三年も経ってから、伴蒿蹊（一七三三―一八〇六）の著書『近世畸人伝』に収録されるほどであった(5)。

真淵の古代日本へのまなざしは、理論の典拠を『万葉集』に求めたことによって、ある程度左右されただろう。しかし、さらに古い、七一二年に成立した最古の神話的な歴史書である『古事記』を典拠とした本居宣長の場合は違っていた。宣長は、日本人であることの特権は「まごころ」を持っていることであると主張した。本来であれば「真心」と漢字で表記しても差し支えないはずだが、宣長はより日本的な仮名での表記を好んだ。日本人は全員がこの真心を平等に持ち、それによって〝神〟と結びつくと共に、天皇家を通して天照と、そして太陽そのものと繋がっているのである。だが宣長は、そのような平等性によって日本人の個性を否定する代わりに、八百万の神という概念を通して人間の多様性を擁護してもいる。

真心とは、産巣日神の御霊によりて、備へ持て生れつるまゝの心をいふ、さてこの真心には、智なるもあり、愚なるもあり、巧なるもあり、拙きもあり、善もあり、悪きもあり、さまぐにて、天下の日とことぐしく同じき物にあらざれば、神代の神たちも、善事にまれ悪事にまれ、おのくその真心によりて行ひ給へる也。

（「くず花」『本居宣長全集』八巻、筑摩書房、一九七二、一四七頁）

真淵はすべての人々——中国人も含めて——が道徳を身につける以前から生まれつき持っている品格を信じていた。ところが、仏教の道徳観や儒教の合理主義に触れることによってそれが歪められ、賢《さか》しらな策を弄するような人間に成り下がるのである。一方、荻生徂徠の教え子である太宰春台（一六八〇―一七四七）は、古代の日本語には倫理的な概念を指す語彙が存在しなかったことを理由に、古代日本の社会を、きちんと整備された道徳観を持たない社会であると批判した。これに対して真淵は、そもそも倫理を教えるための言説が存在するのは、国の倫理観がしっかりしていないからであり、そのようなものが存在しないこと自体が、古代日本が本来的に優れた性質を有していることの証拠であると反駁する。さらに真淵は、仏教やその道徳観を輸入したことは、健康な人間に大量の薬を飲ませるようなものであり、そのようなことをすれば、健康な人間もかえって病気になるのだと論じた。

ところで、持って生まれた善の性質を復旧させることで完全な道徳に到達しようという朱子学の理想とは異なり、賀茂真淵や本居宣長は、原始的な日本らしさを蘇らせることを目指しながらも、必ずしも倫理的な成熟を求めはしなかった。真淵の場合には、真実日本らしい性質を取り戻すことができれば、天地の呼吸と一体となった、柔らかく、透明な感情も抑圧から解き放たれるため、社会はより安定したものとなると考えた。例えば、『万葉集』の一首を通して古代の理想郷へと踏み込み、その美徳を再現する時、人格にもたらされる変化は倫理的なものではなく、悪意のない不品行を許容することも含め、社会の全体に調和をもたらすような変化なのである。言い換えれば、倫理においてある程度の不品行は自然なもの、避けがたいものであることが示唆されている。

宣長の場合も同様に、個々人の真心のあり方に多様性が認められている以上、ある程度の対立は避けられないことになる。しかし、真心はそもそも天の意思によって決定されるものであるから、その多様性を恐れる必要はない。もし人間の性格が八百万の神のように様々であり、善と悪とその中間という無限の形をとるのだとすれば、そして人間の言動が結局はすべて〝神〟の行いなのだとすれば、ユダヤ＝キリスト教の世界で使われるあの弁明、「悪魔が囁いたのです」という弁明を、日本で用いてならない理由があるだろうか？

清水正之はこの問題を、本質的には誠実と虚偽の対立として捉えている。先に挙げた竹内整一の言語論的なアプローチを思い起こしてみれば、「自」という字は「おのずから」でもあり「みずから」でもある。つまり、「それ自体」を意味することも、「自分自身」を意味することもあるわけだ。そして清水は、このような対立は自己責任をめぐるあらゆる教義に内在していると述べ、また儒教と非常に多くの共通点を持つ国学においては、個性と自己責任との間に不穏なほどの「間」があり、これは儒教には見られない特徴であるとする（清水二〇〇五、一五五―一六〇頁。竹内二〇一〇、五―二八頁）。同様に、真淵と宣長の双方の著作に触れつつ、伝統的な儒教の視点も織り交ぜた、より折衷的な態度をとる只野真葛は、一八一七年に次のような意見を述べている。「さていはん、同じ心に善悪の二名有によりて、まよへることあり」(只野一九九四、二九二頁)。

そもそも理想化された日本らしさと一口に言っても、真淵のそれと宣長のそれには本質的な違いがあったことも見落としてはなるまい。真淵が目指したのは、忌むべきものとした中国化が起こる以前、すなわち奈良時代(七一〇—七九四)以前の美徳と純粋さの復活であり、雄々しさや単純さ、そして物事の「自然(おのずから)」なあり方の再現であった。対照的に宣長は、平安時代後期(九五〇—一〇五〇頃)を尊び、その時代精神の典型として、女性的な洗練と雅やかさを激賞した。また、何かにつけて自然であることを重要視した真淵と異なり、宣長は複雑さの美としての「あや」や、意識的に技巧を凝らす「技」など、真淵の言う「自然」とは相容れない概念をも称揚したのである。

皮肉なことに、理想をめぐる議論とは、裏を返せば、現状に対する不満を正確に指し示すものでもある。ある人物が——自分でもよいが——何に不満を持っているのかを知りたければ、その人物にとっての理想的な状況を思い浮かべ、反転させればよいのである。例えば、賀茂真淵は素朴な直截さを理想とした。ところが、実際の真淵はほぼ十四年にわたり、九代家重(一七一二—六一、在位一七四五—六〇)の在位期間中に、その弟である田安宗武(一七一六—七一)に仕えていたのである。家重は重度の吃音で、発言は極めて不明瞭であった。そこに付け入り、実際に幕府の手綱を握っていたのは、悪名高い側近の大岡忠光(一七〇九—六〇)だった。

また、本居宣長やその後の国学者たちの著作には、豊富な米をはじめ、日本の優れた食物が比喩として用いられることがしばしばあるが、これも一七三二年から翌年にかけて、また一七八〇年代半ば、そして一八三〇年代半ば、と三度も繰り返し起こった重大な飢饉が背景となっている可能性がある。一方、只野真葛『独考』の記述によれば、「抑、日本国は、春夏秋冬よきほどの気候なる故、五穀よくみのり、海ちかき故、塩おほく魚類さはなり。食もの不足ならざれば、舞うたひ、おどりたはむるゝ方に心かたむきて、齢を過す国なり」とのことである（只野一九九四、二八四頁）。一七八三年から翌年にかけての天明の飢饉の際、真葛は二十歳であったはずだが、その記憶は早くも薄れてしまっていたのだろうか。[6] 同書に「日本国は（中略）春夏秋冬、気候よく廻り、五穀ゆたかにみのり（中略）食物ゆたかなれば、人の心はなやかなり」とも書いていることから、相当に立ち直りの早い性格であったことが推測できる（同書、二九七頁）。

　ここまでを振り返ろう。徳川の世において、集団的アイデンティティと個人的アイデンティティは同時的に発生した。集団的アイデンティティには様々な形がある。地域や家庭といったものが前景にあることはもちろんだが、日本、あるいは日本的という、新しく、説得力のある概念が登場した。丸山眞男（一九一四―九六）は、このような感覚を日本文化の全体を貫く、いわば固執低音と主張したが（一九七二）、それは実際には近世に形成されたのである。日本的という概念は、文化的な遺産という新たな感覚の礎ともなった。文化および歴史からなる多面的な遺産は、日本に生まれた者に、特権的に受け継がれてゆくのである。このような日本という概念に対する新たな意識、そして自らを日本人と捉える意識は、それを支える時間的（歴史的）・空間的（地理的）・社会的（地位）な志向性を必要とする。自らの立場を知るためには、もちろん自分とは何者かを知らねばならず、その逆もまた然りである。松尾芭蕉が探求し、次いで国学者たちが発展させた、過去に関する新たな理念は、日本における教養の一部となり、識字率が高まるにつれて、その教養を盛り込んだテクストも増大した。これらのテクストにはまた、精神的な遺産も織り込まれている。社会は高度に階層化されてはいたが、日本人であれば、少なくともそのアイデンティティに関しては平等に享受することができたのである。言い換えれば、個人間には当然ながら大きな差異があるものの、国学者の論に従えば、日本に生まれた者は誰でも同程度に日本人なのであり、かつての理想郷の復活という目標も、日本らしさの追求も、結果として各個人を横並びの、兄弟のような絆で結びつけることになったのである。このような民族観を広める主要な道具となったのは国学者たちの著作であったが、読み書きのできない人々を相手にする際には口承による伝達も行われ、その信念の原則が教授された。

それと同時に、社会という炉のなかでは、個人的アイデンティティも鋳造されつつあった。評判や尊厳、さらに身を立てることへの関心は、中世後期には上流の階層に属する人々の間のみに限られていたが、それが元禄年間の終わりまでには、都市部で暮らす庶民にまで広まっていたのである。そして、徳川の世が終わろうとする頃には、巨大都市の外側に暮らす人々にとっても、これらは決して無関係な価値観ではなくなっていた。鉄道網のように広がったネットワークによって、単に物資やサービスだけでなく、文化や思想までが、その故郷である都市から近郊の小都市へ、そして地方都市へと広がっていったのである。後続の章では、自己利益の概念がどのように拡充されていったのか、禁じられた信仰がどのように秘密裏に継続されたのか、という点について裏づけとなる資料を提示しつつ、修身への高い関心や、権利としての福利という理解のあり方、そして当然追求されるべきものとしての幸福、といった概念についても取り上げることにしよう。

宗教および宗教的思想によるアイデンティティ形成への寄与

本章の結論をかねて、近世の宗教や宗教的な思想が、江戸時代においてどのようにアイデンティティの形成に寄与、あるいは介在したのかという点を簡単に論じておこう。ジェイソン・アーナンダ・ジョセフソン(Josephson 2012)や磯前順一(Isomae 2014)の近著でも指摘されているように、「宗教」(religion の訳語として最も一般的である)という語は明治時代に作られたというが[7]、江戸時代にも宗教や宗教的な思想の発展は――ポスト・コロニアリズムやポスト啓蒙主義の観点からしても――活発であった。このことは、仏教やキリスト教のような宗教が、そして儒教や国学のような思想が、近世の日本において独特のマトリックスを形成し、それぞれ直接的・間接的に、あるいは組織的・知的に、当時の志向性とアイデンティティの構築に寄与したという事実を見れば十分に明らかである。

永続する存在や魂を否定するという意味では、仏教の教義が近世のアイデンティティや個性の発展に貢献したと考えるのは難しいかもしれないが、いくつか注目すべき点もある。第一に仏教徒は、意識を持った存在として、仏性や仏心と呼ぶものを生まれながらに与えられている。それは内なる仏法を象徴するものであり、それこそが悟りを可能にしているのである。この特徴によって、各個人はより大きな人類と結びついており、その世界には釈迦や阿修羅のような天上の存在も、地獄の眷属や餓鬼のような劣った存在もいる。第二に、幽霊を信じることや、先祖の霊を対象とした民間信仰においても、泉下の世界に個性を認めているという見方ができる。というのも、亡くなった祖母の霊は、亡くなった祖父の霊とは違う存在であり、また自分の祖父母の霊は、近所の家の祖父母の霊とは違う存在だと考えるのが普通だからである。[8] そして第三に、いわゆる「鎌倉仏教」の場合を見てみると、「自力」を否定し、自身の外にある超自然的な力への依拠を促す「他力」を強調する発想が浄土宗には存在するにもかかわらず、浄土宗の信者も、日蓮宗の信者も、念仏や題目を唱える責任を個人に帰しているのである。また、瞑想を重要視する禅宗は、武士階級と密接な関係にあったが、なかでもかなり中国を意識した宗派である黄檗宗は、十八世紀を通じて中国を理想化された「他者」として扱う上で一つの原動力となった。このやや奇怪なところのある宗派は、群れることを嫌う人々の高い関心を集め、信者を順調に増やしたのである。

しかし、本書にとって重要なのは、何より仏教の、一種の公共機関としての重要性である。すでに述べたように、各地域の寺は誕生や死亡、住所変更を届け出る窓口として機能していたのであり、その意味で江戸時代の日本人は、少なくとも形式的には全員が仏教徒であった。もちろん儒教に端を発する、心と自己の修養を目指す心学や、各種の占いなど、仏教以外の宗教的思想を信奉することは自由であった。しかし、本居宣長のような純粋な国学者であっても、徳川時代を生きた日本人であれば、霊的な「底流」はやはり仏教徒としてのそれだったのである（松本一九八四、二一一―二二〇頁）。

宗旨替えをすることは非常に難しかったが、特別な事情があれば許された。また、本寺・末寺の緊密なネットワークが敷かれていたため、理論上、幕府は各寺の動向をつぶさに知ることができたのである（圭室一九七一）。このようなネットワークは、各人の信仰実践に空間的な次元を付け加えた。例えば、八十八ヶ所巡りや、宗旨を同じくする者同士のいわば兄弟愛のような繋がりなどである。幕府はさらに、その宗教政策を徹底するために、寺社奉行を任命していた。

黒住真は、近世の日本社会においては、「自分は決してキリスト教徒ではない」ということを証明する必要のあったことが、皮肉にもかえってキリスト教の影響力を強めたと論じている（二〇〇六、一〇〇頁）。このような事情は、キリスト教が近世を通じて文学に描かれてきたことを指摘するヤン・C・ロイヒテンバーガーの研究（Leuchtenberger 2013）や、キリスト教徒の武士であった馬場文耕に関するウィリアム・ファルゲの研究（Farge 2016）などによって、近年ますます明らかになりつつある。だが、黒住をはじめとする研究者たちが目を向けていないのは、幕藩体制に従うという個人的な責任が、その初期段階において、いかに統一的な自己の形成に寄与したかという点である。例えば、一六九〇年から一六九二年にかけて長崎の出島でオランダ商館に勤務したドイツ人医師、エンゲルベルト・ケンペル（一六五一―一七一六）が当時の様子を書き残した文章によれば、毎年暮れになると、「それぞれの通りで人改め、すなわち各世帯の構成員の確認が行われ、子供や老人を含めて、その名前と生まれた土地が明らかにされる。また一家の長が信奉する宗旨も登録され」たのである（Bodart-Bailey 1999, p. 163）。

長崎のようにキリスト教徒の多さが問題となった土地では、禁じられた宗教の信奉者を炙り出すために絵踏みが行われた。ケンペルによれば、人改めが行われて数日のうちに役人が各世帯を回り、「十字架のキリストや聖人を描いたものを差し出し、キリストやその伝令を放棄し、罵倒することができると示すために」それを冒瀆させたという。ケンペルはさらに続ける。

審問官が座布団に座ると、人々が集まる。若者も老人も、その家で暮らすものは全員と、個別に審問を行うには家が狭すぎるような場合には近所の住民も加わる。役人は肖像を土間に置く。書記が名簿を開き、名前を読み上げる。名前を呼ばれた者は前に出て、肖像を踏みつける。まだ歩けない小さな子供は、母親に抱きかかえられた状態で、軽蔑の仕種として足を肖像に載せる。それが済むと、家長が書記の持つ名簿に判をつく。審問官はそれを奉行に見せ、その世帯の調査が完了したことを示すのである。

（同前、傍点引用者）

管轄権が重複していることには注目してよいだろう。審問は世帯ごとに行われ、一家に暮らす者に関しては、続柄を問わず、家長が責任を負う。しかし、実際に絵踏みを行うのは名前を呼ばれた個人一人ひとりである。子供であれ老人であれ例外はなく、ここでは個人の責任と連帯責任の双方が問われている。さらに審問官たちにしても、調査の終了を上司に報告するにあたっては、審問を受けた世帯の家長の判が頼りなのである。これは別の場所で論じたことだが、幕府の宗教政策が最も徹底していたのは一六六〇年代であった。違反者たちの側は、この誰も傷つけない犯罪を隠蔽することに極めて巧みになり、やがて取り締まりが緩和されると、限定的なものとはいえ、信仰実践に関するプライバシーとでもいうべきものを手に入れたのである（Nosco 1996b）。

本章では、アイデンティティ形成をめぐって儒教と国学が果たした役割を論じたが、そもそも儒教や国学を宗教思想と捉えてよいのだろうか？　確かにマックス・ミュラー（一八二三―一九〇〇）はその記念碑的な『東方聖典叢書』（全五十巻、オックスフォード大学出版局、一八七九—一九一〇）に、ヒンズー教や仏教、ゾロアスター教、ジャイナ教、イスラム教などと共に、儒教の重要な文献を収めている。また、より近年では、一九六六年から一九六九年にかけての中国の文化大革命において、儒教はまさに宗教として排斥されたのであった。だが、ここでは儒教やそのヴァリアントである朱子学が宗教か否かという難問を蒸し返すよりも、天という絶対的な道徳を目指して人間の変革を謳うという点において、儒教には明らかに宗教的な側面が、それも根深く存在している、と述べるに留めておこう（Taylor 1990）。

また、国学が儒教と同じように近世のアイデンティティ形成に重要な貢献をしたことも明らかになったが、それでは国学も、やはり宗教的な側面を持つのだろうか。国学の研究者は、いくつかの視点からこの疑問に迫っているが、ここでは久松潜一（一八九四—一九七六）の考え方を踏襲しよう。その著書『契沖伝』において、久松は早くも一九二七年に、国学の語には二通りの意味があり、それはすなわち国学には二つの側面があるということだ、と指摘している（二二七頁）。第一の、より広義の国学とは、中国や中国語の研究である漢学に対して、日本を焦点化したあらゆる研究を指す。そして久松によれば、第二の、より狭義の国学とは、まず古代の文学や詩、神話や歴史に関する史料から「古道」を導き出し、次いでその古道を、現代の宗教にまで高めることを試みるものなのである。本書もこの見方に従って、国学にも宗教思想としての側面があるものと考えたい。

そしてキリスト教も、否定的な形ではあれ、アイデンティティ形成に寄与した。キリスト教の信者を炙り出して撲滅しようという排斥の動きが起こったからこそ、絵踏みのような習慣や、世帯の各個人の帰属する寺を記した宗門人別帳のようなものが作られたのである。一方で、弾圧を避けるために様々な工夫を凝らすようになった隠れキリシタンは、例えば仏式の葬式のような避けがたい行事によってキリスト教が冒瀆された際に行う「経消し」のような儀式を作り上げた。幕府の決まりごとに違反すれば責任はしばしば集団的なものとなったが、同時に幕府の宗教政策に従うということに関しては、常に個人的な責任も生じていたのである。

次章では、自己の利益の追求と、自らの属する世界をよりよいものにしようという意志が暴力的な行為にまで発展した事例を取り上げながら、近世の日本の個性について、さらに考察を深めることにしよう。

■註

（1）Brewer and Gardner 1996.

（2）ハルオ・シラネは、近代の正典の形成に寄与した十の実践を挙げているが、そのうち最初の六つは以下の通りである。「（一）あるテクストまたはその異本の保存、校合、伝達。これは十七世紀に印刷術が登場する以前には、極めて重要であった。（二）該博な注解、解釈、批評。（三）テクストの学校カリキュラムでの使用。（四）言葉遣い、文体、または文法のモデルとしてのテクストの使用。あるいは引用・参照の源泉としての使用。［中略］（五）歴史上・制度上の先例（「有職故実」）に関する知識の源泉としてのテクストの使用。［中略］（六）一連の宗教的信仰を体現するものとしてのテクストの採択」（シラネ一九九九、一七頁）。

（3）戦国時代の定義は様々であり、「世紀」という誤解を招く表現がされることもある。その期間は、欧米ではおおよそ応仁の乱が終わる一四七七年から、織田信長の歿する一五八二年までと考えることが多い。しかし研究者によっては、徳川家康が「将軍」となり、その肩書きに新たな意味を与えた一六〇三年までを戦国時代と考えている。

（4）ヘルマン・オームスはその評論“Human Nature: Singular (China) and Plural (Japan)?” (Ooms 2002) のなかで、やや突飛な論法によってではあるが、中国と日本における人間性をめぐる理解の違いと、そこから来る儒学の解釈の違いを簡潔にまとめている。

（5）パティ・カメヤ (Kameya 2009, p. 9) は、『近世畸人伝』のような作品は十八世紀後半に多く見られ、そこから作者と読者が伝統を共有していることが窺えるとするが、一方で伴蒿蹊の形成する共同体はあくまで「われわれの時代」、つまり作者と読者に共通する時間軸で書かれていることも指摘している。

（6）天明の飢饉を深刻なものにしたのは、一七八二年の不作に続いて、翌一七八三年夏に起こった浅間山の噴火であった。結果として、一七八〇年から一七八六年の期間に、日本の人口はおよそ百万人、全体の四％も減少したのである。一七八七年以降も飢饉の影響は残り、死者はさらに増加した (Totman 1993, p. 240)。

（7）言語決定論に従えば、異なる言語を話す者は異なる思考体系を持ち、必然的に違った仕方で世界を体験していることになる。フランス語であれば、さぞ巧みにロマンチックな感覚を表現できるだろう、などと考えがちなのはそのためである。ヨーロッパのいくつかの地域には、「話せる言葉の数だけ、より人間らしくなれる」という諺もある。言語相対論はこのような見方への反論として、例えば「特定の言語で名前を持たない色は、その言語の話者には見えないのだろうか」というような問いを立てる。もちろん、色は見えるのである。以下の議論では、言語決定論の整合性を可能な限り認めつつ、言語相対論の立場を採ることとしたい。

（8）この観点については、シャーマニズムの専門家である並木英子氏に示唆を受けた。

第三章 自己利益、反抗、公共圏

本章では、本書の第二の重大な主題、すなわち自己利益と公共圏を取り上げる。公共圏（public sphere）とは、あらゆる主張が飛び交う広大な領域であり、そこには抗議や反抗、政治参加、社会批判、そして不完全な形とはいえ市民社会も存在する。徳川幕府は、言うまでもなく権威主義的であり、その目指すところは絶対主義的ですらあったと言ってよい。武士と庶民の隔てなく、すべての民の行動や表現、思想までをも統制しようとしたその姿勢は、ある学者の言葉を借りれば「典型的な国家というものが誕生して以来、比肩するものがないほど野心的」（Berry 2012, p. 45）なものであった。しかし、国家の権威にはいつの時代も限界がある。また、どんなに息苦しい政治的環境も、条件つきのものではあれ、明白な公共圏の存在を許容するのである（Berry 1998）。

武士でない者は公式には政治に参加できなかったが、それでも個人的に、かつ合法的な方法で建設的な批判を行うことができたし、不満があれば目安箱を利用することもできた。人々は高い政治意識を持つ一方で、このような制度によって、自身も政治的な意見表明を行うことができると知っていたのである。規模が限られていたとはいえ、徳川時代の前半には散発的に抗議や反抗の運動が起こり、しかもそれらは時代が下るにつれて頻繁に、暴力的に、脅威的になっていった。幕府は儒教に依拠する保守的な政策でこれに応戦したが、自己利益の追求という選択肢はますます一般化し、江戸は二百年の間にかつてないほど不安定な状態に陥っていた。私塾は、そこで学ぶ人々に自己を向上させる機会を与えたのみならず、比較的自由な交流を許すその環境によって、市民社会と呼び得るものの形成を促しつつあったのである。

徳川幕府は二世紀半に及ぶ「天下泰平」によって特徴づけられてはいるが、そのようなイメージとは裏腹に、実際には三千回にも及ぶ百姓一揆と、二百年の間隔をおいて起こった二つの大規模な謀反を経験している。いずれも失敗に終わったものの、幕府の転覆を狙った「乱」も一度や二度ではない。このような不穏な活動に個人が参加を決意するためには、当然ながら集団的な意識による後押しが必要だが、最終的に参加を決めるのは常に個人であり、そこには自己利益をめぐる複雑な計算が働いていた。後段で取り上げる私塾のような場では、伝統的な概念や作法の正当性が問い直され、歴史的な比喩を用いての現状に対する批判もしばしば行われていたが、そのような環境のなかでカウンター・イデオロギー的な視点は胚胎し、時には情勢不安を招くほどの激しい反抗を煽動することもあった。

以下に見るように、近世後期には比較的活発な反抗の気運があり、抗議に対して寛容な空気も醸成されていた。学術的な、あるいはサロン的な文化も隆盛し、そこに市民社会がポツポツと形成されつつあった。それがどれほど発展したものであったかについては議論の余地があるが、だからこそこの問題は興味深い。私の考えでは、そこに見出すことのできる「自由」は、単にこれまで想像されてきたものよりも大きいというだけでなく、見方によっては現代の日本や欧米の「リベラル」な社会よりも、さらに豊かと言えるようなものだったのである。

反抗と謀反

政治化された運動と政治化された集団的アイデンティティとの関係は、本研究にとって重要なものである。ベルント・サイモンとベルト・クランデルマンスが述べているように、「権力闘争に参加する時、人々は政治化された集団的アイデンティティを拡大し、自分はより包括的に、社会全体で争われるべき闘いに、自らが所属するグループの代表者として身を投じているのだと考える」からである（Simon and Klandermans 2001, p. 319)。近世の日本において反抗の現象が増加したことは、私塾や遊郭、文人サロンなど、高度に都市化された地域に誕生した新たな環境のなかで、社会的に取り決められた身分の輪郭が不明瞭になっていったことと無関係ではない。

サイモンとクランデルマンスはまた、集団的アイデンティティが政治化されるには、その前提として「不幸や敵愾心を共有すること、そして社会に参加しているという意識を持つこと」が不可欠であるとする（同前)。近世の日本においては、それは無理難題を押しつける非情な役人に対する不満の爆発によって起こる百姓一揆という形で、多くの村々に見られたことである。ハーバート・ビックス(Bix 1986, xxi)は一五七〇年から一八七一年までに起こったとされる三千一例の一揆を分析し、それらを違法性の大小に従って分類した。下位に来るのは最も脅威の少ない、違法性の小さな反抗で、「愁訴」と呼ばれた嘆願や、「不穏」や「騒動」と呼ばれた、暴力を伴わない騒擾が含まれる。これらのものを合わせると全体の約三分の一(三十二%)になる。これよりも違法性が大きいのが、村を捨てて逃亡する「逃散」や、実力行使を伴う「強訴」であり、これらは三千一例のうちの約半数(五十二%)を占める。そして、最も深刻な、財産の故意の破壊や直接的な反乱のような暴力的なものは、全体の約六分の一(十六%)である。

近世を通じて一揆は頻度を増している。ビックスによれば、一五九〇年から一七二〇年までの最初の百三十年間で考えると、平均して年に五・二回の一揆が発生していた。しかし、次の五十年、すなわち一七二〇年から一七七〇年ではこれが倍増し、年に十・六回となる。そして、次の六十年、一七七〇年から一八三〇年では、さらに十三・六回にまで増え、ついに一八三〇年から一八七一年の四十一年間でピークを迎え、一年あたり二十四・四回となる。[1] ビックスの見方に従えば、一揆のそのような増加は、より大きな自由を獲得し、自分たちの労働の果実をより多く自分たちの収入にしたいと願う百姓たちが、現状のヒエラルキーを覆してやろうという社会的・政治的な反抗意識を強めていたことを反映している。百姓には大名をその特権的な座から引きずり下ろす法的な手段はなかったが、だからと言って幕藩体制を前に何一つできなかったわけではない。政策があまりに耐えがたいと感じた時、彼らはゆっくりとではあったが、着実に方向転換を迫る術を持っていたのである（Bix 1986, p. 137）。

一揆とは常に政治化されたアイデンティティの表出であり、集団化された行動として発生するが、そこには個人レベルでの貢献が極めて重要であるという点は、これまで見落とされてきた。徳川氏が実権を握る以前から近世の最初の百年ほどの時期にかけては、一揆に参加する者は神や仏の名にかけて誠意を誓い、もし自分の決意が揺らいだ時には天誅を受けてもよい、という意思表示をした。その時に作成されたのが「起請文」である。ミナミ・オリハラはこの「神への誓い」が徳川時代を通じて徐々に世俗化し、ついには「信頼の証」であるところの「頼証文」へと変化したことを指摘している（Orihara 2013）。「神への誓い」においては、個人の責任を担保していたものは超自然的な力であったが、それが「信頼の証」になると、集団内の横の繋がりへの意識のなかで、市民運動への献身が促されるのである。近世に書かれた頼証文は六百五十六通が残っているが、その九十三%は正徳年間（一七一一―一六）以降に書かれた。それは近世中期から後期にかけての一世紀半であり、この期間においては、飢饉や疫病、情勢不安などが起こるたびに、頼証文が作られる事例も比例して増加している。特に不穏だった一八六〇年代には、一年あたり十以上もの頼証文が残っている（同前）。

頼証文が本書にとって重要なのは、政治化された集団的アイデンティティによって発生する一揆という行動のなかで、証文が個人の利益追求を促進するものだったからである。ビックスは一揆に参加する百姓たちの驚くほど抑制の効いた態度について、「本質的に言って共同体主義的である」と述べている（Bix 1986, p. 144）。農業は近世の経済にとって非常に重要であり、領主の主要な収入源でもあったため、生産活動が停止してしまうことは避けなければならなかった。つまり、たとえ違法な行いであっても、集団でそれを行えば、それぞれの個人が罰則を受ける可能性は低かったのである。このような事情で集団の連帯感は強まり、行動の大胆さも増したが、同時に自分たちの身を守る術も発達していった。合法のもの、非合法のものを問わず、そのような集団に参加することは、それまで政治化されていなかった百姓たちに闘争というものを意識させ、彼らを変化させたのである。行動に参加することで彼らは急進化した。彼らは「新たなアイデンティティを獲得し、日常のルーチンから抜け出したことを誇示するために、新たな服装をまとうこともあった」のであり、「封建的な礼儀作法に縛られた規則も、しばらくの間、転覆される」ことになった（同書）。村は競技場、舞台、あるいは遊び場のようなものになり、時間の流れさえいつもとは変わってしまう。権威に挑戦するたびに、彼らは一つの限界を超え、数を重ねるごとに、限界を超えることは容易になっていったのである。

もちろん一揆においては、記憶すべきリーダーシップが発揮されることもあった。例えば武左衛門は、数年来の飢饉と疫病に苦しむ伊予国南部の農村の姿を見かねて一七八七年に立ち上がると、伊予吉田藩の村々を一戸ずつ回り、一七九〇年には徳川時代を通じて最大となる、七千五百人規模の一揆を統率した。一揆の規模の大きさに鑑みて、幕府は寛大な措置を約束したが、これはすぐに反故にされ、武左衛門は打首となった。しかしこの過程で、武左衛門は伝説となったのである（松本一九七七）。このようなリーダーは武左衛門だけではなかったが、彼らはたいてい幕府によってその痕跡を歴史から拭われ、伝説のなかでのみ語り継がれている。

例外と言えるのは佐倉惣五郎（一六〇五？—五三？）であろう。彼は一村の名主でありながら、領主である堀田氏の暴政について、下総佐倉藩の役人、徳川幕府の役人、さらには老中にまで直訴を行った（田中一九七七）。村のために起こしたこの行動によって、彼は妻子と共に磔となったのだが、もし福澤諭吉が無私無欲の殉教者として佐倉の名を挙げなければ、私たちはその名を知らなかったかもしれないのだ。

余輩の聞くところにて、人民の権義を主張し正理を唱えて政府に迫りその命を棄てて終りをよくし、世界中に対して恥ずることなかるべき者は、古来ただ一名の佐倉宗五郎あるのみ。但し宗五郎の伝は、俗間に伝わる草紙の類のみにて、未だその詳らかなる正史を得ず。

（『学問のすゝめ』一九七八、七二頁）

ここで福澤が誤っているのは、佐倉惣五郎のような人物はほかにはいない、と思い込んだ点である。先にも述べたように、一六〇〇年の関ヶ原の戦いから、一八六七年の大政奉還に至る二六七年間にわたって、途切れることのない平和がまるでヴェールのように日本を包み込んでいた……というのは徳川時代をめぐるミスリーディングな物語に過ぎない。それは百姓一揆によっても歴史的に証明できることであるし、例えば一六一四年から翌年まで続き、徳川と敵対する勢力や浪人たちの何万という命を奪った大坂の陣などを見ても明らかである。浪人の不満の爆発をどう抑え込むかということは、初期の幕府にとっては頭痛の種であった。食い扶持を得られなかった浪人は、自分と家族の口を糊するためにその殺人術を利用するしかなく、しばしば強盗や追い剝ぎとなったからである。

浪人をめぐる不穏な情勢が長引いていたことは、一六五一年に丸橋忠弥（一六五一年歿）と由井正雪（一六〇五—五一）によって引き起こされた慶安事件によっても明らかである。丸橋は武術の師範として生計を立てる浪人だった。その父親の素性は明らかになっていないが、大坂の陣で幕府軍の手にかかって命を落としたとされている。由井は町人であったが、浪人から剣術の手ほどきを受け、やがて自ら剣術師範となると共に、刀剣を商うようになった。二人は結託してある計画を立てたが、それは江戸城を襲い、幕府を転覆させたあと、次いで京に、そこから全国に反乱を広めるというものであった。折しも三代将軍徳川家光（一六〇四—五一、在位一六二三—五一）の急死によって幕府は混乱しており、反乱を起こすには好機であった。だが、丸橋が病に倒れ、うわごとで計画を漏らしてしまったことから、二人の企みは明るみに出てしまう。[2] 丸橋は捕縛、処刑され、由井は捕まるよりも自刃を選んだ。二人の計画は大失敗であったと言わざるを得ないが、少なくとも浪人のなかにはまだ深い恨みを抱えている者が多くいたことが、権力の側にも庶民の側にも明らかに示されたのである。

幕府にとって、さらに明白な政治的脅威が訪れたのは、一七六七年のことであった。その数年前、一七六四年に、オランダ人ヤン・クランスに「怠惰で、好色で、愚かな男」（Screech 2005, p. 18）と評された十代将軍徳川家治（一七三七—八六、在位一七六〇—八六）は、神君家康を祀った霊廟である日光東照宮への参拝を取りやめている。それは、公式の参道を整備するために強制的に労働を課された人々の不満が頂点に達し、道中の安全が脅かされていたからである。反抗的な姿勢を見せた数百人もの労働者や指導者が縛についたが、それは些細な反抗にも過敏に反応してしまう幕府の弱みをさらけ出す結果ともなった。そして、幕府の不安は明和事件という形で現実となる。十年にも及ぶ複雑な経緯を経て、浪人たちが幕府の転覆を試みたのである。主導者は竹内式部（一七一二—六七）、山県大弐（一七二五—六七）、藤井直明（一七二〇—六七、別名右門）とされるが、彼らの存在もまた、一部に強く残る反幕府の心情を証拠立てている。

竹内が朝廷から攻撃されたのは一七五六年のことである。位の低い公家に向けた講義のなかで、竹内は彼らにはきちんとした訓練が欠けており、そのために職務も疎かになっている、と批判した。監督不行き届きをなじられたように感じた上級の官人たちは、幕府に竹内の譴責と、公家への講義禁止の措置を講ずるよう要請したのである。だが幕府は、竹内の言動に違法性はないとしてこれを退けた。事態が急変するのはその二年後である。幕府の京都所司代からの問い合わせに対して、竹内は「道を得た国では、礼、楽、刑は帝から発せられる。国が道を失うと、それらが領主から発せられるようになる。そうなると、権力者は十代のうちに滅びずにはいないだろう」と発言したという（Webb 1968, pp. 249–50）。「領主」とは言うまでもなく幕府であろう。多少の誤解があるにしても、「十代」の発言も決定的である。時の将軍徳川家重（在位一七四五—六〇）は、ちょうど九代であった。

山県は医家の次男に生まれ、一七五九年に『柳子新論』を著した。これは六世紀にわたる幕府による支配を、鎌倉幕府を開いた源頼朝（一一四七—八九）にまで遡って批判し、朝廷の権力を奪ったことを責める書である（Wakabayashi 1995, pp. 33–37）。手書きのものしか流通しなかったため、当初は大きな注目を集めるには至らなかったが、一七六三年に版本になると状況は一変する。第三の共犯者とされる藤井右門は山県の弟子であり、皇学所の教官であったが、その口から伝えられた君主の特権をめぐる言説は、まだ若く落ち着きのない公家たちには魅力的に響いただろう。もちろん、このような言説は幕府からすれば許すまじきものであった。数年後の一七六七年になると、家治の下で幕府は竹内・山県・藤井を連名で不敬罪に問うた。山県と藤井は打首、竹内は流刑地に向かう途次で命を落とした。事件の一年後、薮科貞祐（一七六九年歿）は書簡のなかで、「まことに国を治められる方々の御用心が必要な時節でございます」と記している（安永一九二一、二九頁）。

激しい反抗というものが近世初期と後期でどのように変化したのかを考える上で、最も大きな二つの乱を比較してみることは有益だろう。すなわち一六三七—三八年の島原の乱と、一八三七年に起こった大塩平八郎（一七九三—一八三七、大塩中斎とも）の乱である。まず両者の共通点に目を向けてみると、以下のようなことが言える。

・カリスマ性のある人物によって牽引された点。天草四郎（一六二一？—三八、本名益田四郎、諱時貞）はまだ十代であり、大塩は四十代半ばの役人であった。

・極めて厳しい経済的状況のなかで起こっている点。一六三〇年代の半ば、日本の南西部では不作が続き、強引な年貢の搾取によって飢饉が頻発していた。同じく一八三三年と一八三六年も不作であったが、大坂町奉行所や豪商たちは備蓄米を解放しようとせず、これが大きな被害をもたらした。

・宗教的、イデオロギー的側面を持っていた点。島原はキリスト教の布教活動の中心地であり、謀反の二十五年前にキリスト教が禁止された際には、キリスト教的なモチーフの幟を掲げた行進が行われている。一方、大塩の思想の元にあったのは、理想を現実にするためには行動が必要であると説いた朱子学、なかでも王陽明の陽明学であった。

・権力に命懸けで逆らい、たとえ計画が失敗に終わったとしても失うものはない。反対に成功すれば、何がしかのものを得られる。と、このように考える多くの賛同者を得た点。

・結果として日本の歴史の流れを変えるような反応を幕府から引き出した点。一六三九年にはポルトガル人が日本から締め出され、一八四二年には天保の改革が起こっている。

このように共通点が多いことも目を引くが、むしろ興味深いのは差異のほうである。まずは島原の乱の場合を見てみよう。

遠く島原半島とその近郊の天草諸島にも、徳川家康によってはっきりとした形で禁教令が出されたが、外国人修道士の追放が本格化した一六一二年から二十五年を経た頃にも、多くのキリスト教徒がいた。アイヴァン・モリスによれば、島原の乱が起こった一六三七年には、島原の住人のほとんど全員と、天草諸島の住人の大部分がキリスト教徒であり、モリスの概算では、島原の総人口四万五千人の半数以上と、天草の総人口二万一千人の実に三分の二が、謀反に参加したのである (Morris 1975, pp. 147, 157)。

だが、このように大規模で敵意に満ちた暴動を引き起こした原因が宗教的なものであったのか、それとも経済的なものであったのかについては、議論の分かれるところである。十七世紀に書かれた記録は、そのほとんどが反乱を幕府のキリスト教弾圧に結びつけているが、同時期に書かれた西洋の文書や、近年の研究者の考えでは、経済的な苦難が謀反を加速させたと見る向きが強い。謀反の只中、獄中で自らの処刑を待つ身であったポルトガルのイエズス会士ドゥアルテ・コレア（一六三九年歿）は、「この反乱は、彼らがキリスト教徒であることとは無関係だ。信徒の数がもっと多かった頃、有名な大名さえもが信徒であった頃には、そのような反乱は一切起きなかったのだから」と述べている（Morris 1975, p. 150）。ドゥアルテの論理には確かに説得力があるが、暴動に宗教的な側面があったこともちろん否定はできない。天草四郎の幟にはポルトガル語でLOVADD^O SEIA O SACTISSIM^O SACRAMENTO（神の崇高なる秘蹟を讃えよ）という句が、遠くからでも読めるよう、すべて大文字で記されていた。反乱に参加した者は大部分がすでに信徒であったが、原城址に籠城した三ヶ月の間に、新たに改宗した者がいた証拠もある。(3) 永遠の命を約束されることで反乱に参加した者たちは、いよいよ献身的になり、城を包囲する討伐軍に対しても、宗教的な反感を持つようになった（ibid., p. 178）。

ヨーロッパで同時代に書かれた二種類の記録――一つはフランスのプロテスタント、ジャン＝バティスト・タヴェルニエ（一六〇五―八九）によるもので、いま一つは、平戸で商館長を務め、城を包囲した幕府の求めに応じて大砲を供給した、悪名高いオランダ人のニコラス・クーケバッケルのものである――によると、反乱の指導者たちは、もし信徒らの命を許してくれるのであれば、自分たちは無条件に投降し、棄教しても構わないと申し出ている（Keith 2006, p. 186n）。これは、何も彼らの信仰心が浅いものであったことを意味するわけではない。むしろ彼らは、自らが神罰を受けることになっても、共に反乱に参加した仲間の命を救いたいと願ったのである。モリスは、反乱の背景にある原因を「一つに特定しようとすることは誤りである」

と結論づけているが（Morris 1975, p. 52）、宗教的な要素と経済的な要素とが、どちらも主要な動機となっていたことは間違いない。

乱が活発になったきっかけは、一六三七年の十二月半ば、島原で村の名主の娘が捕らえられ、滞っている年貢を支払わせるために焼けた鉄を押しつけられるという拷問を受けたことであった。激昂した父親は仲間を集め、役人を殺害した。これを機に、乱は「乾いた枯葉が燃えるように」（Ibid., p. 153）瞬く間に広まったのである。だが、最初こそ幕府を相手にうまく立ち回ることができていたものの、反乱軍はやがて原城址に追いやられた。そして数ヶ月に及ぶ包囲ののち、空腹に弱り果てた三万七千人もの男女と子供は、一六三八年の四月半ば、無惨に虐殺されたのである。

これとは対照的に、大塩平八郎の乱は都市部で起こったものであり、その推移は月単位ではなく時間単位で語るべきものである。大塩は日本的というよりも中国的な学者官僚であった。西日本を代表する陽明学の徒（Najita 1970, p. 157）である大塩は、「謀反人となった賢人」（Craig 1970, p. 4）と評されている。しかし、その知性や理想の高さも、戦略の未熟さを補うには不十分だったのである。大塩は、大坂町奉行所の与力を二十年にわたって務め、汚職や、幕府の宗教政策に違反する者を徹底的に追及するその姿勢は評判であった。飢えている庶民のために江戸から米を送ってほしいという要望が商家や幕府から拒絶されると、大塩は私腹を肥やす悪徳業者を襲うことを計画する。それを引き金に、さらに大きな反乱が起こることを期待したのである。まずは、自身の私塾である洗心洞の塾生を中心に、最も信頼できる数名を大坂近郊の各地に送り込んだ。彼らの役目は村の名主との橋渡しである。名主を介して、「天により生まれた者は一人残らず」警戒を怠らず、近いうちに起こる災厄をきっかけに、自らも闘争に貢献するように、との指示が伝えられた（de Bary 2008, p. 316）。大塩は蔵書を売り払い、大砲一門と、十数丁の火縄銃、数百もの刀剣を購入した。間もなく立ち上がるであろう百姓の軍勢を武装させるためである。また、村人たちに向けて、役人を恐れないこと、これを機に借金の証文を破り捨ててしまうことを説いた檄文を草した（Najita 1970）。

「救民」という痛切な言葉を記した幟を立て、攻撃は朝から始まった。昼頃には、二十数名に過ぎなかった中心グループが三百名以上に膨れ上がり、急ごしらえの市民軍が出来上がっていた。彼らは二日間にわたって裕福な商人や町奉行所与力の家と蔵を襲い、大坂の実に四分の一の面積に火を放ったが、それでも初日の午後遅くにはすでに幕府方によって勢力を分断され、数日のうちに、加担した者はほぼ全員が殺害、あるいは捕縛された。身柄を拘束された者は冷酷な取り扱いや拷問に耐えかねて、すぐに自白した。口を割らなかった者はただ一人であったという。そして大塩はというと、一ヶ月ののち、ひどい怪我を負った養子と共に、支持者の家に潜伏しているところを密告され、役人らに囲まれて自害した。これ以上の逃亡は不可能と悟ったからである。

庶民の苦しみが極めて大きなものであったにもかかわらず、なぜ大塩の乱はかくも無惨に失敗したのだろうか？　どうやら大塩と彼の信奉者の間には埋めがたい溝があったようだ。大塩は、天の助けによって、彼の誠実な動機を阻むものは何も現れずに済むと信じていた。しかし、反乱に加わった者の多くはこの高潔な計画を大局的に見ていたわけではなく、むしろ個人的な目標、つまり煎じ詰めれば物質的な欲求に突き動かされていたのである。大塩が訴えかけた近隣地域の人々も、最終的には被害者となるよりも傍観者でいることを選んだ。テツオ・ナジタが簡潔にまとめているように、大塩の「農民からなる軍隊は実現しなかった。裕福な町人から彼が『没収』した富はあまりにも大きく、前衛部隊に運びきれるものではなかった。（中略）何百もの刀剣が庶民に配られたものの、（中略）幕府の軍勢との戦闘にではなく、呉服屋や酒屋の略奪に使われたのである」（Najita 1970, p. 174）。こうして高尚な目的をもって出発したはずの乱は、無惨な幕切れを迎えたのである。

二つの反乱が対照的なのは、その期間や場所、規模だけに留まらない。一六三八年一月に原城址に立て籠もった三万七千人の人々は、限界を超えるところまで追い詰められた、絶望した個人の集まりであった。指揮を執っていたのは大部分が軍事的な訓練を受けた浪人であり、また数十年前、豊臣秀吉の刀狩令によって今後の選択を迫られた際に、刀ではなく農具によって生きることを選んだ自作農家の人々であった。前述のように、指導者たちが棄教し、投降することを申し出たのは、乱に参加した人々の命を守るためであった。謀反人たちの大部分は、おそらく読み書きのできない人々であったため、彼らの書き残した起請文は残っていないが、共通の信仰心を抜きにして、彼らの強力な団結を説明することは難しい。

他方、個々の参加者の動機を特定することも簡単ではないが、大塩の乱に加わった人々の動機はより個人的であったと思われる。陽明学に倣った大塩の思想が透徹なものであったことは疑いを容れないし、賛同者の核となっていた洗心洞の二十名ほどにもその思想は共有されていたと思われる。だが彼らは、反乱に関わった人々の十分の一にも満たない。残りの参加者には、それぞれに異なる動機があったと思われる。命以外には失うものは何もない、という覚悟であった島原の乱の関係者とは違い、彼らのなかには単に自暴自棄になっていた者もいただろう。そして混乱に乗じて反物や酒を強奪することや、自らの借金の証文を処分することを目的としていた者も少なからずいたのである。反乱というものが持つアナーキーな状況それ自体にも、一種の魅力があっただろう。しかし近隣の地域には、事の成り行きを静観することを選んだ人々のほうが多く、彼らはいわばサイレント・マジョリティを形成していた。百姓一揆に関わった人々についてしばしば言われることではあるが、彼らもまた「自らの目的を理解するには至らなかった」のかもしれない（Scheiner 1973, p. 579）。

一八三七年二月に起こった大塩平八郎の乱は、同年、さらに二つの重要な反抗を誘発することになる。まず一八三七年六月には、越後柏崎の生田万が、志を同じくする数名の武士と共に反乱を起こしているが、これは僅か一昼夜にして鎮圧された。生田は上野国館林藩士の息子である。藩校で儒教を学んだあとに江戸へ移り、平田篤胤（一七七六—一八四三）の私塾で排外的な国学を学んでいる。生田は次いで上野国太田に自身の私塾を開いたが、藩政改革を声高に主張したために藩を追放された。そこで生田は柏崎に居を構え、新たに桜園塾という私塾を開く。蜂起ののち、武器も信奉者も持たない生田は捕えられるよりも死を選び、妻も二人の幼い子供の首を締めてからあとを追った（相馬一九二九）。

しかし、この一件よりも重要なのは、その一ヶ月後に、摂津国能勢で起こった山田屋大介（一七九〇?—一八三七）の反乱である。山田屋は大坂の薬屋で働きながら、武術の指導も行っていた。山田屋の一揆も大塩の乱に触発された点では同様だが、賛同者の数は遥かに多かった。周囲の村々から集まったその人数は一千人以上にのぼり、大塩の乱の三倍以上であった（三田《さんだ》村だけで、六百人が参加した）。一揆の計画は、京都まで行進し、奉行所に徳政を嘆願すると共に、長引く飢饉を救うべく米の解放を求めるというものであった。しかし行進は四日ほどで終わった。縛を逃れて興福寺にたどり着いた山田屋は、そこで自害したのである。注目すべきことに、計画に連なった者の大部分はお咎めなしで、それぞれの村に帰された（Newmark 2014, p. 17）。おそらく人数がかなり多かったことと、一揆が暴力的なものではなかったことによるのだろう。

自己利益

自己の利益をどこまで追求するかという問題は、当然ながらそれぞれの人物の社会的な立場と深く関係する。徳川の世に身分制や士農工商の考え方が確固として存在し、特に最初の百年間においては異なる身分への移動が極めて難しかったことを考慮すると、この時代の日本には社会的な競争や出世の概念がさほど見出せないのではないか、という結論に至ることは自然であろう。しかし、この見方は誤りである。事実として、大名は他の大名と藩の発展を競っていたし、武士は他の武士と禄高や名声を競っていた。だが、元禄年間からは、それまでには見られなかった商人同士の競争も激しくなる。個人のレベルでも、一族のレベルでも、利益や商売の規模が争われたのである。また、職人は互いの評判の高さを競い、農村では土地と資源の豊かさを競った。本百姓と呼ばれた大地主たちは、その尊厳や特権を競い、また士農工商に含まれない芸人や僧侶、易者などの人々も、目につきにくい形ではあれ、それぞれに同業者と覇を競ったのである（堀、深谷二〇一〇）。

十七世紀後半以降には、武士も武士でない人々も、それまでにない競争に身を投じた。というのは私塾のように、社会的地位がさほど意味を持たない空間が登場し、そこでは文書を解読する力が物を言ったからである。人々は公共の場において、階級とは無関係に、自らの利益、あるいは自らが属する集団の利益について議論するようになった。また、富を見せびらかすような場面においても、階級による差異は意味を持たなくなった。消費と快楽の世界では、派手な金遣いこそが正義なのである。武士は市民化された社会のなかで頭角を現すために新たな手段を模索したが、その他の人々もまた、かつて自分たちには閉ざされていた文化的事業に手を染めるようになった。そして、一六九〇年の時点では、誰でも先立つ物さえあれば、身分を問わず、主に武士を教師として、様々な文化を学ぶことができるようになったのである。それ以前には、芸事や知識を身につけるには独立した財力や後援者の存在、あるいは宗教的な集団に所属することなどが不可欠であったが、元禄年間になると、もはや階級や社会的な立場を気にかける必要はなくなった。

庶民にとって、自分よりも身分の高い人物と、少なくとも物質的には対等な立場に立てるようになったという事実は、向上心を煽るきっかけとなった（深谷二〇〇六）。このことを考えると、オリヴィエ・アンサールが「人間関係における契約的な側面を初めて明言した思想家」と呼ぶ海保青陵（一七五五―一八一七）なども、おそらく一般に言われるほど急進的な人物ではない、ということになるだろう。青陵は、「どんなに裕福であっても商人は下人に数えられていたが、その服装も、食事も、貴人と何ら変わるところはなかったのである」（Ansart 2006, p. 78）と書いている。青陵は、美味い食べものや暖かい衣服といった基本的な必要からくる以上の、それぞれの階級ごとの願望を「大願」と呼んでいる。例えば、商人にとってそれは蔵が何棟も並ぶほどの商売の拡大であり、職人にとっては弟子を増やして大きな屋敷に住む、というようなものである（ibid.,

p. 79)。だが青陵の主張の骨子は、要するに満足を先延ばしにせよ、ということであった。小さな願望に囚われることは大局的には遠回りだが、それを叶えて初めて、最後に「大願」を成就させることができるのである。これは、井原西鶴が繰り返し示した教訓ともよく似ている。つまり、遊郭では自分の身の丈を知って遊ぶようにしないと、苦労して築いた身上を潰すことになる、というわけだ。青陵は、個人の努力が物質的な見返りとなって報われるのは、その個人の生まれながらの権利（階級）によるのではなく、個人の努力の度合いによるのだと述べているが、これとても百姓一揆と同じ発想である。百姓は自らの労働に対して、より大きな見返りを求めたのだ。(4)

法の下での公正や平等という概念は、近世中期に関する研究では等閑にされてきた。スウェーデンの植物学者カール・ペーテル・ツンベルク（一七四三―一八二八）は、彼が日本に滞在していた一七七五年から一七七六年の間に目にした、法の下での公正や平等を示唆する様々な場面を記録している。ツンベルクはまた、その税率の高さにもかかわらず、日本の百姓が自らの農地を「スウェーデンの農場主よりも自由に」耕作している、とも述べている（Screech 2005, p. 75, 179, 228）。またハーバート・ビックスは、一揆という様式化された行為の象徴的価値について述べながら、一揆とは「家制度や階層、固定された身分などによって支配されている社会において、公正や平等、不偏といった前封建的な価値観を蘇らせるための儀式」であると指摘する（Bix 1986, p. 143）。要点は明らかだが、もう一度整理しておこう。正義や平等、普遍などの概念は、自らの労働や献身に対する見返りが十分でないと感じている人々にとっては、実に痛切に響くものである。それにして物質的に充足し、特権を持つような人々であっても、このような感覚から自由でないとすれば、それはほとんど普遍的な感情であるとも言えよう。確かに滅私は存在するが——宗教的、政治的な動機から質素な生活を選ぶ奇特な人々がいるように——、彼らは常に少数派である。自己や個性というものの存在が明瞭になればなるほど、栄達への願望も強まるのだ。

とはいえ、より高い地位を目指す願望と、より高みにある自己を目指す願望とは別物である。前者は野心であり、後者は自己鍛錬、自己修養である。朱子学者の貝原益軒（一六三〇—一七一四）は、権威ある先学の解釈に対する疑問を素直に吐露した人物として記憶されているが、彼は決して個人の栄達への野心を否定しなかった。一七一〇年の『大和俗訓』のなかで、益軒は「学問の本意は己が身をさめんためなれば、人の知と不レ知とにかゝはらず。（中略）学問はたゞ我が身をさめんためにすべし。聊人にしられん為にすべからず」と述べている（一九一一、五九—六〇頁）。そして数年後、一七一三年の『養生訓』は益軒の最晩年に書かれたものであるが、そこで益軒は、自らの内奥にある欲望を抑制すること、暴飲暴食をしないこと、性欲を含む、肉体的な欲望を抑え込むこと、などの重要性を説いている。もっともこれは、ただ無目的に寿命を延ばすというような空虚な目的のために行われるのではなく、人々が天と地とに果たすべき孝行の重要な側面を担っているのである。孝行とは、人間として生まれるという幸福を与えられたことへの感謝にほかならない。

パフォーマンスと公共圏

幕藩体制と個人の関係性について言えば、第二章の後半でも触れたように、宗教もある種の反抗を示唆している。易者のように組織に属さない宗教家や、山に籠って厳しい修行に身を投じる修験道を信奉した人々は、しばしば寺社などに与えられる免許の条件に不平を漏らしている。日本で禁止された最初の宗教がキリスト教であることはよく知られているが、禁止の憂き目に遭ったのはキリスト教だけではない。次章で取り上げることになるが、幕府は日蓮宗のなかで興った不受不施の運動にも理解を示さなかったのである。また、浄土を表現した恍惚的な踊念仏の流行に対しても、幕府は眉をひそめた。宗教の禁止がいざ法制化されると、幕府はあらゆる人々に、地域の寺に出向いて檀家として登録することを命じた。これにより、幕府は法律が遵守されていることに安心できたわけだが、同時にこの手続きによって近世期には全員が、少なくとも形式上は、仏教徒ということになった。ただし幕府は、その後も、特にかつてキリスト教徒が多かった地域で絵踏みなどの聖像破壊を行わせ、禁が破られていないことを確認した。

このような行いはパフォーマンス的である。徳川の世の政治的空間について研究しているルーク・ロバーツは、「責任を果たすパフォーマンスをさせるということ――実際のパフォーマンスが欠如している際には、それを演劇的に履行させるということ――こそが、平穏を維持するために徳川が用いた権力的な道具であった」と述べている（Roberts 2012, p. 3）。つまり、公的なパフォーマンスとは、個人的な信念を含む、二義的なものなのである。一六二九年、幕府の長崎奉行であった竹中采女（一六三四年頃歿）が、キリスト教を奉じたとして捕縛されたイエズス会士のアントニオ石田（一五七〇―一六三二）に行ったとされる申し出などは典型的なものであろう。釆女は石田に、幕府の禁令に従うと形式的に述べさえすれば、実際には「心の望むままに好きなものを信じて」いても構わない、と伝えたのである（Elison 1973, p. 189にある引用）。釆女の申し出は、個人の領域の存在を示唆している。個人の領域では信仰の自由が与えられるが、それを目に見えるパフォーマンスとして外部に表出させてはならないのである。

法律が求めていたものと実際に許容されるものとの間の、このような隔たりは、徳川の社会のあらゆるレベル――幕府と大名の間、大名と村の間、村と世帯の間――に見出すことができる。しかし、本書にとって重要なのは、公的な権威としての国家と、半ば自治的な個人との間の隔たりである。例えば、喜平というある村人が、土佐の八代藩主山内豊敷《とよのぶ》（一七一二―六七）に宛てた書簡を見てみよう。

（前略）乍恐卑賤之私、爾来御家思は不奉請候へ共、御国民ニ相違無御座候得は、上下浮沈之時節用捨仕義ハ不本意奉存、意恨止時無御座候、依右心力之及申程之義、御政事之評義不顧恐奉申上候、（後略）

（山内家史料『第八代豊敷公紀』第百廿三巻　宝暦九年八月（二）久万村喜平ノ上書、高知城歴史博物館所蔵）

喜平は庶民であるにもかかわらず、率直に個人的な意見を述べ、しかも咎められることはなかった。それは、彼が自身の意見を目安箱（あるいは訴状箱）を通して表明したからである。これは、土佐国に一七五九年に導入されたもので、大名へ直接意見を届けることができる仕組みであった。この制度は一八七三年、明治初期まで続き、主に三つの役割を果たした。社会や政治の向上を促す提言を集めること、役人やその政策に対する苦情を集めること、そして法の執行における不正に関する訴えを集めることである（Roberts 1994, p. 424)。

そもそも抗議とは、儒教でも容認される行為であった。『論語』のなかで、孔子は子供にも親に抗議する権利があると述べている。「父母に事うるには幾諫す」（里仁第四の十八）である。これは、近世の政治風土がいかに儒教の影響を受けていたかというさらなる証拠となろうが、徳川幕府以前には、目安箱の制度は原則として存在しなかった。最終的には五十が設けられた目安箱のうち、その過半数（二十八）は一七一一年から一七五九年の間に設けられ、主に八代将軍吉宗（一六八四―一七五一、在位一七一六―四五）の発案で、一七二一年には江戸にも設置されたのである。

幕府の法は、しばしば幕府の手に負えない広範な領域に及ぶという問題があった。したがって、取り締まりは徐々に緩和され、各個人も法律を相手にうまく立ち回ったのである。法は非常に多岐にわたったため、すべてを把握することはかなり難しかった。また、処罰も非常に厳しく設定されていたため、実際の社会で執行された刑罰との間にはずいぶんと隔たりがあった。これについて、長崎の出島でオランダ商館に勤めていたファン・オーフェルメール・フィッセルは、一八三三年に次のように書いている。

日本人は、内輪で行われるあらゆる秘密の行為を指す言葉を持っている。それは「内聞」という言葉で、オランダ語の binnenkant（内側）に近いかもしれない。法律があまりに厳しいので、これらのことについては手紙に書くことができない。しかし、もし本当に法律通りに事を運べば、何もかもが大事件になってしまうだろう。それが公の場に出てしまったら、公の決まりごとに則って裁きが行わなければならない。そうなると刑を軽減することもできないのだ。

(Roberts 2012, p. 19)

事実、幕府の宗教をめぐる方針に違反する者たちの手口はどんどん巧妙になり、幕府のほうでも、違反にさえ目をつぶれば、納税もきちんとする模範的な市民が相手なのだから、徐々に四角四面に法律を当てはめることに興味を失っていったのである。

近世の公共圏のあり方を示すもう一つのもの――これもパフォーマンスの領域に含まれるが――は討論である。討論は最初、特定の文脈においてのみ導入されていたが、徐々に行動決定のための有益な手段として認識されるようになった。次章では、徳川の世となってまだ日の浅い時期に、徳川家康が争いの絶えない日蓮宗の分派からそれぞれの意見を聞くために、気の進まないながら大坂城で討論を行わせたという出来事を取り上げるが、この討論では敗れたほうが対馬に流されているのである(Nosco 1996b, p. 140)。このような宗教をめぐる討論は頻繁に行われているが、このことは様々な限界のあった当時の公共圏において、宗教が特権的な地位にあったことを証拠立ててもいる。本来であれば、公共の場で個人の意見を表明できるのは武士だけであり、その武士でさえ、身の安全を考えて意見の表明には慎重を期していたのである。

一方、少なくとも非政治的な意見に関しては、私塾ではまるで状況が違っていた。当初は運営側も塾生もほとんどが武士であり、彼らは「会読」と呼ばれる古典籍の精読を通して、社会の階層や身分などの概念に対する理解を深めていった。このような学習が修身の方法論へと発展してゆく経過は本章の後段で論じることにするが、ここで重要なのは、私塾が個人的な意見表明の場としても利用されていたという事実である。幕府が後ろ盾となった江戸の昌平黌のような場所では、幕末の政争で大きな役割を担うことになる会津藩や佐賀藩も含めて、日本中から武士階級の学者が年に三回、一堂に会し、会読に精を出しながら様々な意見交換を行ったのである（前田二〇〇九、五〇頁）。キリ・パラモアは、昌平黌の学者たちが江戸のガバナンス改革の過程で大きな役割を果たし、知識と権力の交差という極めて「現代的」な特徴をそこに与えた、とさえ指摘している（Paramore 2012）。

公共圏についての議論は、しばしば市民社会をめぐる議論と並行して行われがちだが、近世社会に関しては、この二つを切り離しておくことが重要である。本書で言う市民社会とは、個人が自発的に他者と交流を結ぶ場であり、公共圏とはむしろ論争の場である。私塾で見られる社会的な平等性は、学術的な場にふさわしい実力主義を感じさせるが、それ以上に注目すべきは、激しい議論を呼ぶような話題であっても、自由に取り上げられていたということである。論争は歴史上の故事を使った比喩的なものであることが多かったものの、それでも私塾が文人サロンなどよりもさらに気ままに「危険な」話題について語ることを許していたことに変わりはない。それは近世のサロン的な環境に付きものの、一種の奔放な雰囲気の反映であると言ってもよいが、いずれにせよ私塾における意見表明の自由は、外の世界に蔓延っていた検閲や、言論の自由がなかなか実現しない社会に対する、ある種の反抗であったと言えよう。驚くべきことにツンベルクは、一七七五年から翌年にかけての十五ヶ月の滞在のあとで、「自由こそ日本人の魂である」と結論づけているのである（Screech 2005, p. 179）。

とはいえ、このような事情を根拠に「近世期には人権が存在した」と推測することは可能だろうか。欧州の思想や法律学においては、自然法――特にジョン・ロック（一六三二―一七〇四）によって確立されたもの――が、不明瞭な点もあるものの、人権という概念の基礎に位置づけられている。法的な権利とは定義可能なもので、個人は自己や自分の財産を損害から守るために法に訴えることができる。だが、日本の政体についての権威とされたエドウィン・ライシャワー（一九一〇―九〇）でさえ、西洋に対して開かれるまで、日本には「譲渡不可能な権利は存在しなかった」と書いているのだ（Reischauer 1981, p. 238）。確かに人権というものが、個人の保護と、普遍的な法律の遵守を含意するものであるならば、ライシャワーの言は正しい。しかし、ライシャワーは同時に、近世日本の社会が潜在的に許容していた権利の多様さを軽視している。徳川の世では、庶民も自身の財産について権利を持っていた。ただし、例えば無届けの刀剣のように、禁止された武器を所持しており、これが盗まれた場合は、法的な保護を受けることはできなかった。また、仇討ちは一般的には認められていたが、公共の平和や幕府の権威を脅かすようなものは例外であった。これに関して、最も有名なのは赤穂四十七士であろう。この事件には、徳川時代の仇討ちをめぐる法律や道徳の複雑さがよく表れている。例えば、個人の自宅に泥棒が入った場合、個人は国家がそこに介入し、補償を行ってくれることを期待する。したがって、仇討ちの場合も法的に考えれば、個人は仇討ちによって釣り合いを取り戻す権利を自身で行使するのではなく、これを国家に移譲するわけである（Russell 1946, pp. 604-605）。

しかし注目すべきは、武士が庶民にはない権利を享受していたという事実である。よく知られているように、武士は二本の刀を差す権利を持ち、また、滅多に実行には移されなかったものの、身分をわきまえない庶民に刃を向けても免責される、いわゆる切捨御免の特権を持っていた。しかし、もし人権というものに、先に見たような反抗する権利などが含まれるのだとすれば、さらに注目すべきものもある。例えば、早ければ一七一九年、ロックの死から十五年ほどが経った頃には、荻生徂徠が八代将軍徳川吉宗（一六八四―一七五一、在位一七一六―四五）に『太平策』を献上している。この書で徂徠は、人間には飢えや寒さの心配をせず、強盗や暴徒に怯えることもなく、隣人と信頼を築き、自らの住む地域に満足し、職業に誇りを持ち、幸福な人生を送ること、すなわち「安穏」のなかで生きる権利がある、と主張している（「安穏ナラシムルト云ハ、飢寒盗賊ノ患モナク、隣里ノ間モ頼モシク、其国ソノ世界ニハ住ヨク覚ヘテ、其家業ヲ楽ミテ、民ノ一生ヲクラスヤウニナスコトナリ」、一九七三、四六六頁）。福澤諭吉もまた、一世紀半後に、同様の趣旨を述べている。

万物の霊たる身と心との働きをもって天地の間にあるよろずの物を資り、もって衣食住の用を達し、自由自在、互いに人の妨げをなさずして各々安楽にこの世を渡らしめ給うの趣意なり。

（『学問のすゝめ』、一九七八、一一頁）

この問題には、本書の後段で立ち戻ることになるが、ここでは徂徠の主張が示唆するところを整理しておこう。つまり、徳川の世の人々は、立場やジェンダー、階級といった区別なしに、全員が身体的、精神的な保護を受け、今日であれば人権と呼ばれるものと近い形で、福利が守られることを期待していたのである。そうであるならば、徳川幕府の政体や、公の問題に関する政治的参加や意見表明の自由における限界については、どのように一般化すればよいのだろうか。政治風土の分析でしばしば採られる手法としては、政治への意識関心を、参加型、臣民型、未分化型、という三つの分類から考えるというものがある。「参加型の者は政治制度について、政府と政治の双方の面で知識を持っている。臣民型の者は、執行者、官僚、立法者など、政府のアウトプットを行う側を意識している。そして未分化型の者は、政治一般に疎く、ほとんど知識を持たない」(Almond and Verba 1963, p. 79)。実際のところ、市民がこれらのいずれかの分類に完全に当てはまることは稀であり、たいていはこのうちの二つ、あるいは三つの分類に少しずつ当てはまることになる。だが、本章で扱う近世の公共圏の性質を考える上でも、この分類は有益であろう。

近世期の農業従事者や百姓一般は、自分たちの村のヒエラルキーについてはっきりと認識していたはずであり、目安箱によって意見を届けることのできる大名の名前も知っていたはずである。また、誕生や結婚、離婚、死亡、檀家登録、住所変更などの手続きについても、必要となるたびに学んでいただろう。むしろ疑問なのは、京の外で暮らしていた人々のいったい何割が、京に住む天皇とその朝廷の存在を意識していたかということである。また将軍にしても、彼らにとっては江戸城の奥深くに住む謎めいた支配者に過ぎなかっただろう。実際、日本の近代化において重要だった段階の一つは、人々の忠義を地元の領主から、中央集権化された明治の政体へと向けさせることだったのである。

武士は軍事組織を形成してはいたが、その戦士としての側面は近世を通じて弱まり続けた。最後の数年になって、国内の動乱と国外の脅威を前にこの側面は再び強まるが、これは遅きに失する復活であった。国家の直面する問題に通じ、藩政について堂々と意見を述べる権利を持っていた武士は、ある意味で当時の唯一の市民であった。とはいえ、実際には大名であっても、国の安定を左右する決定には関わることがなかった。老中阿部正弘（一八一九—五七）がようやく大名と朝廷の意見を求め、何とか国家としての意見を取りまとめようと虚しく奔走したのは、招かれざる客マシュー・ペリーが小艦隊で訪れた一八五三年になってからのことである。

したがって徳川の政体は、政治風土の分類で言えば臣民型ということになるだろう。国民は国家に影響を与える存在ではなく、それに仕える存在に過ぎない。しかし同時に、限られた形ではあれ、近世日本にも活気ある公共圏が存在したことも明らかになった。庶民は頻繁に目安箱を利用し、個人的に、とはいえ公式に意見を表明した。労働の果実に対する権利意識が強まれば強まるほど、法の枠組みを超えた個人的および集団的反抗も多く見られるようになった。私塾は人々に様々な繋がりを持つことを許したが、それはまた比喩的な方法での現状批判を許容する場でもあった。階級を問わず、人々は言い逃れや隠し事がどんどん巧みになり、幕府の宗教的な方針にこっそりと逆らっていた。そして、人々の自由の希求や合理的期待は近世を通じて強まり続け、今日であれば人権と呼ばれるものの誕生に、あと一歩のところまで肉薄していたのである。

■註

（1）ビックスの統計は、横山十四男『百姓一揆と義民伝承』（教育社歴史新書、一九七七）のものを元にしている。

（2）もう一つの説として、丸橋忠弥が藤四郎という債務者に借金返済を迫られた際に時間稼ぎとして計画を漏らしてしまい、藤四郎がこれをすぐさま役人に告げた、というものがある。Titsingh 1822, p. 14 参照。

（3）マシュー・キースは、島原の乱において宗教が「団結のイデオロギー」となったのは、乱が勃発したあとのことであったと論じている（Keith 2006, p. 24）。

（4）徳盛誠はその優れた研究の副題で、青陵を「江戸の自由を生きた儒者」と呼び、その自己利益への関心や向上心を、特に『蜂の寓話』に現れているバーナード・マンデヴィル（一六七〇―一七三三）のそれと比較している（二〇一三、二二〇―二二四頁）。

第四章

信仰と宗教実践における秘密とプライバシー

秘密のない宗教などあり得ないし、そもそも、秘密を持たない人間もいない。

――キース・W・ボレ（一九二七―二〇一二）

その他のアジアの国々と同じく、この異教の地でも、世俗的政府の妨害をしない限りにおいて、信仰の自由が許されている。(1)

――エンゲルベルト・ケンペル（一六五一―一七一六）

本章でも引き続き近世における個性のあり方を考察するが、ここでは特に日蓮宗の原理主義的な一派を取り上げたい。日本の宗教史においては、キリスト教以外には迫害の歴史はなかったということがしばしば言われるが、この宗派は例外の一つである。まずは日蓮宗の不受不施について検討しながら、なぜ日蓮宗の信者が、明治初期ならず、徳川時代を通じてほとんど常に警戒されていたのかについて論じることにしよう。もちろん、排斥されて地下に追いやられた信仰としてはキリスト教が最も有名ではあるが、例えば踊念仏と呼ばれる恍惚とした踊りを通じて信仰を表現した人々も批判され、迫害を受けたことはあまり知られていない。幕藩体制が追求した完璧主義は、個人の信心にまで統制の範囲を広げようとし、第二章でも見たように、宗門改や絵踏みといったパフォーマンスを通しての服従が求められた。本章では日蓮宗の不受不施の動きをめぐる政策や、それがどのような形をとり、どのようなパフォーマンスとして現前したのかを検討しながら、幕藩体制と様々な宗旨、そして信仰を行う個人と幕府の、複雑な関係性に光を当ててみたい。

秘密

秘密を守ることは個人においても難しいことであり、共同体としてこれを行うとなると、もはやほとんど不可能であると思われる。それを誰かが知っている以上、それはすでに秘密ではないという前提があるからだ。秘密とは普遍的なものであり、人間は子供の時から秘密に親しむ。隠れんぼうをしたり、「私は誰でしょう?」と当てっこをしたりする。仲間と秘密の組織を作り、儀式を行ったり、合言葉を決めたり、合図を作ったりする。少年期の終わりにはこれが大学の校友会、つまりフラタニティーやソロリティーに姿を変え、入会の儀式が行われたり、規律に違反した者には罰則が与えられたりする。そして、大人の世界にはさらに兄弟のような絆を謳う組織、例えば半宗教的なフリーメーソンのような秘密結社も存在する。

もちろん、秘密は防衛の手段ともなり、社会による認識や国家による批判から自己を守るために利用される場合がある。かつては、ある種の性的志向は秘匿されなければならなかった。それはいまや合法化されたが、それでもなお、明るみに出れば身を危険に晒すような宗旨や信条、嗜好などは存在する。

キース・ボレ（Bolle 1987）が指摘しているように、あらゆる宗教には何らかの秘密が必要とされる。排他的であることが眼目の一つとなっているバハイのような特殊な事例を別にすれば、ほとんどの宗教は自らの教義についてある程度の開示を行うことで、信徒となることの魅力を伝えようとする。だが同時に、信徒となった者が入信の儀式などを通して秘密に触れる余地を残しておくために、開示は限定的なものでなければならない。

秘密は遊戯的なものであれ、防衛的なものであれ、あるいは戦略的なものであれ、ある種の緊張感を伴うものである。ゲオルク・ジンメル（一八五八―一九一八）が述べたように、秘密を持つ共同体というものは、秘密を持つ個人とは本質的に異なる力学によって成り立っている。

個人の存在や活動、所有物に関する秘密が守られている場合、その秘密は、個人の独自性や唯一性、特定性を担保するという意味において社会学的な重要性を持つ。この重要性は、秘密を知る者と知らない者との関係に現れているように、本来は外的に作用する。だが、あるグループの全体がその存在を維持するために秘密を用いるようになると、秘密の重要性は内的に作用するようになる。秘密を共有することによって、グループ内の人々は互恵的な関係を築くようになるのだ。

(Simmel 1950, p. 345)

言い換えれば、個人は外の世界と接触する時には、常に秘密を持っているのだ。だがグループ内で共有された秘密は、秘密そのものが、グループ内のあらゆる力学に働きかける。

また、秘密というものが一度露見してしまうと、私たちは「もうそれを隠さなくてよいのだ」という安心感を覚えるものだが、これは皮肉なことである。再びジンメルを引くならば、「秘密には、それが露見したとたんに消滅する緊張が含まれている」のだ(ibid., p. 333)。そしてそのように露見し、緊張が消滅したあとでなければ外部の人間はその秘密に触れることはできないので、秘密を守る、あるいは実践を外部の目から隠す、ということをしていた人々について研究することは、歴史家にとってはなかなかの難題であろう。

不受不施

一八七〇年、すなわち明治三年に、岡山にいた坂本真楽なる人物が、備前和気地区の益原《ますばら》村に日蓮宗の不受不施の僧を招いたかどで島流しとなった。坂本は前年に不受不施派を信仰していることで譴責を受けていたが、悔悛せずに信仰を続けていたことが明るみに出たため、なおさら重い罪に問われたのである。そもそも岡山、特に和気の周辺は、禁じられた不受不施派の活動が人目を忍んで活発に続けられた地域であった。一八七五年には土地の信者が一斉に検挙されたため、既存の刑務所では場所が足らず、新たな刑務所を建設する必要が生じ、地元の経済を逼迫させたほどであった。

坂本の逮捕を受けて、日蓮宗の内部では不受不施を称揚する多くの文言が出回った。また、明治政府の教部省（のちの文部省）との間でも、不受不施に賛成、あるいは反対の立場から、いくつもの論考がやりとりされた。しかし、その議論の内容は、二世紀半も以前に行われたものと驚くほど似通っており、一八七五年には明治政府が信教の自由を宣言していることを考えると、ほとんど時代錯誤的と言ってもよいほどである。(2)

不受不施派を支持する側は、その信仰は日蓮（一二二二—八二）の時代から脈々と受け継がれているのだ、と主張する。日蓮は十三世紀に活躍した宗教的な先駆者であったが、法華経にのみ救いを見出し、その他の仏教の教えをすべて拒絶したことから、日本宗教史においては狂信的とも評される。(3) 日蓮は法華経に敬意を払わない者を「謗法《ほうぼう》」と呼び、激しく非難した。彼らは「一闡提《いっせんだい》」、すなわち善性を持たず、悟りから極めて遠いところにある者たちと同等であるというのである（Inagaki 1984; Stone 2012）。

日蓮は「折伏《しゃくぶく》」と総称される様々な手段によって、懐疑的な心に満ちた悪しき世界と対峙しようとした。悪魔などの仏教に敵対する者を、文字通りに「折」り、叩き「伏」せるのである。不受不施の原理を信奉する者のなかには、折伏こそが最優先の責務であると考える向きもあった。開祖の死後に日蓮宗の内部で発展した不受不施の原理の本質は、信奉者以外からは布施を受け取らず（不受）、またこちらからも施さない（不施）ことを意味する。要するに、信仰を同じくする者以外と関わってはならないのである。

二つの原理のうち、不受よりも不施のほうが、日蓮の著作においては明確に説かれている。一二六〇年に書かれた主要著作である『立正安国論』のなかで日蓮は、以下のように述べている。

> 法華経の言葉を信ずるならば、大乗の経典を非難することが五逆罪にもまさる大罪であることを理解しなければならない。[4] したがって、この罪を犯せば阿鼻地獄に落ち、決して贖えない業を背負うことになる。涅槃経によれば、五逆罪を犯した者に布施をすることは許されないが、達磨を非難する者には布施をしてはならないことになっている。
>
> (Nichiren Daishonin 1984, pp. 37-38)

これとは対照的に、同宗でない者から施しを受けてはならぬという不受の主張は、一二八〇年に弟子の新池左衛門に宛てた書簡のなかで、「仏も神々も、達磨を非難する者からの布施は決して受け取らない。そうである以上、どうして人間である我々がそれを受け取ることができよう。またそのような者たちとは極力関わるべきではない。関われば、その者たちの罪を分け合うことになる」と語られている (Nichiren Daishonin 1979, p. 258)。

不受不施の原理は明快である。達磨を非難する者からは布施を受け取ってはならず、与えてもならず、また関わりを持ってもいけない。議論の余地があるとすれば、布施を受け取る、あるいは与えるとはどのような場合を含むのかという点、達磨を非難するとはどのようなことなのかという点、そのような者と関わると何が起こるのかという点、そしてこの禁止が緩められ、「方便」と見なされるのはどのような場合か、という点などであろう。

日蓮の歿後には、高弟たちが師の教えを引き継ぎ、各寺の運営にあたった。寺によっては不受不施を重要な教義として位置づけたが、これをより柔軟に捉え、必要に応じて幕府や他宗の指導者と協働した寺もあった。いわば「順応主義者」である後者のなかで主要な役割を担った二つの寺は、京の妙顕寺と本圀寺である。一三三四年、妙顕寺は勅願寺に指定され、日蓮宗で初めて公的に認知された寺となった。そして一三三〇年代から一三四〇年代にかけて、どちらの寺も足利幕府の祈願寺に指定されたのである（宮崎一九六九、一〇四―一〇六頁）。二寺の判断について、ジェフリー・ロバート・ハンターは次のように指摘する。

> 勅願寺や祈願寺という格づけを受け入れることは、不施の禁止への明らかな違反である。しかし妙顕寺と本圀寺は、皇族との繋がりを重んじた。その繋がりを通じて、国中に日蓮の教えを広めようと目論んだのだろう。
>
> (Hunter 1969, p. 92)

一方、その順応主義的な妙顕寺を去り、一三七八年、京に妙覚寺を建立した日実は、不受不施の思想の徹底を望む者たちにとって精神的な拠り所となった。こちらは、いわば「原理主義者」ということになる。日実が草した九条からなる妙覚寺の法式のうち、最初の三条は、不受不施の重要性を物語っていよう。

一、於謗法之堂社不可致参詣之事、
　但除見物・遊覧・公役等、
一、於謗法之僧侶等不可成供養事、
一、設雖為誘引之方便、直不可受謗法供養事、

（宮崎一九六九、一二五頁）

日蓮宗の教義において、原理主義者のほうが優位に立っていたことは、一四六六年の寛正盟約が、京の日蓮宗の寺では一つの寺を除いて承認されたことからもわかる。この六条からなる盟約のうち二条は、妙覚寺のものと似ており、他宗の寺を訪れることや、世俗の礼儀に止むを得ず従う場合を除いて、他宗から布施を受けることを禁じている（宮崎一九六九、一五七頁）。実際、応仁の乱からおよそ一世紀の間、不受不施は日蓮宗の主要な寺で広く認められ、権力者からの布施であってもこれを受けなくてよい、という足利幕府からの許しを得るまでに至っていた。

権力への反抗

日蓮宗は近世前夜、豊臣秀吉の治世に、初めて不受不施を原因とする軋轢を政治的権力者との間に生じさせた。織田信長が軍事力を用いて宗教組織を統括しようとしたのに対して、秀吉は主に政治的、経済的な方面から宗教家を操ろうとした。その一環として秀吉は、前田玄以（一五三九―一六〇二）を民部卿法印に取り立て、寺社仏閣を統括させた。鎌倉時代（一一八五―一三三三）にはすでにその原型があった寺社奉行が復活するのは徳川の時代に入ってからであるが、近世における国家による寺社への介入は、事実上この時に始まったのである。前田玄以は一五八九年、不受不施の原理に基づく日蓮宗の特殊な立場を、次のように追認している。

法華宗中事、為祖師以来之制法不受施他宗志、殊諸勧進以下不被出之義、得其意候、向後上下京中、申出之旨雖有之、当宗之事者可相除之状如件、

（宮崎一九六九、二〇四頁）

そのような保証があったにもかかわらず、宗教組織に対する豊臣秀吉の政策は、特に晩年に至って、大きく揺らいだ。その結果として、不受不施派やキリスト教徒が被った苦しみはよく知られている。事の発端は一五九五年の後半、秀吉の命令によって方広寺の境内に大仏殿が建立された際、妙法院に大仏経堂が造営さ

れ、そこで毎月、千僧供養が行われたことである。一五九五年九月十日、前田玄以は天台宗、真言宗、律宗、禅宗、浄土宗、日蓮宗、時宗、一向宗という仏教の主要な宗派に対して、秀吉に代わって次のような命令を発した。

於大仏妙法院殿、毎月太閤様為御先祖御弔、自一宗百人宛彼寺江出仕仕候被有勤、一飯可参旨御掟候、然者従今月廿二日初而被執行候、可被成其意候、百人無之寺、書付可被申越候、恐々謹言、

（宮崎一九六九、二〇四頁）

前田玄以の信書は、二日後の十二日に日蓮宗の手元に届いた。宗派を越えた催しへの参加を当然ながら問題と捉えた主要な六つの宗派の長たちは、早速本圀寺で話し合いの場を設けた。ここに参加した本圀寺の住職日親は、順応主義的な対応を提案した。もし参加を拒絶すれば、秀吉は日蓮宗の寺を破壊するだろう。それならば初回の集いには参加し、その翌日にでも、今後の参加を免除してもらえるよう請願すべきである。

これまでのところ、秀吉は信長に比べて日蓮宗に同情的であるように思われたので、この提案は無難な策と映った。例えば、一五七九年に信長の命で行われた安土宗論で「敗北」した際、日蓮宗の僧侶たちは損害賠償を求められた上、勝者である浄土宗の僧侶たちに向けて「敗北宣言」を提出しなければならなかった。だが秀吉は「勝者」たちに対して、この屈辱的な文書を返還するように命じてくれたのである。しかし、宗派を越えた活動に日蓮宗の参加が突如として求められたことは、秀吉のキリスト教徒に対する翻意を想起さ

せるものであり、これまでの寛容さを根拠に安心していることはできなくなった。

一五九二年に若くして妙覚寺の住職に任命された日奥（一五六五—一六三〇）は、原理主義の立場から主張を展開した。京の呉服屋に生まれた日奥は、不受不施こそ宗派の中軸であると考え、他の宗派と会合し、食事を共にすることは背信にも等しく、日蓮も禁じたに相違ないというのである。日奥の主張には説得力があったものの、結局はその反対を押し切る形で順応派の意見が通った。すると日奥は、二ヶ月後に妙覚寺の職を辞したのである（宮崎一九六九、二二一頁）。順応派は当初、参加は一度きりにすると約束していたものの、結局毎月の会合への参加は、一六一四年に会合そのものが打ち切られるまで続いた。しかも、他の宗派はすべての会合に参加したわけではなく、せいぜい不定期な参加であったから、原理主義の立場を採る門徒からすれば、裏切られたという感覚はなおさら強くなった（Hunter 1969, p. 143）。

一五九九年、秀吉の死の翌年、順応主義の立場を採る京の寺院は、対立の解消を促してくれるよう家康に願い出た。原理主義派の僧侶たちが、供養会に欠席するようになっていたからである。これを受けて家康は、両派の代表者を同年の暮になって大坂城へ呼び出した。何とかして不和を解消したいと望んだ家康は、日奥に対して、供養会に参加することと引き換えに、次のような極めて条件のよい提案をした。

日奥の法会への参加は一度きりとする。その参加は強制によるものであることを文書で証する。文書の文言は日奥の自由とする。他派の僧侶と顔を合わせることがないように、別室で祈禱を行う。共に食事をとりたくない場合は、箸を取り、膳に向かって一礼することで食事に替える。

(Ibid., pp. 176-77)

驚くべきことに、日奥は家康の用意したこの妥協案を拒絶した。そして、その後の答弁で日奥の非が認められ、日奥は一六〇〇年の半ばに対馬に流されたのである。京都所司代の板倉勝重（一五四五―一六二四）によって罪を解かれたのは一六一二年のことであった。その翌年、日奥は家康への拝謁を許されたが、家康にとっては宗義をめぐる内輪揉めよりも、いかに政治的、経済的に宗教集団を統括するかということのほうが遥かに重要であった。

一六一五年から翌年にかけては、順応主義派と原理主義派との間に再び争議が持ち上がった。日奥の論争の相手を務めたのは順応主義派の新たなスポークスマンとなった寂照院日乾上人（一五六〇―一六三五）である。しかし、これによって日蓮宗の主要な寺院の間に亀裂が入るということはなく、結局二人は一六一六年、妙顕寺で和解している(5)。そしてこの和解により、不受不施は一六二三年、板倉勝重によって公的に認知され、他宗からの不施を拒絶し、寄付活動である勧進へも参加せずに済むようになった。他宗との間に結んだ合意と、新たな公的な認知が重複していることについては、日奥は次のようにまとめている。「本宗の法式はきめ細かく、完全である。特に最初の三条は重要である。第一条は、神道の神社への訪問を禁じている。第二条は、達磨を避難する者に布施をすることを禁じている。そして第三条は、そのような者から布施を受けることを禁じている」と（Hunter 1969, p. 211）。

だが、和解はまたしても短命に終わった。一六二〇年代に入ると、対立の舞台は京から東側へと移り、いまや順応主義派の代表格は身延山久遠寺であった。一方、江戸のすぐ南にあった池上本門寺は、日奥に次いで日樹（一五七四—一六三一）を指導者とし、原理主義派の拠り所となっていた。一六二九年、久遠寺の住職は寺社奉行に対して池上本門寺と日樹を訴えた。これにより一六三〇年、再び両者の対論の場が設けられたのである。そして勝者は、やはり今回も久遠寺の順応主義派であった。日奥は対馬に流されることになったが、これは実に皮肉な処罰であった。日奥はすでに前月に歿していたからである。本門寺は順応主義派の手に落ち、日樹とその追随者は寺を追われた。

一六三一年、幕府は日本中の主要な寺院に対して、すべての末寺を一覧にして提出するよう命じている。これは、一般的にキリスト教を弾圧するための政策であったと理解されているが、それと同時に、不受不施を行っている寺を炙り出すための方策であったとも考えられる。もっとも、寺院の対応は遅く、提出された一覧にも不備が多かったと言われている。身延山久遠寺が日蓮宗の寺院一覧を提出したのは一六三三年の前半で、そこには一千七十五山の寺院が掲載されていた。このうち四百二十は久遠寺の末寺、百六十五は本門寺の末寺であった。後者の寺院は大部分が江戸の近郊にあり、そのうちの百三十四の寺院（八十一％）では、不受不施派との関係が疑われた（圭室一九七四、一六七頁）。

久遠寺の順応主義者たちは、一六五一年に歿した三代将軍徳川家光の十二回忌に原理主義者たちが参加しなかったことを事由に、一六六一年と一六六三年に改めて幕府に訴えを起こし、不受不施派の駆逐に力添えを求めた。一六六三年の九月、内紛をさらに一歩進めることにためらいを見せない久遠寺側は、さらに寺社奉行の井上正利（一六〇六—七五）に信書を呈し、原理主義派との戦いに臨む覚悟を「恐れながら申し上げ」

ている。しかも二日後には老中へも口上書を送り、日蓮宗に属する寺のうち三つが命令系統を無視していることや、四代将軍家綱（在位一六五一―八〇）の比較的緩やかな規制の陰で、不受不施派が再び力を取り戻していることなどを報告している。これに対して幕府は、二年後に行動を起こし、日蓮宗に講を禁じ、また幕府が寺領などの形で金品を与えた時はその旨を証文に記すことを義務づけた。もちろん、原理主義派の寺院ではこのような金品を受け取ることはできないので、これによって彼らを特定し、順応主義派と区別しようとしたのである（圭室一九七四、一七二―一七三頁）。

迫害

一六六九年、幕府は不受不施派にかけられた手綱をさらに引き締めるべく、不受不施派の寺院に寺請証文を発行することを禁じる法律を施行した。これは各世帯に宗門人別帳への登録が義務づけられていた徳川時代においては重大な措置である。圭室が指摘するように、これは幕府の宗教への弾圧が初めて信徒個人のレベルにまで介入した事例であった。住居や土地を借りるにしても、他所へ転居するにしても、旅行をするにしても寺請証文が必要とされたからである。政治と宗教の関係という観点から見れば、一六六九年までの幕府の政策では不受不施派を匿ったり庇護したりする寺院そのものが取り締まりの対象となっていたのに対して、一六六九年以降では不受不施を信奉する信徒個人にも罰則が適用される可能性が出てきたのである（圭室一九七四、一八四―一八五頁）。

信仰が得てして秘密の膜に包まれていたことを思えば、世俗の日蓮宗信徒のうち、どの程度が不受不施を実行していたのかということや、どの程度の寺がその管区に不受不施派を匿っていたのかについても、正確に知ることはできない。しかし、身延山久遠寺が一六六七年に幕府に提出した詳細な「不受不施寺院帳」を見れば、宗内で把握されていた状況については知ることができる。「寺院帳」によれば、不受不施を励行しているとされる四十九の寺院のうち、二十四が「張本人」として特定されている。その二十四山の内訳を見ると、十三の寺院が武蔵、下総、安房という関東に、すなわち幕府のお膝元に存在しており、越後、佐渡、加賀、越中にも、合わせて七つの寺がある。言い換えれば、運動の中心は江戸とその周辺であったということである。[6] さらに、幕府の圧力によって不受不施派の寺院はいくつかが閉鎖されたものの、一六三三年の時点で不受不施の実践を疑われていた寺院のうちの七割ほどは、三十四年後の調査でも、密かに不受不施を続けていたという疑いを受けている。さらに、この時の本門寺の末寺の住職には日奥の後継者として不受不施を絶対的に擁護した日樹の弟子筋にあたる者が多く、この期間に不受不施派が勢力を盛り返していたことがわかる(圭室一九七四、一七九―一八三頁)。

また、同時代に記された不受不施に関する調査や、信徒に対する処罰の記録を見ることでも、この運動の実態を探ることができる。この類の文章のなかで最も網羅的なのは『行川法難記』である。[7] 一七一八年、書中に記されている出来事の起こった僅か数ヶ月後に完成されたこの資料は、永きにわたって不受不施運動の中心地であったと目されている上総国行川村《なめがわ》(千葉県いすみ市)で起こった信徒への迫害を記録している。『法難記』には、当地における不受不施の発端が一六六五年にまで遡って記されているが、それは要心院日鏡と尊了院日了という二人の原理主義者の僧侶が行川村を訪れ、不受不施を密かに実践し、伝承するための寺院を建立した年なのである。さらに一七〇五年、新たにやって来た遠成院なる僧侶が不受不施の「地下活動」を開始して以来、この運動は拡大を続けていた。

また一七一六年には、行川の不受不施の共同体にとって記念すべき事件が起こっている。その年、非常に有名で人望の厚い原理主義派である清純院日近が村を訪れた。日近はせめて一晩でもと滞在を望みながら、村人に発見されて騒ぎになることを恐れていた。そして案の定、日近は小三郎なる人物に発見されてしまったのである。小三郎はハンセン病を患っており、仏教に対して非常に批判的な立場を採っていた。ところが、日近と言葉を交わすうちに小三郎は急激に信仰に目覚め、熱心に日蓮宗を信奉するようになった。そして、生まれ変わった小三郎が一心に祈ると、驚くべきことにハンセン病がたちどころに癒えたのである。この事件の一年後、一七一七年の八月には、これまでにも大勢を改宗させてきた日休が村を訪れた。日休は村に一ヶ月ほど滞在したが、その後一年の間に、不受不施の共同体には新たに二百人もが加わったという。

この、まるで福音書のような事の成り行きが、他宗の僧侶の不興を買ったことは驚くにはあたらないだろう。一七一七年の十月には、ライバル関係にあった妙泉寺と本迹寺の住職が、行川村に不受不施派が蔓延っていることを訴え出ると脅したが、土地の信徒の要請もあり、この脅しはすぐには実行に移されなかった。しかし一七一八年の二月には、二人の高僧の我慢も限界に達し、妙泉寺の僧侶が江戸地頭であった掛樋半四朗に疑義を伝えた。その結果、その年の五月二十九日に、十四名の村人が掛樋のもとに連行されたのである。掛樋は事情を調べたのち、自分では判断を下さず、老中に相談を持ちかけた。老中の判断は、寺社奉行安藤重之のもとへ十四名を移送するというものであった(8)。

一七一八年六月七日、捕縛された十四名のうちの一人が、行川の小島茂右衛門の屋敷内に不受不施派の指導者である体運日因と不染院悦心日然が隠れていることを白状した。しかし、日因と日然はすでに大坂に逃亡したあとであった。詰問された地主の小島茂右衛門は、彼らの宗教活動については何も知らなかったと答え、また、不受不施派の伝道師である清純院日近は親戚にあたるから、疑義について日近に問い合わせてみたいと申し出た。しかし日近もやはり、江戸の赤坂に逃げていたのである。おそらく、このことを知らなかった小島茂右衛門は翌日、寺社奉行の前に出て、もし日近が現れたら自首をさせると誓約した。

十一日の真夜中過ぎ、日近は小島茂右衛門と屋敷の家守である次郎右衛門、それに行川の名主と年寄たちに伴われて、寺社奉行の安藤の屋敷へ現れた。日近は声も高らかに、自分こそが日蓮宗の教えを純粋に守る唯一の僧であり、つまり自分は「日本国の柱」である、と数世紀前の日蓮の表現を借りて宣言した。そして、日近は安藤に対し、不受不施は日蓮の時代から受け継がれてきた原理であることを語り、池上本門寺と久遠寺の争いなど、その歴史についても説明した。行川の村人は不受不施に加担しているのか、という安藤の問いに対しては、行川は不受不施派の活動の拠点となっているにもかかわらず、寄付をした村人は現在のところ一人もいない、と答えた。それではどのように身を立てているのか、と安藤がさらに質問すると、日近は、自分はとある大名の奥方の庇護を受けているのだと言う。これについては安藤も追及をしなかった。

村人からの援助は受けていない、と日近が村人たちに責任が及ばないような答えを発した直後、家守の次郎右衛門が、それは嘘だと大声を上げ、日近の後援者は村内にもいると切り出した。さらに次郎右衛門は、自身の管理する屋敷に日近がこっそり暮らしていたこと、前月に逃亡した日因と日然も一緒にいたこと、そして安藤がまだその存在を知らない、十八歳と十六歳の不受不施派の若僧もいたことを次々と暴露したのである。この家守の告白に動かされたのか、それとも、もはや隠し通すことはできないと観念したのか、小島茂右衛門もここで口を開き、自分も不受不施の原理を篤く信奉している、と真実を明かした。

隠れ信者たちへの罰則は速やかに、厳しく下された。数時間のうちに日近と小島は牢に入れられ、数日の間に、さらに六人の一般信者が逮捕され、あるいは自首した。また、恕宣院日融と了運院日曜という二人の不受不施派の僧侶も、自ら寺社奉行に名乗り出て投獄された。徳川時代の牢獄の環境は相当酷いものであったらしく、短期間の投獄でも命取りになることがあった。事実、日近は三週間ほどで死亡し、さらに三週間後、小島茂右衛門は信仰を捨てて密告者となったのである。日融と日曜も、それぞれ一ヶ月と三ヶ月で獄死した。一七一八年八月二十三日になると、大坂に逃げていた日因と日然も寺社奉行に名乗り出て、不受不施派の信仰を認めたため、即日投獄された。

行川村の牢に入って裁きを待っていた十四人の村人と四人の僧侶の内、七人の村人と三人の僧侶が命を落としている。生き残った八人については一七一八年十月二十六日、老中、寺社奉行、勘定奉行、町奉行などから構成された評定所で裁きが行われた。日因と日然は伊豆大島に流刑、残る二人の僧侶は三宅島に流された。圭室文雄の説では、僧侶たちに対するこの比較的緩やかな刑罰は、これ以上世間の耳目を集めないための方策であった。複数の囚人が獄死していることで、処罰としては十分という見方もあったからである（一九七四、一九四—一九六頁）。生き残った行川の七人の村人は、全員が棄教を経て釈放された。確かに幕府でも、不受不施派が大きな勢力を持つ江戸を中心に多くの信者が命を落としており、これ以上死者を出せば幕府に対する反感を招きかねないと判断したのかもしれない。

もう一つの年代記、『下総法難記』を紐解くと、不受不施派の組織構造や牢獄の劣悪な環境が、さらによく理解できる（谷川一九七二、二四二—二四六頁）。下総で最初の迫害が起こったのは一七九四年、今日の千葉県香取市内にあった六つの村でのことである。英存という人物がもたらした情報を頼りに、十二人の僧侶と七人の地主が逮捕されたが、この地主たちの逮捕をめぐる状況を見ると、香取での不受不施派の運動の全体像がわかる。僧侶たちは正式に所属している寺院を離れると「地下」に潜るが、潜伏先は信頼できる信徒のもとであり、ここで衣食住などの世話を受けるのである。

香取の地主たちは二重に罪を犯していた。まず、不受不施派の僧侶たちに住居を提供したこと。そして彼ら自身が、禁じられた宗義を信奉したことである。彼らが僧侶たちと同程度の罰を受けたことは、ごく自然なことかもしれない。十二人の僧侶と七人の地主は全員が江戸で投獄され、十九人のうち、十八人が獄死したのである。しかも、このうちの十四人は、投獄から一ヶ月以内に力尽きている。

香取の事件に連座して、最終的にはさらに五十四人もの協力者が捕縛された。全員がひとまず投獄されたが、すぐに出獄を許され、軽い刑罰に切り替えられた。まず五人が、宗門人別帳に記載せずに不受不施派の僧侶に土地を貸した罪で島流しとなった。一人の女性は、自宅に不受不施派の僧侶を匿った罪で自宅に軟禁されることになった。二人は偽証罪で江戸から追放され、十里圏内に立ち入れなくなった。十人にはそれぞれ、三貫文から十貫文の罰金が課せられた。十五名はそれぞれが就いていた村の役職を剝奪された。そして、二十一名は譴責を受けたのである。

だが、一七九四年にこれだけ激しい不受不施派の取り締まりがあったにもかかわらず、香取での地下活動は再び勢いを盛り返した。その証拠に、一八三九年から翌年にかけて、またしても弾圧を受けることになったからである。今回の弾圧は、大坂の不受不施派と不和になった密告者が寺社奉行に申し出た情報をきっかけに始まった、全国的な取り締まりの一環であった。下総の香取では、一八三八年に関東取締出役の原戸一郎が、香取郡多古村へ取り調べにやって来たところから迫害が本格化した。原戸は不受不施派と関係のあるらしい七名の村人を審問し、五人を投獄、二人を放免したが、投獄されたなかの一人は獄中で、二人は釈放の直後に死亡している。

処罰は過酷であったものの、原戸の審問は表面的なものに過ぎなかったようだ。というのも、一八三九年に寺社奉行が代替わりすると、やはり新しく就任した取締出役の中山誠一郎が同地を訪ね、下総および上総の二十の村で、僧侶や村役人、農民に聞き取りを行っている。八ヶ月後、中山は調査結果を発表し、幕府の不受不施の禁止を破った者が百四十三人もいたことが明らかになった。しかし、調査こそ徹底して行われたものの処罰は軽く、幕府としても、実害があるわけでもないこの犯罪を厳しく取り締まることに消極的になっていたことがわかる。百四十三人のうち、反省文を出し、宗旨替えをすると宣言した者は無罪となった。違反者を出した村の名主は、それぞれ三貫文の罰金を受けた。地域を統括する組頭は譴責で済んでいる。そして、住民の宗教活動について何も知らなかったと申し開きをした四十七人の僧侶についても、処罰は寛容だったのである。特に名主と組頭に対する処罰の軽さには驚くべきものがある。幕府の宗教政策を地域のレベルで徹底させるという役目を怠ったのだから、見方によっては彼らは反体制的な犯罪に加担したことになる。しかし幕府は、彼らは活動そのものには無関係であると判断したのであろう。

『下総法難記』を見ると、密告や自白に頼るしかない不受不施の取り締まりに幕府の役人たちが苦労させられたことが窺えるが、密告や自白は、徳川時代の司法の要であった。近隣住民による犯罪行為に気づいたとしても、それが私的な領域で行われており、誰かを傷つける性質のものでないのであれば、あえて幕府に報告することの意義は見出しがたい。その点において、不受不施派の信仰はまさにキリスト教徒のそれと同様、模範的な一市民の仮面さえ手に入れれば、安心して行えるものであったのだ (Nosco 1993)。

同時代の備前国の記録を見ると、幕府の宗教政策の徹底ということについて、地元の役人がかなり消極的であったことがわかる。『寺社旧記』によると一七五三年、備前の上道地区で六人の僧侶と多くの一般信徒が集まって供養会が行われ、その席で不受不施派の祖である日奥の石像がお披露目された。困ったのは地元に三つある日蓮宗の寺院である。彼らはこの供養会には一切関与していないにもかかわらず、このようなことがあれば自ら率先して不受不施の禁令を破っているような印象を与えてしまう。そこで、彼らは進んで役人に申し出たが、役人は石像を彫った石工や、供養会を催した人物や、地元の日蓮宗の寺が所属する本山などに問い合わせたものの、結論としてこの一件の首謀者や後ろ盾が誰であったのかは明らかにならなかったのである。しかし調査の過程で、備前にはおよそ四千五百人もの不受不施派の信徒がいることがわかった。これは、備前が本山から離れており、指導を受けにくい場所に位置していることを思えば、かなり多い人数である。

備前が不受不施派の根城のような様相を呈していたことは、同じ資料にある、一八一三年に和気地区の益原村で行われた調査からもわかる。村のおよそ百五十の世帯のうち、百四十四（九十六%）の世帯に不受不施派の信徒がいたのである。彼らは悪びれることもなく、それが事実であるとする証文も提出している。土地の寺は和泉国の堺にある原理主義派の本山、妙国寺の末寺であったが、この寺は表向きの措置として、宗旨を改めなければ葬式や儀式を行わないとした。しかし、住民はそれでも屈しなかった。状況が変わったのは岡山藩の役人が間に入り、妙国寺と住民の交渉が行われてからである。結局、住民側が折れ、寺側は、住民は不受不施派の信徒ではないという、明らかに虚偽の証文を提出したのである（谷川一九七二、二九〇―二九一頁）。このような証文を藩が受理したことからも、特に反体制的なところもなく、公共に混乱を招くような性質のものでもない以上、幕府の宗教政策への違反について、藩では追及するつもりがなかったことがわかる。

岡山藩の役人の、不受不施派に対する態度を最もよく示しているのは、あるいは『密意共伝書』に記されている事情かもしれない。事によると村役人は、共謀して幕府から不受不施派の活動を隠していたのである（谷川一九七二、二六七―二七六頁）。この資料によれば、一八四八年、和気地区の和気村に暮らしていた光吉という一人の百姓が死んだ。幕府はその宗教政策の一環として、葬式はすべて仏式と定めていたので、不受不施派の信徒には頭痛の種だった。「地下」で活動していたキリスト教徒は独自に略式の祈禱を開発し、それを義務的に行われる仏式の葬式の前後に唱えていたが、不受不施派も同じように、公に行われる仏式の葬式の直後に、密かに独自の葬式を執り行っていたのである。

光吉は生前、表向きの葬式は地元の日蓮宗の寺である蓮現寺の僧侶によって行われるように手配したが、棺に入った光吉の経帷子の背中には、小さな紙包みが縫いつけられていた。蓮現寺の僧侶はこれを見つけると包みを取ろうとしたが、列席者の一人が先に取り上げてしまったので、不受不施派を疑った僧侶は村役人を呼んだ。村役人が聞き取りを行うと、光吉には隣村である黒田に忠吉という兄がおり、この忠吉は不受不施派の指導者の一人だというのである。

自らも不受不施派に理解を示し、あるいは信徒であった可能性さえある和気と黒田の名主たちは、事態が大きくなることを恐れて、表向きの物語を作り上げることにした。光吉は不受不施に関する巻物を兄に預けていたが、それを自分と共に埋葬してほしいと頼んだ。そして、このことを知っていたのは兄弟二人だけであった、というのである。光吉が死んだいま、誰かを罰する術もなく、埋葬を遂行するのが至当ということになる。こうして、おそらくは名主の巧みな情報操作によって、この件は収束した。

同じ和気地区の益原村で九十六%もの世帯が堂々と不受不施の信奉を認めたことと考え合わせると、信徒を多く抱える地域の村役人の苦労が窺えよう。名主や年寄、組頭は幕府という権力の中枢に連なる存在であり、その責任を考えれば宗教政策についてもこれを徹底するというのが近世のイデオロギーである。しかし、実際には公共の秩序を守り、地域住民の福利を保障するという目的のために、幕府の政策はそれぞれの地域の村役人によって、実態に合わせて運用されることが認められていたのである。しかも徳川時代においては、それぞれの地域の自治を最大限に認めるという伝統もあった。したがって、村や地域のレベルにおいてはイデオロギーよりも個性が重視され、大勢の不受不施派を取り締まるというような事態になれば、国家の原則を固守することは本質的に不可能となる。さらに、庶民に過ぎない村役人の立場からすれば、外部の権力者の目にわざわざ共同体の過ちを晒すよりも、これを隠すことで体面を保つという発想になるのも頷けよう。

秘密は、それを抱える者のなかで生命を獲得する。しかも秘密は、それを生んだ「地下」共同体のアイデンティティよりも長命なのである。ここで、グループの秘密というものがグループを構成する個人に与えるインパクトの大きさを論じたゲオルク・ジンメルの観察を振り返ってみよう。そうすれば、不受不施派の「地下」構造がなぜかくも効率的なものになったのかが、よく理解できるはずである。この運動は、一方では、日蓮宗の寺院の迷路のように複雑なネットワークの地下で展開された。特に結びつきが強かったのは池上本門寺である。そこではなるべく「変装」し、可能な限り目に付かないことが求められた。他方、不受不施派の共同体は、村というマクロのレベルにおいても、世帯というミクロのレベルにおいても、池上本門寺のような本拠地と霊的な紐帯を持つ原理主義派の僧侶を、匿ったり援助したりすることができた。

すでに述べたように、秘密を守ることは簡単ではないし、不自然なことでさえある。一八一三年に悪びれる様子もなく不受不施派の信徒であることを認めた益原の九十六％の住民の心情は、この視点から説明できるだろう。秘密が明かされれば緊張感からは解放される。そして、徳川時代の司法のあり方を念頭に置くならば、秘密を告白するということは、寛容な措置を乞うということでもある。一七一八年に、行川の小島茂右衛門が見せたのも——あまり一貫したものではないものの——まさにそのような理由による心変わりであろう。小島は当初、運動のことなど何も知らないと、質問をはぐらかしていたのである。しかし、命取りになりかねない徳川の刑法の網にかかり、牢に入れられるが早いか、小島は罪を悔い、進んで密告者となった。

グループ内の秘密は構成員にある種の力を与えるが、構成員は孤立するとしばしばその力を失う。小島の場合には自己利益の追求も手伝って、自白が促進されたのである。

また、不受不施派の信徒に対する処罰の厳しさが、村役人らに幕府の政策の徹底をためらわせたことも間違いない。数週間にわたる投獄は死罪に等しいが、死罪はこの違反に対してあまりに過剰である。結果として、皮肉にも違反は処罰しにくいものとなってしまう。投獄ができないとなると、処罰としては譴責、罰金、島流しということになるが、少なくとも表向きには命懸けで信仰を貫こうという意志を持った信徒にとって、これはさほど厳しい処罰とは言えないだろう。

第二のジレンマとしては、不受不施派の信徒が大きな割合を占める地域では、信仰の共同体は長い時間をかけて拡張されてきた、という事情がある。つまり、これもキリスト教徒の場合と同様だが、地域の村役人らがその任期の最初に違反者を「発見」するのであればともかく、共同体が大きく膨らむまでそれを野放しにしていたということになれば、当然ながら村役人の監督責任ということが問題になる（Nosco 1993）。これは、香取で二度目に行われた審問に当てはまるだろう。迫害の原因になったのは一八三八年に不受不施派を脱退した元信徒からの密告だが、その際に行われた審問はうわべだけのものであった。二度目の審問で百四十三名もの違反者が「発見」されたのは、一八三九年に関東取締出役と寺社奉行が代替わりをしてからのことである。

そして、地域の村役人にとって何よりも問題だったのは、不受不施派という「犯罪」には証拠集めを行うというような方法が使えないことであった。ゲオルク・ジンメルは、犯罪の証拠となる文書を所有することの危険について論じ、「書くことは秘密を守ることに逆行する」と述べている（Simmel 1950, p. 352）。言い換えれば、秘密を抱えている集団にとって最も危険なのは、（組織内部の秩序が破綻する場合を除けば）秘密の活動に関する物的証拠が明るみに出てしまうことである。だからこそ、不受不施派についても明白な証拠は決して表には出てこないのであり——光吉の葬儀はまさに例外中の例外である——不受不施派に対する取り締まりは、密告や自白を頼りにせざるを得なかったのである。

秘密、プライバシー、個性

異なる時代や国においてと同様、徳川時代の日本においても、隣人の活動について密告することは社会的に好ましいことではなかった。本章ではいくつかそのような例を取り上げてきたが、事例は全体では驚くほど少ないのである。また、他者によって信仰を暴露された信徒が、権力に対して堂々と告白をする心理も頷ける。信仰を否定することは、自らの安寧を危険に晒してまで守ってきた原則を、否定するにも等しいからだ。したがって信仰の告白は、それに対する寛容な措置の要求と組み合わされている。とはいえ、そもそもが秘密である以上、他者による暴露がない限り、自己の利益と信仰を裏切るような告白は行われないのである。

国家の宗教政策を徹底させる責任を帯びた地域の村役人の立場を考えると、そこに秘密とプライバシーの境目とでも言うべきものを見出すことができる。本章で扱った秘密とは防衛的なものであり、個人が一人で、あるいは協働して、権力を独占する国家から身を守るために秘密を行使するのである。秘密とはしたがって、キャロル・ウォーレンとバーバラ・ラスレットの言葉を借りれば、「〈望ましからぬ要素〉の定義を自由に操ることのできる権力を持ったグループの怒りに触れないようにする」ための試みなのである(Warren and Laslett 1980, p. 29)。

だがノーマン・マッケンジーが指摘したように、秘密とは常に「部分的なものに過ぎない」のも事実であり(MacKenzie 1967, p. 299)、したがって秘密には共同体内での暗黙の了解というものが付きまとう。今日の社会でも、近世の日本と同じくプライバシーは尊重され、疑わしいからと言ってすぐに行動が起こされることはない。密告するという行為自体の反社会性は言うまでもないが、もし自分の密告が共同体のなかで悪しき前例になってしまったら、などと考え始めると、結局は自己の利益のために、密告という行為を控えることもある。このように、秘密を守るという防衛的な行為と、プライバシーの尊重ということを分けるのは、周囲とのコンセンサスの有無である。アリダ・ブリルが述べるように、プライバシーは「与えられた時だけ存在する」のである(Brill 1990, xii)。

この境目の片側には、幕藩体制からの処罰を避けるために秘密というヴェールをまとった不受不施派の信徒がいる。彼らは秘密を抱えたことで、むしろアイデンティティや個性を獲得したのである。浄土真宗をめぐる秘密と秘匿に関する近年の研究で、クラーク・チルソンは「秘密は分断をもたらし(中略)『われわれ』と『彼ら』をつくる。『われわれ』とはそれを知り、他者からそれを隠す者であり、『彼ら』とはそれを知らないか、知っていても隠さない者である」と述べている(Chilson 2014, xi)。本章では、不受不施派を一つの集団として扱ってきたが、彼らは独力で幕府の目を逃れ、個人の福利を危険に晒し、孤独に自らの信仰を守っているという意味では、あらゆる場面で個人としての顔を見せるのである。

境目のもう片方には、地域の村役人と彼らを使役する権力がある。自分たちの暮らす地域に、あからさまに違反を行う住民がいることを知りながら、知らないふりをする彼らは、皮肉な形で自己の利益を守っているのだ。絶対服従を求める国家と、個人および共同体の利益の間に距離ができると、その隙間に、信仰や信念に関してのプライバシーが守られる余地が生まれてくる。

このような考察を踏まえれば、本章の冒頭で取り上げた事件についてもさらに深く理解することができるだろう。光吉の数奇な葬式をめぐって村役人が隠蔽を働いた不受不施派の根城、備前の和気地区で一八七〇年に捕縛された坂本真楽の事件である。もちろん、明治の新国家を支えていた当時の人々が、豊臣秀吉の祖先を祀るか否かについての意見の相違を発端とする、三百年以上も前に打ち出された宗教政策に、大きな価値を置いたとは思えない。一八七〇年の時点でこの件に関心を払ったのは日蓮宗の内部にいた人々、それも不受不施派をめぐる複雑な事情に明るい、一部の人々だけであったろう。

坂本とその信徒仲間への処罰はどうすべきか、事件についてさらなる追及をすべきか否か、というような一見時代錯誤的な議論が持ち上がった背景には、このような事情があったのである。坂本たちにとって幸いなことに、明治政府にはもっと重要な案件が山積みであった。一八七五年、信教の自由が宣言された時の彼らの開放感はいかほどであっただろうか。しかし、本書の「あとがき」で見るように、この自由はすぐに実現されたわけではないし、また完全に達成されたわけでもないのである。

■註

（1）Bodart-Bailey 1999, p. 103.

（2）関係文書は、谷川（一九七二）所収の「本派再興願書六通」のなかに含まれている。

（3）エンゲルベルト・ケンペルは十七世紀の日本における法華経の重要性に目を留め、法華経は「ガンジス川以東の異教の指導者たちにとって聖書も同じ」であると述べている（Bodart-Bailey 1999, p. 129）。

（4）五逆罪とは、父、母、あるいは尊ぶべき阿羅漢を殺すこと、仏身を傷つけること、そして僧伽（僧団）の和を乱すこと、である。

（5）日奥の『宗義制法論』（一六一六）によれば、供養会に参加すべきでない理由は以下の通りである。一、他宗の仏の前での祈禱は禁じられていること、二、日蓮宗が浄土宗よりも下位（五位）にあるのは誤りであること、三、秀吉は法華経を信奉していなかったこと、四、日蓮宗は京都所司代より、望む通りに信心することを許されていること。圭室一九七四、一四〇頁を参照。

（6）同じ「寺院帳」を見ると、本門寺の百二十四の末寺のうち、四十六が武蔵に、三十五が上総に、三十三が相模にあることがわかる。つまり、末寺の実に九十四%が江戸近郊に位置していたのである。

（7）『御法難記写』とも呼ばれるこの資料は、谷川（一九七二）二〇五―二一三頁に収められている。

（8）『行川法難記』には「安藤左京殿」とあるが、ここでは圭室（一九七四、一八八頁）が特定した名前に従う。

第五章

修身、サロン文化、私塾

子曰く、古の学者は己の為にす。今の学者は人の為にす。

――『論語』憲問第十四、二十五

今広くこの人間世界を見渡すに、かしこき人あり、おろかなる人あり、貧しきもあり、富めるもあり、貴人もあり、下人もありて、その有様雲と泥との相違あるに似たるは何ぞや。その次第甚だ明らかなり。（中略）賢人と愚人との別は、学ぶと学ばざるとに由って出来るものなり。

――福澤諭吉『学問のすゝめ』(1)

一九八〇年代初頭、私の暮らしていたニューヨークのクイーンズ界隈では住民のほとんどが中流家庭で、近所の家の娘たちはたいていバレエを、息子たちはピアノを習っていた（これに関連する日本の統計については、「あとがき」で取り上げることにする）。親たちはよく私に、バレエは優雅な所作を身につける助けになるし、ピアノを学ぶと、音楽への感性が育つのだと説明した。しかし実際には、誰もが知っている通り、そのような成果が見られるのは限られた場合のみである。では、なぜ親たちは、高い月謝を支払ってまで可愛い我が子に苦しみを与えかねない習い事を押しつけるのだろうか。それは、社会的な階級や資源の欠如といった問題のために、数世紀前であれば自分たちには決して許されなかった学びを、子供たちに与えたいという無意識的な衝動の結果であるのかもしれない。

私たちは、集団的にも個人的にも学びを経験する。それはよい職業に就くためでもあるが、しばしば理想によっても正当化されている。例えば、医学を学ぶのは人を救うためであり、法律学を学ぶのは弱者を守り、正義を守り、悪を滅ぼすためであり、博士課程に進むのは、知識の地平を拓きたいと望むからである。このことは、冒頭に掲げた孔子の言葉にもよく表れている。人は自らのために学問をしていた時代もあるが、「今」──つまり徳川時代の二千年ほど前だが──は人の役に立つために学ぶようになったというのである。

同じく、冒頭に掲げた福澤諭吉の言葉も、人間の差異は運命づけられているものではなく、教育の違いによって自然と現れてくるものであることを指摘している。人間の変化についての陳腐な文句と言えばそれまでだが、それでも教育によってその過程が加速することは否めない。学びとは常に何かを変容させるものなのだ。紀元前三世紀に荀子が説いたように、学ぶことで人間が善になるとは限らないが、しかし学びに影響を受けない者はいない。私自身が生徒・学生として、また研究者として過ごした私立の教育機関も、親たちが限られた資本を投じて子供たちに教育を与えようとする場である。親たちは、そこで授けられる教育によっていわば配当金が発生し、学費の元がとれることを願っている。だからこそ国家、県、国、自治体、国際組織など様々なレベルにおいて教育は重要な投資と見なされ、重要な学位には補助金などが用意されるのである。

教育は自己を向上させるものである。それは必ずしも修身と同じものではないが、共通点は多い。教育と修身の関係には、すでに見た個性と個人的アイデンティティの関係、あるいは集団的アイデンティティと平等の関係に近いものがある。どの本屋へ行っても、自己を向上させることを謳った書物が並んだ棚がある。日曜大工や身だしなみ、ダイエット、料理、楽器の演奏、受験勉強などが主題となった書物である。一方、修身に関わる書物はと言えば、それは「スピリチュアル」とか「宗教」と書かれた棚に並んでいることが多いようだ。日曜大工に例えれば、自己を向上させることとは、より多くの上等な工具を手に入れることである。だが修身は、よりよい大工になること自体を目的とする。

特殊な技術や輝かしい経歴を持つ人々、学ぶことに貪欲な人々は、互いの参加を促しながら共同体（あるいは仮想的な共同体）を自発的に作り上げる。これは、現代の市民社会の特徴と言えるだろう。同様に、新たな技術を身につけたり、礼儀作法を学んだり、修身を実践することは、二百年、三百年前の日本でも行われていたのである。その舞台となったのは私塾であり、また新たな宗教の生まれる現場でもあった。もっとも、このような場所の区別は曖昧であり、しばしば両義的であって、多くの矛盾を抱えてもいた。いずれの場所も、それぞれに独自の規定を持つ、時に平等で、時にエリート主義的な空間であった。そこでは自由に疑問を持ち、意見を持つことができた。だが同時に、それらの空間は壁の外に広がっている江戸の社会から、完全に独立していたわけでもないのである。

日本史のどの部分を切り取っても、自己と個人をめぐる探求や、それらについての議論を見出すことができる。日本の中世は仏教の時代であった。もちろん、いつの時代にも異端的な思想家や反逆者はおり、吉田兼倶（一四三五―一五一一）もその一人である。吉田は時流に逆らい、神道の世界観を、仏教の仮想する世界の上位に置いた。しかし、兼倶のような人物は例外的と言うべきで、キリスト教が伝来する一五五〇年代以前には、仏教の世界観が圧倒的に主流であった。

優位な立場にあった仏教とその信徒は、独自に信仰を追求する山伏から京の占い師まで、各地に根づいた信仰とも巧みに折り合いをつけていたが、その活動の規模は限られていた。本格的な堂宇で何年も修行をしたり、あるいは瞑想のような霊的活動に専心したりして、ついに解脱の境地である悟りを開こうとする者や、来るべき終末から救われるべく念仏を唱え続ける者がいた。ほかにも阿弥陀仏の極楽浄土のような楽園に生まれ変わるべく、個人や集団が様々な活動に身を投じたのである。しかし、中世のスピリチュアルな側面のどこを見渡しても、世界そのものの変革を目指したり、社会を向上させようとしたり、よりよい自分になることを目標に掲げるような運動はない。仏教的な世界とは、すなわち無常の、儚いものであり、そこで富や名声を得ようとすることは愚の骨頂であると考えられた。また、因果応報の世界において徒らに自己の向上を図ろうとすることも、危険かつ無謀な発想とされたのである。

徳川時代の最初の数十年間に、仏教、神道、それにキリスト教徒の学者や神学者が議論を重ねたのは、無住と言われるような仏教的な自己のあり方、キリスト教の根本にあるような神の恩寵による人間の存在、そして本書で扱う儒教との関連で登場する社会階層の問題など、実に多岐にわたる。事実、自然が本質的に意味するところや、社会的、法的、政治的存在としての個人という考え方が新たな展開を見せるのは徳川時代のことであり、なかでもこれらの問題について強い影響力を持っていたのは儒教であった（ノスコ・ケテラー二〇一六、三一頁）。

自己の向上

徳川時代には、私塾の知的な世界においても、寺院の霊的な世界においても、様々な自己の向上や修身のための選択肢が準備された。その内容は多岐にわたるが、基本的にはどの選択肢も、日々の努力によって自らを養い、変容させ、特定の理想という目標に近づいてゆくことを目指すのである。このような近世の自己向上や修身といったものと、中世の自己救済や啓蒙といったものの差異に注目してみよう。また、同じ近世でも、修身においてはより精神的な側面が多く、自己向上は野心的、実践的である。徳川時代の典型的な修身は、「本心」として知られる自らの生来の資質の一端を探求することを重要視しており、それはジャニーン・サワダに言わせれば「宗教的な探求」であり「完璧な人間を目指す道」であった（Sawada 1993, p. 1）。

元禄年間（一六八八―一七〇四）の終わりには、巷間の書物にも自己向上への関心が反映されている。井原西鶴の死後に出版された『西鶴織留』（一六九四）に収録された短編には、ある商人が、わがままで商才のない息子のために惜しみなく与えた、有名な指導者や私塾によって提供される様々な習い事の一覧がある。そこには、音曲鳴物、連歌俳諧、生け花、蹴鞠、茶、のちに素読と言われるようになる物読、香道、有職故実、さらには琵琶、琴、鼓などの楽器まで、あらゆる習い事が含まれていた（野間一九六〇、三二三頁）。

西鶴は、この高尚な習い事の一覧を、読者を楽しませる風刺的な表現として挿入しているのだろうが、この一覧は元禄の商人が選択することのできた様々な自己向上の手段のカタログとしても読める。この百年ほど前には、詩歌や絵画、書や音楽、蹴鞠などは上流階級に独占されていたが、徳川時代になると貴族の男性たちは、自分が子供の頃に習得した技術を武士に伝えることで収入を得るようになっていった。すると、次には武士が指導者としてこれらの技術を広めることを、平穏な時代の数少ない副業とするようになったのである（Rowley 2013, pp. 16-17）[2]。武士階級が非軍事化され、戦場での武功とは違った手段で自らの名声を高める必要が生じた際、その一つの基準となったのは儒教に関する知識――ここでもパフォーマンスが必要とされることは重要である――だった（Ikegami 1995）。徳川時代の最初の百年、先進的な藩では率先して儒学者を抱え、熊沢蕃山や山崎闇斎などが、藩にとってより有益な武士を育てながら、「信」や「敬」など、それぞれの任務にふさわしい価値観を教え込んだのである。

近世教育史の権威とも言える二人の研究者は、「二世紀半に及ぶ平和によって最も恩恵を被ったものは何か。確かにその間に見られたある程度の経済成長も有益ではあったが、何よりも発展したのは正規教育の領域である」と書いている（Beauchamp and Rubinger 1989, p. 22）。近世期の教育に対して経済成長がもたらした影響は確かに重要である。出版業の急成長も、本章で取り上げている教育機会の増加も、経済の発展と、それによって各世帯に生じる余剰資金なしにはあり得なかった。西鶴が羅列した様々な習い事にしても、それらは自給自足の文化、つまり生徒という自発的な消費者によって、指導者の生活が支えられるという意味では、民衆文化と言えるものである。また、そこに儒学の文献を音読する物読、例えば同時代よりも後世において儒教の権威として評価されることになる宇都宮遯庵（一六三三―一七〇七）による物読が含まれていることは注目に値する。

商業の世界に飛び込もうとする者にとって、読み書き能力は必須条件となっていた。これは、都市部はもちろん、地方のエリートにとっても同様である。徳川時代の終わりには、寺子屋として知られる教育施設が、国内におよそ一万五千も存在した。そのうちの四千は、一八五六年から一八六七年という短期間に設立されている（Beauchamp and Rubinger 1989, p. 22）。リチャード・ルビンジャーによれば、「十七世紀の終わりには、武士が指導的な立場に上り詰めるためには、高度な読み書き能力と儒教の古典に関する知識が問われるようになった」のである(Rubinger 1982, p. 50)。しかし、その百年前にあたる一五八五年に、ルイス・フロイスは「[日本の貴族の女性が」文字を書けないことは恥ずべきこと」であったと書き残している。当時の欧州では、日本に比べて「読み書きのできる女性はさほど多くない」状況だった（Rowley 2013, p. 35）。そして十八世紀後半になると、一七七五年から翌年にかけて日本に滞在したカール・ペーテル・ツンベルクが書き残しているように、子供の教育を等閑視する親は世間から批判に晒されたのである（Screech 2005, p. 223）。

日本には儒教の古典やその注釈に関する知識を問うという科挙のような試験は存在しなかったので、これを実施していた中国や、ある程度それを取り入れていた朝鮮のように、儒教の知識が個人の成功や職業的な前途を決定するということはなかった。しかし、それでも儒教の知識はやはり重要であった。当時の教育は、優れた道徳観を養い、幕府直臣の質を向上させることを目的としていた、ということがこれまで指摘されてきたが（Beauchamp and Rubinger 1989, p. 24; Backus 1974, p. 97）、この見方はむしろ現代日本における教育のあり方を近世に帰納しただけのようにも思われ、再考の余地があるだろう。国内二百六十余の藩の大部分、それに幕府そのものが率先して、限られた財源を武士の教育に注ぎ込んだということは、様々な知識と技術を身につけた武士を育てることによって事務の能率を上げ、最終的には政体の全体的な質の向上を図ろうという意図があったものと思われる。しかし、本場である中国の場合と同様、高度な道徳や倫理について学べば、実際に官吏の道徳や倫理が磨かれるだろうと考えるのは、日本においてもイデオロギー的な理想論に過ぎなかったのである。

儒教の魅力

もう数十年前になるが、私は徳川時代の知識人にとって朱子学が魅力的だったのは、それが知的であると同時に精神性にも関わるものであったからではないか、と論じたことがある（Nosco 1984, pp. 3-26）。私の根拠は、朱子学が知的な満足をもたらすものであると同時に理性的であり、仏教の存在論や形而上学よりも人間的であるということ、そして宇宙論や宇宙生成論といった霊的な問いにもその関心が向けられている、ということであった。これは、朱子学の趣旨や形而上学的な魅力を要約している点では誤りではないが、なぜかくも大勢が朱子学を学ぼうとしたのか、そしてなぜその文献が徳川時代のあらゆる教育の中心に位置づけられたのかという説明としては不十分である。これらの疑問に対しては、より的を絞った解答が求められよう。

前田勉は、そもそも日本人が儒教の文献から何かを学ぶということ自体が「大問題」である、と幾分強い表現を用いつつも、その理由について鋭い洞察を加えている（二〇一二、二四頁）。前田は、伝統的な儒教には二つの目的があるとする。すなわち修己と治民であるが、町人が公に政治的活動に参加することはおろか、政治的な意見を持つことさえ許されなかった徳川時代においては、日本に関係があったのは前者だけである。もちろん、実際には町人も意見を持っていたし、比喩的に、あるいは直截にその意見を他者と共有することもあったが、王陽明の信奉者である中江藤樹（一六〇八―四八）の時代から、荻生徂徠の擡頭してくる一七一七年くらいまでの期間において、町人は自ら聖人たることを心掛けていたのである。この聖人とは、理想を現実にする能力を持つ人物のことであり、石田梅岩（一六八五―一七四四）の著作に表れているように、自ら完璧を目指し刻苦することこそ、自らの価値を証明する手段と見なされていたのである。(3)

アンナ・ベーレンスが十八世紀の最後の二十五年間に活躍した知識人について行った統計的（人物研究的）分析を見ると、人々がなぜ儒教やその他の古典分野を学ぼうとしたのかが、別の角度からも窺える。漢学や漢詩を学ぶことが、藩政のなかでの立場を向上させることと結びついているのなら、これらを学んだのは武士であろうという推測が成り立つ。しかし、ベーレンスの分析によれば、実際のところ武士や浪人は二割程度しかおらず、これらの分野を指導する側に立っていた人間はもっと少ない（四十三人の該当者のうち、僅か六人である）。さらに、これらの中国研究に従事していた者十人のうち、ほぼ九人（八十九％）は、中国とは無関係な別分野の勉強もしていた。これまで見落とされがちだったことだが、当時の学術的関心はかなり全般的なものだったのである（Beerens 2006, p. 239）。ベーレンスによれば、武士や公家、朝廷の構成員などの社会政治的エリートが同時に文化的エリートとして君臨していた時代も確かにあったが、「人物研究によって、［十八世紀後半には］これはもはや事実でなかったことが明らかに」なる。実際には、武士も庶民も、「自らの文学や芸術の才能、そして学習を通じて、物質的、社会的な地位の向上を目指していた」のである（ibid., p. 270, 276）。サロン文化について取り上げる際にも重要になることだが、様々な分野について知識を持つことは一種のステータスであった。特に、かつて身分のためにそれらを学ぶことを許されなかった人々にとってはなおさらである。

十八世紀の大部分において、儒教的なイデオロギーの正統が何であれ、それが現状を不安定にするようなものでない限り、幕府がこれを問題視することはなかった。例えば林鳳岡（一六四五—一七三二）の死後、林家によって牽引された聖堂のように、幕府が経済的に援助をしているような学問所であっても、その教育的機能やカリキュラムの詳細について、幕府が高い関心を持つことはなかったのである。この放任主義が改められたのは、老中松平定信（一七五九—一八二九）が一七九〇年、聖堂を昌平坂学問所と改名し、儒教のなかでも程朱学に忠実なものを教えよと専制的な命令を出した時である（Backus 1974, pp. 115-116）。しかし、科挙で高得点を挙げるために程朱学が必須であった中国や朝鮮とは違い、科挙のない日本では程朱学は徐々に廃れていったのである。ここで起こった揺り戻しは、幕藩体制を整え直し、家康や秀忠、家光といった初期の将軍たちの下で確固たる支配が行われていた時代、つまり二百年ほど前に回帰しようとするイデオロギーに導かれた、広範にわたる改革の一端であった。

さて、儒教を学ぶことの魅力は何だったのか、という疑問に立ち戻ろう。先に西鶴も挙げていた物読(素読)では、人々は意味については考えずに、漢文の音読を行った。それは外国語の歌を、耳で覚えて歌うようなものであった。しかし学術的なものにしても、霊的なものにしても、儒教やその他の文献を「読む」ためのアプローチは、少なくともほかに二種類ある。一つは師による解説を受動的に聞く「講釈」であり、もう一つは遥かに能動的な方法と言える「会読」である。会読では、生徒たちが籤を引いて質問の順番を決め、師の指導のもとで、互いに質問を重ねてゆくのである(前田二〇一二、四六—四七頁)。前田は、会読で守られていた三つの原則を挙げている。議論は相手の説得を目指して、建設的に行わなければならない。財産や地位というものは度外視して議論に臨まなければならない。そして生徒たちは全員が同じ規則にのっとり、同じ順序で物事を運ばなければならない(同書、五五—六四頁)。学問の目的は、相互に関わり合い、尊敬し合いながら、自己修養を実現することであった。

このような学術的活動には、読み書き能力が必須であった。徳川社会の驚くべき点は、支配者層が読み書きができたということではなく、その能力が武士でない庶民にまで拡散したということである。西鶴の物語に登場する、商才のない息子に与えた様々な学習機会が実を結ばないことを嘆く親の姿を思い出してみよう。この親が書いたような遺書や家訓は、西鶴の活躍する時代より一千年も前から日本に存在しているが、かつてそのようなものを書いたのは貴族のみであった。中世になると武家もそれぞれに家訓や様々な原則を設けるようになるが、十七世紀になると、商人たちも当然のように家訓を作り、また家族のために遺書を書くようになった（Rubinger 2007, p. 91）。先ほどと同じ書物のなかで、西鶴は質屋の主人が思いついた上手い商売を紹介している。主人は遊女たちに自分宛ての恋文を書かせ、それを質種に金を貸すのである。このような恋文が明るみに出てしまえば、遊女の評判は落ちるし、将来の結婚の希望もなくなるというので、遊女は一人残らず、自分の恋文を請け出しに来たという（Nosco 1980）。このように商人が遺書を書き、遊女が恋文を書くということが驚くに値しないことだった、という事実こそ、まさに驚くべきことなのである。

これらの個人的、断片的な証拠に様々な状況証拠を合わせると、リチャード・ルビンジャーの仮説は正しいと思われる。すなわち識字率は都市部の成功した商人の間でのみ高かったのではなく、十七世紀の農村の村役人たちの間でも高かったのである。元禄時代には「武士の読み書きの能力は庶民へと〈下降〉し、次いで都市から地方の町へ、そして村へと〈流出〉したのである」（Rubinger 2007, p. 41, 81）。都市部の出版文化も、この傾向と手を携え、教育一般、なかでも読み書き能力の拡散に貢献した。そのことは、十七世紀に出版物が爆発的に増え、新たに正典となりつつあった書物に関する注釈書の類や、日本および中国の古典を学習する気運の高まりからも見てとれる（鈴木二〇一三、一一二二頁）。

また、近世の限られた公共圏についての考察で取り上げたような嘆願、抗議、声明、決議などの行為についても思い起こしておこう。読み書き能力がなければ、これらは一切意味をなさない。逆に読み書き能力さえあれば、様々なことが可能になった。大まかに言えば、読み書き能力は商売や出版業界においてのみ重要だったのではなく、徳川時代に起こり得たあらゆる衝突の解決を助け、法的、私的なコミュニケーション、そして目上の者、目下の者に向けられた希望やイデオロギーを伝達するものであった。エンゲルベルト・ケンペルによれば、一六九〇年代の長崎には、あらゆる通りに「筆者」がいたという。

> 彼［筆者］は大人《うし》の命令や、推薦文や、離任状や、許可証を書く。また要望書や契約書、誓約書なども書き、大人の代理として様々な帳簿を管理している。世帯や住人の記録には、名前と年齢、宗門、死亡の状況（キリスト教徒ではない者として死亡したか）などの情報と、かつて出された許可証の記録、外出の詳しい理由と帰宅した日などが書かれ、さらには通りで目撃された様々な出来事が記録されている。
>
> (Bodart-Bailey 1999, p. 159)

また、ペリーに同行し、一八五四年に下田で過ごしたドイツ系アメリカ人の画家、ヴィルヘルム・ハイネの証言によれば、幕末には名刺の交換も頻繁に行われていたらしい(Heine 1990, p. 137)。さらに、多少の誇張はあろうが、イギリス海兵隊大隊所属のJ・M・W・シルヴァー大尉は、一八六四年から六五年にかけての記録のなかで、「教育に関して言えば、読み書きや読解のできない日本人は滅多にいない」と記している(Silver 1867, p. 13)。したがって、明治前夜における日本の識字率を割り出そうとすると、少なくとも男性の四十%、女性の十五%が家庭の外で何らかの教育を受けていたものと思われるのである(Rubinger 2007, p. 23)。これは同時代のヨーロッパと比較しても全く遜色のない数字である。

読み書き能力と儒教の知識を持ち合わせた人物の価値が高まると、なおさらそれらを身につけたいという者も増える。そのような事情があったからこそ、生徒からの月謝で指導者が収入を得るという形式の私塾が発展する余地も生まれたのである。儒学の私塾のなかで先駆的と言えるのは、伊藤仁斎のものであろう。彼は、息子が医師になることを期待していた商人の両親に逆らい、一念発起して、儒教に関する文献を論じ合う同志会を発足させた。近隣の仲間で始めたこの活動は、すぐさま本格的な私塾、「古義堂」へと発展したのである。何百人もの生徒が仁斎から学ぶために集まり、仁斎の死後も、数千人の生徒が塾に入っている。古義堂の主な活動は、先に挙げた精読と議論の術、すなわち会読であった。そこで指導するのは教師ではあったが、生徒同士の活発な議論も欠かせない要素であった。

前田勉は、会読は決して受動的な活動ではなく、むしろそのような討論や学術的思索を通して、個人としての発展や、個人としての意見の表明が促されたのだと主張する(二〇〇九、二一、四五頁)。デカルト的な見方に従えば、個人的な視点を持つことは他者との間に差異をもたらすが、同様に個人の意見が他者との間の相似を示すこともある。私塾という枠組みのなかでは、社会的に下の立場にある者が上の立場にある者の意見を訂正することも可能であった。礼儀を尊重しつつも、実力主義であろうとする雰囲気は、私塾が文化や社会のなかに広く浸透したからこそ広まっていったのである。

もちろん、特に平等意識を強く打ち出した私塾というものも存在した。小島康敬は、幕府の学問所である昌平黌で十九世紀初頭に指導を行った近藤重蔵（一七七一―一八二九）と、その百年前、弟子たちを相手に講義する荻生徂徠とを比較している。近藤は生徒と同じ高さの床に座っているが、徂徠は教え子たちを見下ろす高い演壇に座っていたというのである（二〇一三、三一三頁）。俗物的なところがあったと言われる徂徠は、自らの知的エリートとしての立場を徹底した。昌平黌はそもそも、位の高い幕府の役人や藩から送り込まれてきたエリートたちを対象とした学問所であったが、それでも両者の相違は明らかである。武士でない者が武士を相手に、建設的に反対意見を述べるということは、徂徠の塾では起こりにくいだろうが、私塾という場は生徒同士の、あるいは師との交流を、公の場ではまず考えられないほどに促進したのである。

サロン

十八世紀には、そのような学術的な文化から、さらに新たな形式の集いが発生してくる。ローレンス・マルソーの言葉に従えば、それは「サロン」、すなわち精神を近しくする者同士が定期的に集まり、互いを高めようとする場であり、そこで特に行われたのはそれぞれが作った漢詩の鑑賞であった（Marceau 2004, pp.

9-10)。マルソーは暉峻康隆の研究を引きながら、十八世紀に作られたその種のサロンを七つ挙げている。京都に三つ、江戸に二つ、そして大坂と長崎に一つずつである。マルソーによると十八世紀には、

> 〔学びへの〕姿勢が大きく変わったのである。（中略）教養と才能があり、社会的感覚に優れた人々が、まずその変化を味わった。男性女性を問わず、芸術をめぐるこの新しい、緩やかな集いに関わりを持った。（中略）人々をそれぞれの立場に縛りつけておこうとするイデオロギーに満ちた空気のなかで、彼らは自己犠牲を最低限に留めつつ生産的な毎日を謳歌しようとした、その意味では反体制的な人々であった。
>
> （2004, p. 10）

識字率の問題や私塾に関しても言えることだが、このようなサロン文化で注目すべきは、それが変化の反映であると共に、変化をもたらした原因でもある、という点である。すでに見たように、元禄時代からその傾向があった武士の市民化という流れがなければ、武士が出世のために学問をするという環境は生まれなかった。そしてそうなって初めて、庶民も個人的な豊かさを求めるようになる。サロンは、このような連鎖をさらに押し進め、人々が身分の違いを乗り越えて、非政治的な議論を交わしながら、自由な空気のなかで芸術を楽しめる場を提供したのである。

江戸のサロンとよく似たコーヒー・ハウスがウィーンに初めて開かれたのは一六八五年、ヨハネス・テオダート（ディオダートとも、一六四〇—一七二五）によってである。テオダートは、浄瑠璃作者の近松門左衛

門（一六五三―一七二五）や、政治思想家の荻生徂徠（一七二八年歿）の同時代人ということになる。揖斐高は、日本のサロン文化とパリのサロン文化、そしてロンドンのコーヒー・ハウスの文化が同時期に隆盛したことに注目している。日本で最初の大規模なサロンは、木村蒹葭堂（一七三六―一八〇二）が大坂で一七五八年に開いた蒹葭堂会であろう。蒹葭堂は骨董や鉱物標本を蒐め、黄檗禅に熱中し、植物学と物理学を修め、オランダ語とラテン語にも通じていたという、まさに博覧強記の知性の持ち主であった。このように十八世紀半ばというのは、日本においても欧州においても、知識人が擡頭してくる時代である。だが揖斐は、両者の差異についても慎重に見極めている。ロンドンや欧州本土のサロンとは違い、日本のサロンでは政治や外交、経済問題について自由に話すことはできなかった。また、主催者にも参加者にも、女性はいなかったのである（二〇〇九、二―三頁）。

そのような違いはあるものの、日本のサロン文化に参加した人々とは、読み書き能力のある、高い教養を持った個人であり、因習的な価値観を嫌った彼らは、自己の内奥を探求し、また精神的な満足を得る目的で、互いに兄弟のような絆を結んだのである（揖斐二〇〇九、二―四頁）。日本のサロンは、社会的地位やヒエラルキー、そして富などといった旧来の価値観を重視する社会を、「交遊」それ自体に価値を置く新たな共同体へと作り変えていった。

遊郭に展開されたようなサロン文化も含めて、江戸のサロンにはさらに二つの注目すべき側面がある。一つ目は、目を瞠るほど幅の広い対象について、参加者たちが熱心に議論し、互いを教化したということである。初期のサロンの中心は漢詩や書画であったが、のちには狂歌、戯作、奇物、奇談、蘭学など、様々な対象に特化したサロンが作られ、それらは「痴者」を自認する人々の憩いの場となった（揖斐二〇〇九）。そして、この新たな文人文化の第二の側面は、中村幸彦によれば、その「孤高性」である（一九八二）。説明の難しい語ではあるが(4)、中村の言う孤高性とは、ある者を退屈な日常から切り離してしまうような、高度な洗練である。もちろん、孤高性には身分やジェンダーは無関係である。徳川時代中期の社会は高度に階層化、ジェンダー化されているが、そのなかにあって越境を実現する花魁や、有名な役者などは、孤高性を体現する代表者と言えよう。また、サロン文化が得てして中国趣味を持っていたことも、この文化の奇抜さに貢献していよう。例えば、徂徠派では同時代の中国で漢字がどのように発音されているかに関心を払っていたし、中国から長崎を経由して広まった黄檗禅にも注目が集まっていた。

修身、自己中心性、個人的視点

サロン文化や私塾に見られるある程度のエリート主義は、手島堵庵（一七一八―八六）によって組織された心学の共同体においても観察される。堵庵は、学問の指導者と宗教の指導者の間に明確な差異はないとして、両者を共に豊かな人生の実現を目指す「仲間」と位置づけた。石門心学を研究するジャニーン・サワダは、堵庵の指導の下で、いかに石門心学が十八世紀に絶頂を迎えたかを説明する。「心の本質を知ることで人間は完璧な道徳を我がものとできる」という前提で、堵庵は「心をめぐる既存の思想的枠組みを利用して、自己向上のための実践的なシステム」を創り上げたのである（Sawada 1993, p. 44）。

修身とは自己向上と自己決定の双方に跨る概念である。それは自己決定を行った人物が、さらに自己向上を図ることで実現する。十七世紀には、居敬《きょけい》や静坐《せいざ》のような朱子学の訓練が、自己を知悉し、人を聖人の道から遠ざける様々な感情を抑制する上で有益だと考えられていた。だが、窮理を探るための格物《かくぶつ》のような、朱子学における疑似科学的な行為もまた、自己の本質へと目を向けさせてくれる意味では修身の一端をなし得るのである。これらの実践は、いずれも徳川時代に登場した朱子学が目指した人間の変革という理想を構成していた。

十九世紀になると、占いでさえ自己向上の一つのあり方となった。厳密に構成された宇宙を正しく理解すれば、コインの裏表というような問題からでも人生のより大きなリズムを知ることができる。このような信念に基づいた易経は、批判と無縁ではなかったものの、儒教の伝統では神聖なものとされた。しかし、平安時代の貴族たちの希望とは裏腹に、より大きなリズムについて知るということは、必ずしも未来を予知することを意味しない。むしろ大切なのは、自己をそのようなリズムに調和させ、大いなる聖道を目指すことなのである。

占いへの関心は、自分の運命を知りたいという古代からの願望と結びついている。東アジアに仏教が流入し、中国、朝鮮半島、日本へと伝わる過程で、その宿命に対する理解は「因果」の概念と並列されるようになった。しかし徳川時代には、そのような因果や個人の努力とは無関係に訪れる「幸運」と、「優れた道徳や宗教的儀式の結果として生まれる」ものである「開運」との間に線引きがなされるようになった（Reader and Tanabe 1998, p. 110）。人相占いや土占い、占星術や姓名判断、六星占術、あるいは一般的な占いでもよいが、何らかの手法を通じて、人は自分の運命や宿命に変化をもたらすことができると信じられたのである。開運は、いわば努力の結果として訪れ、状況を好転させてくれるものなのだ。

自由な雰囲気のエリート主義に導かれ、世間から大きく批判されることも賞賛されることもなかったサロン文化とは違い、修身はあからさまに自己を中心とするため、利己的であるという批判を受けやすい。そのため、修身には大義名分が必要になるが、それは個人を完成に導くことによって、社会全体を完璧なものにすることを目指す、というものであった。このような発想の先例は大陸の儒教、特に『大学』にも見られる。個人が他者との調和のなかで生きることにより、世界が平和になる。家庭の秩序がやがて世界の秩序になる、というわけである。しかし徳川時代の日本では、それ以前から根づいていた仏教的な思想から朱子学が分離するまで、そのような考え方は広まらなかった。それでも徳川時代の末期には、横井小楠（一八〇九—六九）のように、人間の活動にはまず勉学があるべきで、知識の追求と美徳の追求に区別などない、という主張もなされるようになったのである。

上は君公を始として大夫・士の子弟に至る迄、暇まあれば打まじわりて学を講じ、或は人々身心の病痛を儆戒し、或は当時の人情・政事の得失を討論し、或は異端邪説詞章記誦の非を弁明し、或は読書会業経史の義を講習し、徳義を養ひ知識を明にするを本意といたし、朝廷と講学と元より二途にて無レ之候、

（山口一九七一、四三一頁。傍点引用者）

少し時代を遡るが、弘前藩の勘定奉行であった乳井貢（一七一二―九二）が展開した議論も、同様に興味深い。会計担当者としての精神構造がそうさせたのか、乳井は功利主義的な実際家であり、個人の事業が全体の利益とどう結びつくのかという問題に取り組んでいた。だが乳井は、ただ計算に明け暮れただけの人物ではなく、人が世界のなかで生きるとはどういうことかを常に考えていたのである。「各其私を尽して功用一に帰するを公と称す。此故に天も私なければ生ずること能はず。地も私なければ載することを得ず。星人も私有るを以て天下を利す」と乳井は書いている（一九三五、四七頁）。その意味では、これらのものはただ「私」のなかに存在するだけでない。天にも、地にも、聖人のなかにも、私は少しずつ存在しているのであり、私なしでは、これらのものも十分に効能を発揮することはできないのである（同書）。

また、蘭学や西洋の天文学にも通じていた知識人である司馬江漢（一七四八―一八一八）も同様の論調で、いかに人は個人であるのと同時に、親や子、兄弟や姉妹など、家族の一員たることができるのか、という問題を論じている。司馬の結論はこうである。われわれにはそれぞれに独自の「芸」があり、その芸を役立てることで「家」を確立することができる。そうすることで、後世に「名」を残すこともできるようになるのだ。換言すれば、芸は個人にとっても国にとっても有益なのである（前田二〇〇九、二二二―二二三頁）。

蘭学は一七二〇年代以降、禁教とされていたキリスト教に言及しない限りは許容されていた。そして、個人とその社会との関係という新しい概念をめぐって、蘭学は司馬江漢の主張した以上の役割を担うことになる。大槻玄沢（一七五七―一八二七）は一七八八年の『蘭学階梯』のなかで、人は生きるために食うのであって、食うために生きるべきではない、というソクラテスの金言を紹介しているが、これは西洋的な技法を駆使した画家で、「蛮社」と呼ばれた洋学仲間の一員であった渡辺崋山（一七九三―一八四一）にも受け継がれた。渡辺は、人は個人の資質によって身を立てるべきと考えていたのである（前田二〇〇九、二五一頁）。

つまり、個人の存在と視点からなる意識のみならず、個人の肉体や、万人に共通する食の必要などに対する意識が芽生えたのであった。司馬江漢は、晩年に次のように書いている。

> 上天子将軍より下士農工商非人乞食に至るまで、皆以て人間なり。（中略）是皆地球の水土に生ずる者にして各心あり、筋骨の機、奚や、人間に同じ、食の為に生をなし、欲念の情あり、其の中、人は智ありて其の智の為に己を困め、生涯此の世に迷ふ事、貴賤上下皆同じ、
> （『春波楼筆記』、前田二〇〇九、二二〇頁より。傍点引用者）

司馬江漢と渡辺崋山が洋学者であり画家であったことは、個人をめぐる議論において視点というものが果たす役割の重要性を物語っている。西洋の技法を学んだ両者の視点は、個人の視点を説いたデカルトのそれとは重なるところがある。個人の視点は、見る者が動けば、それに合わせて（画中の影が動くように）動くのである。[5] 渡辺崋山は、絵画においても政治においても独自の視点を持ち、幕府の鎖国政策に逆らった。その結果、崋山は蟄居を命じられたのである。

市民社会

最後に、市民社会と私塾との関係を見直しながら、徳川時代の後半に市民社会が存在した証拠はあるのか、という点について論じ、本章の結論としよう。市民社会とは人々が自発的に関係を築く場である、という理解に立つのであれば、市場であれ、祈りの場であれ、どのような社会においても、そのような紐帯が存在した証拠が見つかるはずである。徳川時代の後半においては、宗門改で推奨された主流の仏教以外にも多くの宗教や信仰の活動が見られ、このような紐帯が生まれる場を提供していた。本章で触れたもので言えば、例えば十八世紀半ばに手島堵庵によって発展させられた石門心学や、同じ時期にエキゾチックな魅力で隆盛した黄檗禅が挙げられよう。そのほかにも、神道にルーツを持ついくつかの宗教活動が広まった。一八三八年には、一神教の形をとる神道とでも言うべき天理教が組織され始め、一八四六年には、天照と神秘的な和合を遂げたという創設者によって黒住教が立ち上げられた。また、超自然的な治癒の経験から創設されたという金光教も加わっている。これらは、いずれも人々の自発的な関係構築によってある程度の成長を遂げた宗教組織であるが、まさにその成長が急速であるという点によって、かえって市民社会の特徴を考えるには不向きな事例となっている。比較のために挙げるとすれば、同時代の東アジアでは、朝鮮の天道教や中国の太平天国などの発展が見られたが、それらには体制への反抗という要素があった。徳川時代の日本では市場の要素が強いために、市民社会の動きが特定しづらい。都市にはあちらこちらに市が立ったが、その背景にはこの時代の安定した経済成長がある。

それでは、市場や新興宗教を除外した場合、近世にはどのような市民社会の痕跡があるだろうか。おそらく、私塾が最良の場所ということになるだろう（Nosco 2002）。儒教のイデオロギーでは、家庭においても、家庭と社会との関係においても、私的な領域は認められない。また、身を守るための秘密とは違い、プライバシーは同意によって得られる特権であり、一般的な権利として主張される性質のものではない。したがって、私塾という限られた空間のなかにこそ、少なくとも狭義の市民社会を生んだ土壌が見出せるはずなのである。徳川時代の私塾の市民社会的性質は、現代の私立学校とも通ずるところがあり、ひいては現代日本の市民社会とも関連があると思われる。この点については、「あとがき」で考察することとしよう。

■註

（1）岩波文庫、一九七八、一一頁。

（2）かつてのエリートたち（京の貴族、仏僧、武士）が庶民に知識を伝達してゆく上で「担った役割は本質的なものではなかった」とマチアス・ハエックと堀内アニックは述べる（Hayek and Horiuchi 2014, p. 2）。しかしそれは、「本質的」とは何か、という捉え方にもよるだろう。私は、彼らの役割は基礎として重要だったが、十七世紀の後半にさしかかって徐々にその重要性を失っていったのだと考える。

（3）荻生徂徠は聖人となることを具体的な目標とすることには消極的であったが、同時に徂徠の古代社会に対する歴史家としての眼差しや、その力強い文学的な言葉は、一七二八年の徂徠の死から十八世紀の半ばにかけて大きな影響力を持ち、様々な私塾や藩校で徂徠の学が継承された。
（4）ちなみにマルソー（Marceau 2004）はこの語を、「超然とした理想主義」と説明する。
（5）司馬江漢が三囲稲荷社を描いた絵画は、一点透視法を用いた初の絵画と言われることが多い。

第六章

福利と幸福の追求

現代の、あるいはポストモダンの社会に暮らす私たちは、誰もがクオリティー・オブ・ライフ（QOL）に関心を持っている。QOLは、収入と結びついていることの多い「生活水準」よりも遥かに広く、複雑な意味合いを持つ概念である。QOLに含まれる変数は、心身の健康、安全と安心、良質な教育へのアクセス、有意義な余暇とそれを楽しむ経済的余裕、帰属意識や目的意識、仕事への満足、そしてその仕事がもたらす収入や財産などである。これらの変数のどれが上位に来るのかには様々な解釈があるが、基本的にQOLには実利的な側面が強く、また哲学的、経済的、政治的、医学的、心理学的な側面も持ち合わせている。

QOLに関する最良の研究は、文字通り『クオリティー・オブ・ライフ』という題名を持つ、マーサ・C・ヌスバウムとアマルティア・センによる一九九三年（邦訳二〇〇六年）のものである。二人は導入部で、人生を歩んでゆく上で重要な意味を持つものを列挙している。すなわち寿命、保険など医療サービスへのアクセス、教育の質や受けやすさ、仕事のやりがいや働きやすさ、および職業上の経験からもたらされる尊厳、政治的・法的な特権、社会的・政治的なものを中心とする自由、そして安定した家庭や親密な人間関係などである。著者自身の言葉を引こう。

そして何よりも、その社会で人々は想像し、驚嘆し、愛や感謝のような感情を実感できるのかどうかを知らなければならない。なぜならそのことは、人間の生活が営利関係の集合以上のものであること、そして人間はコークタウンの蒸気機関車とは異なり「測ることのできない神秘」であって、「図表で説明しきれるようなもの」ではない、と言えるための前提条件だからである。

（二〇〇六、一二頁）

現代の日本において、これらのものはどういう状態にあるだろうか。それを考えようにも、まずは評価の基準が悩ましいところである。アンケート調査を行うとして、どのような設問が適当だろうか。一つの指標ともう一つの指標との比重はどうか。多くの人の意見を反映できるような調査対象を設定できるだろうか。このように、現代においてもその把握は難しいのだから、[1]二百年以上も前の日本の場合について考えるのは、ほとんど無謀であるようにも思われる。しかし、これは非常に興味深い問題なので、やはり探求すべきであろう。ただし、現代の文脈でいうクオリティー・オブ・ライフを探るのではなく、あくまで近世において、幸福と福利がどのように発現していたか、について考察を加えることにする。

幸福と福利

まずは、一八七二年に書かれた福澤諭吉の言葉を再訪しよう。

万物の霊たる身と心との働きをもって天地の間にあるよろずの物を資り、もって衣食住の用を達し、自由自在、互いに人の妨げをなさずして各々安楽にこの世を渡らしめ給うの趣意なり。

（『学問のすゝめ』一九七八、一一頁）

このような感覚は、日本の中世のそれとは雲泥の差であろう。だが同時に、福利や幸福というものに対する近世と現代の感覚の違いは非常に微妙である。鴨長明（一一五五—一二一六）は一二一二年に『方丈記』のなかで、不必要な物を持たずに暮らすことの快楽を説いている。その百年後、一三三一年頃には吉田兼好（一二八三—一三五〇）が、何事も摂生することの重要性を強調した。長明の場合、物を持たないというのは、世の中の浮き沈みのために財産を手放さねばならなくなった時の苦しみを和らげる一つの手段であった。一方、兼好の場合には、物質的、感情的な抑制は、育ちの良さを示す振る舞いの最たるものだったのである。とはいえ、近世以前には福利や幸福の条件に関する言説は少なく、それが近世になって急激に増えることには驚きを禁じ得ない。

幸福と福利の境目は曖昧だが、そこには重要かつ皮肉な差異がある。例えば、人は潜在的に、あるいは実際に危険な状況にあったとしても、幸福であることができるし、また人は相手の幸福に一切貢献せずに、福利だけを向上させることができる（Brandt 1967）。幸福とは本質的に、人生における諸条件やパターンに対する肯定的な感情である。それは、現在への感覚だけではなく、未来に起こる出来事への期待であるとか、過去の出来事に関する記憶などを含む。ある人が別の人より幸福である、という事態が起こる以上、幸福は絶対的なものではないが、このような場合を説明するには心理学的、哲学的な議論が必要となる。欧米の哲学者は基本的に、過剰なところのない実直な生活に、人生というものに対する共感的な理解が加わることで、幸福が促されると考えているようだ（Kenny 1965-66; Brandt 1967）。一方、近世の日本においては、幸福は当初は物質的な側面を強く持っていたが、徐々に福利よりも偶発的かつ主観的で、その時々の状況に左右されやすいものとなったようだ。あとで見るように、このような一般化には例外もあるが、基本的に福利は時代や大陸を問わず、かなり相似した概念として理解されているように思われる。

欧州と北米の思想では、福利の概念には物質的な条件だけではなく、自己の置かれている環境への肯定感や、意義ある人間関係などが含まれている（Griffin 1987）。これは儒教の原則とも共通しており、近世の日本の言説とも一致するから、私もこの見方に同意することにしよう。一方、仏教の経典や中世の日本文化には福利に関する整備された言説は存在しなかった。つまりこれは、徳川の社会において発展する近世ならではの言説である、という点でも興味深いのである。エンゲルベルト・ケンペルは十七世紀の後半、神道について「今生において福利を享受することを目指す」ものだと述べているが（Bodart-Bailey 1999, p. 103）、徳川時代にさらに発展してゆく福利の概念は、むしろ儒教的な世界観への歩み寄りによってもたらされ、私たちの考える自己や個性に近いものの発展を経た近世の人々は、自己の利益とその追求を戦略的に行う「新徳川人」とでも言うべき存在になるのである。

儒教は常に福利に関心を示していた。そして、多くの伝統的な思想と同様に、かつて人々の欲求がすべて満たされた、理想的な「昔」が存在したと説いた。往時の、つまり「黄金時代」の描写として典型的なのは、例えば『礼記』の「礼運第九」である。

> 孔子曰く、大道の行はれしと、三代の英とは、丘、未だ之れに逮ばざるなり、而して志あり。大道の行はれしや、天下を公となし、賢と能とを選び、信を講じ睦を脩む。故に人、独り其親を親とせず、独り其子を子とせず、老、終る所あり、壮、用ふる所あり、幼、長ずる所あり、矜寡孤独廃疾者、皆養ふ所あらしむ。男は分あり、女は帰あり、貨は其の地に棄てらるゝを悪む。必ずしも己に蔵せず。力は其の身に出でざるを悪む。必ずしも己の為めにせず。是の故に謀は閉ぢて興らず。盗窃乱賊は而ち作らず、故に外戸にして閉ぢず、是れを大同と謂ふ。
>
> （塚本一九二七、二三二頁）

ここには儒教が措定した古代の楽園の、大まかな輪郭が描かれている。政府は有能で信の置けるものであり、為政者にふさわしい道徳と技術を持つ人々によって運営されている。私的・個人的な満足よりも、集団的な善が優先される。人々の振る舞いは誠実である。家庭は、外部の脅威から身を守ってくれるものであり、鍵をかけなくても安心できるほど、その守りは強固である。自分ではどうしようもない事情で困っている者、例えば孤児や、配偶者に先立たれた者、障害を持つ者、面倒を見てくれる子供を持たない老人などは、政府によって援助を受ける。若者たちは恵まれた環境のなかで、立派な、正しい大人になる。健康な者は職を与えられ、労働で満足を得る。

ここで、特に注目すべき点が二つある。第一に、よい政府であるとか、個人の安心であるとか、満足のゆく仕事であるとか、よい人間関係というように、今日のクオリティー・オブ・ライフの概念と非常に近い点が挙げられているにもかかわらず、そこには幸福という言葉が使われていないのである。これはほとんど奇異な感じがする。そして第二に、時間的には離れているが空間的には距離のない古代の楽園を描写することで、過去を蘇らせようという動機が読者に与えられている、という点である。このような目的意識は、懐古趣味的かもしれないし、あまりに理想主義的かもしれないが、それでいて現実的なのである。現に孔子は、存在がはっきりしている過去の人物のなかで最良の模範は、彼自身の五百年も前を生きた周公であると述べているのだ（『論語』第七の五、第八の二十）。

孔子にとって、また儒者にとって、よい政府の存在は非常に重要であった。優れた政治によって民の信頼を得ることは、彼らに言わせれば食糧の確保や国防よりも大切なのである。孔子の言葉を借りれば、「古より皆死有り、民、信無くんば立たず」ということになる（『論語』第十二の七）。その孔子を敬愛し、また孔子の最も優れた注釈者ともされる孟子は、この点をさらに深め、もし王が民のためにならぬ政治をする者であるならば、民にはいわば「革命の権利」が与えられるのだとした。なぜなら、民のためにならぬ王は王ではなく、盗賊と選ぶところがないので、これを罰するのは当然なのである（『孟子』梁恵王下、八）。なお孟子のこの論は、日本で広く出回った版では削除されており、私塾のなかといった限られた空間で読まれていたに過ぎない。しかし、『孟子』では劈頭からよい政治への関心が示されている。自分や自分の国にとって何が利益になるだろうか、と問う愚かな王に、もっと臣民のため、善のためになることを考えよ、と孟子は忠告するのだ（『孟子』梁恵王上、一）。

孟子はエリート主義者であり、世の中には精神的な仕事をする「大人」と、肉体労働をする「小人」があるとした（『孟子』滕文公上、四）。だが、そのような不平等こそあれ、儒教的な世界観では、貧困は原則として不自然なものと見なされたのである。貧困とは病んだ社会が呈する症状であり、劣悪な政府の招く禍いであり、恐るべき不規則な事態なのだ。一方、儒教では、よい政府がもたらす福利に具体的な標準を与えている。孟子は、七十歳になる男性が身を包む絹と腹を満たす肉とを手に入れることが出来、民が飢えや寒さに苦しむことがないのであれば、それは君主が正しい政治を行っているからだとする（『孟子』梁恵王上、七）。

儒教は、儒教以前から中国に存在した、各人には命（天命）があるという考え方を補強した。つまり、天命に従うということは、自己決定というよりも自己実現なのである。自由とは、生まれつき運命づけられている行動をとることである。このような考え方は、よい政府というものを重視する儒教の発想とも合致している。人間の最大の名誉は、政治参加を通じて、他者に奉仕することであるからだ。十一世紀の儒者、范仲淹（九八二―一〇五二）が述べたように、特権を持つ者は「天下の憂いに先んじて憂え、天下の楽しみにおくれて楽しむ」ことを心掛けねばならないのである。

幸福を翻訳する

伝統的な儒教は、個人的および集団的な福利の条件をつぶさに論じているが、それと同時に、「楽」すなわち快楽としての幸福については厳しい見方も示している。『論語』（第十六の五）において孔子は、楽しみにはよいものが三種類と悪いものが三種類ある、と述べたとされている。よい楽しみとは、秩序ある礼楽によって、他者を賛美する歌を歌ったり、賢い友人を持ったりすることでもたらされる。一方、悪い楽しみとは、自慢をしたり、無為に過ごしたり、酒食に耽ったりすることでもたらされるものである。ところで一般的に、近世日本の町人文化でもてはやされた「楽」の概念は、まさしく儒教が警戒を促したこの種の快楽を意味する。哲学的な議論においては、儒教のいう「よい楽しみ」と「悪い楽しみ」の区別が日本にも受容されているが、そこでは儒教ではあまり問題とされないような、感情の領域や個人の経験によってもたらされる楽しみも取り上げられているのである。

日本の儒学における「楽」の言説は、十八世紀前半、貝原益軒（一六三〇―一七一四）と荻生徂徠（一六六六―一七二八）の著作に見出すことができる。儒者であり自然主義者であった益軒は、英訳すればいずれも「幸福（happiness）」となる三つの概念を取り上げている。第一に「楽」と言った場合、それは天から個人に与えられるものであり、その意味では人間の性格や本質と結びついている。「喜び楽しみをなさん事」という享楽的な生活も、この観点では儒教の聖人の道に連なっており、天から与えられた健康によって、長寿を全うするという発想がある。また益軒はそこに、平穏な時代に逆らわずに生きる、という要素も加えて論じている。第二に、「五福」と言った場合、それは『尚書』にある寿（長寿）、富貴、康寧（健康）、好徳、善終（よい最期）を指す。益軒は、なかでも寿を最大の祝福と考える（貝原一九一一、四七六―四七七頁）。そして第三に「幸」と言った場合、益軒はそれを、他者に善をなした褒美として、天から与えられた幸福と捉える（Tucker, M. 1989, p. 192）。

幸福を「福」として見れば、その起源は十七世紀後半の中国にも求められるだろう。黄六鴻（一六三三年生）が地方行政官のための指南書として著した『福恵全書』にもそれは表れている。黄は一六九四年に書いた同書の序文のなかで、政府と行政をめぐる言説を扱う書物に「福」という表題を与えたことについて、「行政官は民に福をもたらそうという意図を持っている。（中略）行政官は自らの所管する人々に福を与えることを心掛けなければならない」と述べている（Huang 1984, p. 53）。黄のものをはじめとする書物は、長崎を通じて日本に流入し、中国趣味の知識人に享受されたが、徳川時代の日本の主流な政治風土にまで影響を与えることはなかった。

近世日本の思想家で、荻生徂徠ほど幸福と福利について思索した者はいないだろう。個人の利益と原則と、社会や国家の利益と原則との間でどのように平衡を保つべきか、という問題を追究していた徂徠にとって、これらは重要な主題であった。ちなみにそれは、徂徠よりも少し前の世代に属している近松門左衛門（一六五三―一七二五）の戯曲においても、義理と人情という形で頻出する。登場人物は人情によって、義理を通すことの難しい状態に追い込まれるのである。このような価値観の衝突については次章でさらに詳しく論じるが、徂徠の場合、論理はより政治的かつ厳密である。徂徠が問題視していたのは、個人の名誉を優先することで社会の秩序が乱され、政体に損害が与えられるような事態であった。徂徠は幕府のために、四十七士の復讐劇を分析した際にもこの観点を挙げている。筋の通った復讐は武士の名誉を守るための行為である、という見方はまっとうだが、体制側から見ればそれは危険な騒擾である。この点では益軒も徂徠と同意見であった（Tucker, J. 1999）。

徂徠はまた、福利と幸福を実現するための条件について、徳川時代の儒者の誰よりも厳密に書き残している。それが如実に表れているのは、一七二一年頃までに書かれたとされる『太平策』のなかで、「安穏」という概念が導入される時であろう。

安穏ナラシムルト云ハ、飢寒盗賊ノ患モナク、隣里ノ間モ頼モシク、其国ソノ世界ニハ住ヨク覚ヘテ、其家業ヲ楽ミテ、民ノ一生ヲクラスヤウニナスコトナリ。

（一九七三、四六六頁）

徂徠の安穏の定義のなかには、まさに福利の本質的な条件が含まれている。それは自らの立場の安定、良好な人間関係、職業への満足、そしてもちろん、食糧や必需品に事欠かないということである。これらの条件は私たちにも親しみやすいものだが、徂徠はさらに幸福であることの条件についても論じている。ただし、それぞれの条件については、明確な定義がなされていない。

注意深い読者はすでにお気づきだろうか。貝原益軒も荻生徂徠も、幸福を「楽」という文字で表しているが、益軒はさらに「幸せ」や「幸運」を想起させる「幸」の文字も利用している。幸福は流動的なものであり、冒頭から述べているように、この上なく主観的である。次章で取り上げることになるいくつかの価値観と同様、幸福は本書が扱う範囲のなかで最も捉えどころがない。そこで、これ以上問題が複雑になる前に、ここでいったん整理をしておこう。

まず、幸福というものが美などと同様、それを目前にしている者のなかに存在することは自明の理である。したがって幸福に対する理解は、それをどこに求めるかによって違ってくるので、本書としては幸福を特定するための手法を決定しておかなくてはならない。まず明らかにすべきは、「楽」や「幸」のほかに、近世の日本で幸福を指す語には何があったのか、という点である。現代の英日辞典でhappinessを引けば、「幸福」や「満足」、「愉快」といった言葉が挙がるだろう。しかし二百年、三百年前の書き言葉となると、事態はそこまで単純ではない。

徳川時代の識字率の高さによって、私たちには多くの有益な史料が残されているが、一方で、書き言葉についてしか見ることができないということは制限にもなってしまう。書き言葉を通して理解できるのは、基本的に成人男性から見た幸福の条件であるからだ。また、それぞれの派に属していた思想家がこれらの問題にどのように取り組んだかを考えるのは確かに興味深いが、一方で、当時の文芸作品において幸福がどのように描かれているのかを検討したほうが近道なのではないか、という気もする。事実、津田左右吉(一八七三—一九六一)は百年ほど前、価値観をめぐる研究で同様の手法を採っているのである(一九七〇)。しかし、日本語を通して日本語の用例を探る津田の研究と比べて、言語や翻訳の問題と向き合わねばならない本書では勝手も違ってくる。

そこで本書としては、その手法が不完全なものであることは認めつつ、単行本の形で(うち一つは博士論文である)英訳された近世の六人の作者による散文作品をつぶさに分析し、「幸福」や「幸い」(happy, happiness)の語がどのように使用されているかを検討してみることにしたい。作者と翻訳者は以下の通りである。井原西鶴(一六四二—九三)、Ben Befu、Ivan Morris、G.W. Sargent、Peter Nosco訳。江島其磧(一六六七—一七三六)、Howard Hibbett訳。上田秋成(一七三四—一八〇九)、Kengi Hamada訳。山東京伝(一七六一—一八三一)、Jo Nobuko Martin訳。十返舎一九(一七六五—一八三一)、Thomas Satchell訳。式亭三馬(一七七六—一八二二)、Robert W. Leutner訳。

広く読まれたこれらの作品には、色々な形の幸福が出現し、そこにはいくつか興味深いパターンも見られる。元禄文化の体現者とも言うべき井原西鶴の訳者たちは、「嬉し」とそこから派生した語、つまりよい出来事を経験した際の感情にhappinessの概念を結びつけている。一方、上田秋成の翻訳者が英語のhappinessを用いるのは、人間関係から得られる満足やそれに恵まれたことの幸運を示す「喜び」の語が原文に表れた時である。そして、山東京伝の翻訳者は京伝の理想郷であった遊郭にふさわしい、愉快な気持ちを表す「楽しみ」の語を、英語のhappinessに置き換えている。

幸福が主観的なものであることを一層明らかにするのが、翻訳者が原文にそれに類する言葉がないにもかかわらず、happinessという訳語を置いている場合である。ハマダによる上田秋成『雨月物語』の翻訳では、そのような箇所が二つある。まずは、息子が新たな友情を得たことに「幸福」を感じた母親の寿命が延びるという場面（Hamada 1971, p. 101）。そして次に、極楽に生まれ変わることを想像して究極の「幸福」に浸る、という場面である（ibid., p. 133）。また、サージェントによる西鶴『日本永代蔵』の翻訳にも同様のケースがあるが、それは語り手が読者に向けて、「幸福」な日々もあればそうでない日々もある、と説く場面である（Sargent 1959, p. 132）。そして第四の例は、マーティンによる山東京伝の翻訳であるが、そこには「めったにはない幸福な日々を生きるために」人は生き続けるのだ、とある（Martin 1979, pp. 186-187）。また逆の例として、原文にはない「不幸（unhappy）」が訳文に表れているケースもある。それは、ルートナーによる式亭三馬の翻訳にある、「不幸だと嘆いていてもどうにもならない」という一文である（Leutner 1985, p. 178）。

幸福は儚いものとして描写されることが普通だが、西鶴は『西鶴織留』のなかで、新しい家庭に腰を落ち着けた男が何度も「こころよい」春を迎えたことを記している（Nosco 1980, p. 30）。また『世間胸算用』では、人間ばかりではなく、天照大神のような存在も何かを「嬉しく」感じる様子が描かれている（Befu 1976, p. 78）。一方、十返舎一九は、束縛を受けない自由、すなわち「不羈《ふき》」「自在」「冥加」を幸運の模範としている。これについては次章で再び取り上げることにしよう。

庶民の暮らしにおいて他者との交流が活発になり、その結果として、大勢が暮らす家庭のなかでは少しずつ物質的な余剰が生まれる。そのような背景を反映して、文芸においても幸福はしばしば財産の獲得に結びついている。好例は、突然に富が手に入るような状況であろう。西鶴の作品から三つ例を挙げてみる。『西鶴織留』のある物語では、命を助けた猿から骨董品の目貫をもらった油売りが、「嬉しや」と叫び声を上げている（Nosco 1980, p. 82）。これとよく似た状況としては、『世間胸算用』のなかに、普段は締まり屋の姉妹から銀を贈られた登場人物が、「嬉しく」と感情を露わにする場面が挙げられよう（Befu 1976, p. 47）。また同じ作品のなかには、夢のなかで黄金を手に入れた登場人物が、やはり「嬉しく」つい声を上げる場面もある（ibid., p. 78）。いずれの場合においても、幸福が物質的なものであり、またいずれも「嬉しい」という語で表現されていることには注目してよいだろう。百年ほど時代を遡れば、シェイクスピアも一五九一年の『ヴェローナの二紳士』で、プローテュースからヴァレンタインに向けて、次のような台詞を吐かせている。「君が幸運な目にあったら、僕もお相伴に与らせてくれたまえよ」。

西鶴の作品には、経済的な不安から自由になることへの強い関心が描かれることが多い。『日本永代蔵』に登場するある女性について西鶴は、「新年に請求書を持って訪ねてくる人々に二度と煩わされなければ、彼女は幸福（嬉しや）と感じるだろう」と書いている（Sargent 1959, p. 43）。そのような思いの背景には、単純で自給自足的な生活様式と共に、莫大な財産を築くということへの期待もある。例えば西鶴は、『西鶴織留』で「楽すけ」、すなわち幸福な男の物語を書いているが、この塩売りは一生懸命に働き、単純な娯楽に満足し、借金をせずに過ごしたことで、幸福の権化のような存在になったのである（Nosco 1980, p. 103 以降）。また、西鶴は『世間胸算用』のなかで、古人が「楽しみは貧賤にあり」と言ったのはまさにその通りである、とも述べている（Befu 1976, p. 38）。なぜなら、借金がなければ心配事もなく、誰に頭を下げる必要もなく、堂々としていられるからだ。この一文は、第二章で取り上げた文人、谷丹内の置かれていた哀れを誘う状況を想起させる。彼は借金のために、町人である教え子に頭が上がらなくなってしまったのだ。また西鶴は、自身の置かれた状況に不満を抱くことが、かえって幸福に貢献する場合もあるとする。例えば『日本永代蔵』に登場するある男は、人生がいかに不公平かということについて散々不平を漏らすことで「一日を楽しみ」暮らすことができるのである（Sargent 1959, p. 43）。このように元禄時代以降には、経済的な不安と向き合いながら生きることが都市生活の一つの「新基準」となったわけだが、これはウォルター・ローリー卿（一五五四―一六一八）が一六一四年に書いた文章と興味深く響き合う。ローリー卿はそこで、「彼女は二つの大戦争をいっぺんに経験しても圧倒されることはなかったのである。これもまた彼女の幸福の一部を成していた」と書いている（The History of the World II:E:1）。このような感覚も、やはり儒教的な簡素な幸福の定義とは異なり、庶民が実際に感じていた幸福のあり方を示唆するものであろう。

幸福をめぐる西鶴の視点は、都市部の町人にも納得のゆくものであっただろうし、性生活や人間関係、財産の獲得、その蕩尽というようなものが幸福をもたらすという考え方は、実際の遊興のあり方にも影響を与えただろう。むろん、そのような歓楽の中心的な舞台となったのは遊郭であった。例えば西鶴は、『西鶴織留』のある物語のなかで、京都の東山の娼館を訪れる二人のお大尽が、その姿だけで店主に「喜び」を与えると書いているし、また別の物語でも、遊郭の芸人が常連客の姿を見かけて「嬉しがるほど」に、叫び声を上げる場面を描いている（Nosco 1980, p. 36）。

西鶴の散文では、財産の獲得と蕩尽と同様に、性的な親密さも「嬉し」さをもたらす。例えば『好色五人女』に登場するある遊女は、贔屓の客と枕を共にすることが「嬉しく」てたまらず (Ihara 1963, p. 136)、また同じ『好色五人女』で茂右衛門と駆け落ちをするおさんは、次の村までたどり着けば恋人とより親密になれるというので、「嬉しや」と叫ぶのである (ibid., p. 91)。

しかし西鶴は、決して婚外交渉こそが幸福への道であると考えていたわけではない。婚姻と家庭というものがいかに夫婦を幸福にするか、という点についても西鶴は書いている。例えば、『世間胸算用』のある物語では、主人公の夫婦が、貧しくとも互いへの気持ちが変わらなければ、将来にわたって新年を「めでたく」迎えることができるだろう、と述べている (Befu 1976, p. 79)。また同じ作品で夫は、新年の祝いに一杯の茶しか用意できないとしても、妻と共に過ごせることがそれだけで「楽しみ」であるとも宣言している (ibid., p. 80)。また『日本永代蔵』では、次代を担う跡取りがいなければ家庭の幸福は不完全である、という考えが披露されているが、この箇所の原文には「幸福」にあたる語はなく、翻訳者による解釈となっている (Sargent 1959, p. 145)。

最後の例を除いて、これまでに取り上げた箇所を振り返ってみると、その多くが非常に物質的な意味での幸福に注目していることがわかる。またそれらは、現代の私たちから見ても身近に感じられるものばかりである。ここで西鶴の死から百年ほどが経った時代に目を移すと、物質的な幸福という感覚はまだ残っているが、幸福の観念はより拡散し、愛情や友情などの温かな人間関係と並列されているようだ。山東京伝が一七八八年に遊郭について書いている文章には、これまでの例に近いものが見出せるが、そこで京伝は、遊郭では一財産を使い果たす覚悟がなければ「佳境」には入れない、という言い方をしており、ややニュアンスが異なっている。京伝はまた、通人は遊女と「楽しみ」や悲しみを共有するものでもある、とも指摘する（Martin 1979, p. 106)。

十返舎一九の『東海道中膝栗毛』に登場する、うだつの上がらない主人公たちも、西鶴の作品の登場人物たちと同様に「棚から牡丹餅」を経験するが、一九は比喩として、金の詰まった壺を掘り当てたような「心地して喜」び、というような書き方もしている（Satchell 1960, p. 369)。また、同じ作品のなかで一九は、金百枚にありつけるかもしれないと考えた弥次に、「コリヤごうてきにおもしろくなった」と言わせている（ibid., p. 350)。

このような、比較的に言って内面的かつ主観的な感覚は、本居宣長（一七三〇―一八〇一）とほぼ同時代を生きた上田秋成（一七三四―一八〇九）の文章にも見られる。秋成は「幸運」や「至福」という伝統的な意味においても「幸い」という語を用いるが、精一杯に生きた人生の最後に訪れる達成感、というような意味合いでも「幸い」を使用している。例えば、『雨月物語』のある箇所で秋成は、幸福は日頃の行いや儀式、供物などに対する神からの見返りであると述べているし、また当人ではなく、両親や祖父母の善い行いに対する褒美として幸福がもたらされることもある、とも述べている（Hamada 1971, pp. 83-85, p. 144)。

また、『雨月物語』所収の短篇「菊花の約」では、同性間の友情が幸福の源として描かれている。秋成は二人の友人が何につけても同意見であることが「喜び」をもたらし、物語の後半、二人が再会する場面では、あまりの興奮に「踊りあがる心地して」喜ぶ登場人物が描かれている（Hamada 1971, p. 101, 107)。秋成にとって友情がもたらす幸福は重要であったらしく、同じ『雨月物語』に収められている別の短篇では、新たな友人ができたことがそれだけで「喜び」とされている（ibid., p. 87）。どちらの場合でも、「喜び」が祝祭の雰囲気を帯びていることは注目してよいだろう。上田秋成の筆は、幸福というものを物質的な条件から切り離し、例えば辛抱することを「嬉しく」感じるという登場人物の心理にも説得力を与えている（ibid., p. 12）。もちろん、秋成より百年前の西鶴の場合でも、現状への満足が幸福と結びつくことはあった。しかし、逆境に耐えるという状況がそれだけで幸福をもたらす、という感覚は西鶴にはなかったであろう。また、西鶴は秩序ある、きちんと整った家庭にのみ幸福を見出したが、秋成は婚姻による感情の充足を重視した。事実、『雨月物語』のなかには、結婚の展望だけで幸福がもたらされる、という場面も二つほど指摘することができるのである。一つ目は、物語の主人公が「嬉しきこと」として謎めいた女性と婚約したことを告げる場面であり、二つ目は、ある登場人物が、仲介者によって結婚が実現しそうだという知らせを「喜び」をもって報告する場面である（Hamada 1971, p. 27, 83）。

近世におけるＱＯＬへの関心？

ここからは大衆的な文芸ではなく、国学者や同時代の折衷的な思想家による、言ってみればより高尚な文章から、幸福の表象を取り上げてみることにしよう。賀茂真淵や本居宣長のようなイデオロギーを持つ国学者にとって、幸福そのものが中心的な関心となることはなかったが、彼らも福利を構成する条件については書き残している。必要不可欠なものについては、人間はそれを手に入れる権利があり、それどころか、それはおそらく手に入るであろうと期待してもよい、と示唆する儒教の発想に比べると、宣長の意見は控えめだが、日本史上に残る過酷な飢饉を生き延びた晩年の宣長は、弱い立場にある者も「くひ物き物居どころなにくれ」、つまり衣食住に不自由することがあってはならないと述べている。そして、それは君主や先祖、両親によって授けられるものであるが、究極的には「神の御めぐみ」なのである。ただし、「下なる者はたゞ、よくもあれあしくもあれ、上の御おもむけにしたがひをる物」であり、そうでない行いは「わたくし事にして、中々に道のこゝろにあらず」と見なされる。このような前提がある以上、宣長の思想の本質に幸福の概念は結びつかないのである（『玉勝間』、『本居宣長全集』一巻、四四七頁）。

賀茂真淵は、彼の生きた時代についてさらに悲観的であった。何が必要かについても、その口ぶりは慎重である。八代将軍徳川吉宗の次男である田安宗武への指導を終えて隠居した真淵は、一七六〇年代を「山川の下れる時」と評した（『歌意考』）。だが真淵は、国家に方向転換を迫ることはしない。そのような主張を行うことはそもそも違法であり、出過ぎた真似である。真淵が説いたのは、一人一人がかつての道徳を取り戻し、雅びやかな状態に至ることで、時代全体を興隆させることであった。これは前章で見た修身に関する議論とも相通ずるものである。

対照的なのは中井履軒（一七三二―一八一七）である。折衷的なユートピア思想を持った改革者であり、悪名高い隠者でもあった履軒は、かなり具体的な理想を持っていたが、『華胥国《かしょのくに》物語』では慎重を期し、あくまで架空の国の夢として幸福を幻想的に描いている。履軒はそのなかで、民の苦しみを救うために極端な改革を行う若い世継ぎの姿を活写する。中央の権力者から距離を置いたこの王子は、独自に税金を抑え、僧侶が教師を務める学び舎で誰もが教育を受けられるようにし、貴族たちには農民として質素な暮らしを送らせ、公平な形で土地の再分配を行い、どの役職も任期を短くすることで、すぐに後任者へ回るような仕組みを作ったのである（Najita 1987, pp. 211-14）。結果として、人々はかつての苦しみから解放され、「楽しき世」で過ごせるようになるだろう、と履軒は述べる。

それぞれの主張の大胆さには程度の差があるものの、人間関係に重きを置く儒者にしても、懐古的な国学者にしても、折衷的なユートピアンにしても、福利を構成する多くの要素は共通している。飢えないこと、雨風を凌げること、安全であること、安心して過ごせることはいずれも典型的な条件と言えるだろう。したがって、これらを総合することで、近世における「よい生活」の像を理解することができるのである。それは、今日のクオリティー・オブ・ライフに相当するものと言ってよいだろう。

儒教では幸福への言及がなされているのに、全般に情緒的なところのある国学ではそれがなされていない、というのは矛盾であるように思われる。しかし、その理由は翻訳の問題でもあり、伝統の問題でもあるだろう。すでに読者には明らかになっているように、日本語の実に様々な言葉が、英語ではいずれもhappinessと訳されている。一方、儒教的な、狭義の幸福は「楽」の文字で表され、日本語ではこれを「ラク」と発音する。ところが、同じ文字が「タノシミ」とも読めるのだ。山東京伝の洒落本に如実に表れているように、それは愉快な様子を指す言葉である。作品の多くが遊郭を舞台とするような戯作者の場合を思い浮かべれば、これは納得がいくだろう。例外的なのは、神道の普及に努めた増穂残光（一六五五―一七四二）のような人物である。増穂は遊郭の権威としての自らの評判を利用して、屋外で行われた説教に多くの聴衆を集めた。しかし、そのような例はさておき、徹底した道徳観を盛り込んで書かれた国学の著作では、儒教的な用語は排除されている。古代日本という理想的世界の復古にとって、それは不要なものと見なされたのである。

儒教と国学の対照は伝統の観点からも検討できる。『論語』において、「楽」はよい面と悪い面を持つものであった。礼楽や好ましい人間関係に起因する「楽」は健全だが、贅沢や怠慢からくる「楽」は破滅を招く。『論語』の冒頭は遠方から友人が訪ねて来ることの「楽」を語っており、それが儒教にとって重要であることは明らかだが、それでも「楽」は智慧や人間性、礼節などと同列に扱われることはない。さらに、中国の伝統では「楽」の効能よりも危険性が強調されるきらいがあり、その印象は決して前向きなものではない。他方、国学において「楽」をめぐる議論があまり見られないことは、一種の黙認として捉えることもできる。「楽」の社会的価値には疑問符がつくものの、その魅力が否定しがたいものであることは明らかだったからである。

いくつかの比較

近世日本の幸福と福利について、ここまでに検討した点を振り返ってみよう。第一に、哲学の領域においても庶民の文芸の領域においても、幸福には二つの特徴がある。一つは、空腹や寒さとは違い、幸福とは肉体よりも感情によって体験される状態であるということ。そしてもう一つは、様々な例からも明らかなように、たとえ傍目には不幸と思われるような状態であっても、当人は幸福である場合がある、ということである。また、文芸と思想の双方に共通する見方として、自給自足的な、単純で満たされた人生を送れば、人は幸福に近づくことができる、というものがある。

日本と欧米の幸福観を比較した場合、肉体的な快楽や物質的な富、運命や宿命といったものについて、どちらにより重きを置いているかには一考の余地がある。また哲学的にも、一般的にも、幸福は現在との関わりのなかからのみ生まれるのではなく、記憶によってでも創造されるものと捉えられている。その記憶は事実とは限らず、作為的な場合もあり、未来についての夢想も、同様に幸福の源となり得る。また、幸福は基本的に、永続するものではなく移ろってゆくものとされているようだ。ジェーン・カーライル（一八〇一—六六）が述べたように、幸福とは「名前を呼ばれると消えてしまう、あの繊細な妖精のようなもの」なのである（Kraut 1989）。なお、幸福についての哲学的な理解と庶民的な理解との間に差異があるとすれば、それは幸福を手に入れる際に個人に課された役割の大きさであろう。哲学においては、幸福のための条件を整えるのは国家の役目だからである。

近世の日本における福利の言説には、欧州や北米の思想に見られるような形而上学的な抽象化が存在しないが、その大要と形式にはかなり西洋のそれに近い部分がある。これは、福利とは普遍的な概念であり、時空を超えて共有されるものなのではないか、という私たちの仮説を支持するものであろう。必ずしも目に見える形で実践されるわけではないものの、その他の国と同じく、日本においても福利には自給自足性と節度とが重要なのである。

近代的な人権の概念とそっくり同じものを近世の日本に見出すことはできないが、合理的な期待とも言うべき感覚が強く存在したことには注目してよい。貝原益軒にとって、それは天から与えられるものの一部であり、荻生徂徠にとっては、幸福は安穏を得るために欠くべからざるものであった。また、公共圏について論じた際にも触れたように、儒者は基本的に、国家がその父権的な責任を果たさない時は、民が反抗することは当然であると考えていたのである。

先にも紹介したように、松本三之介（一九二六—）は、日本には中江兆民（一八四七—一九〇一）の登場以前には、生まれ持った権利という発想はないとしながらも、儒学の伝統のなかには、自由や平等の精神の先駆けを見出すことができる、とした（Matsumoto 1997）。事実、荻生徂徠の幸福の擁護と、その追求を示唆した議論は、アメリカ独立宣言という著名な例よりも数十年も早く世に出ているのである。近世の日本に独特の用語や方法論が存在することは、当時の庶民や思想家が幸福や福利をどのように捉えていたのかを探る上で重要であるが、翻訳を通して考える場合、そこにはテクストの登場人物ではなく翻訳者の感じた幸福というものが反映されていることもあるようだ。このような研究は独我論的にならざるを得ないのかもしれない。ジャン＝ジャック・ルソー（一七一二—七八）が『孤独な散歩者の夢想』を一七七七年に締めくくった際に述べたように、幸福の研究は、最後には自分自身に返ってくるのである（Quennell 1988, p. 29）。

近世の日本と同時代の欧州における幸福と福利の理解には、響き合う部分のあることが明らかになった。特に元禄時代の井原西鶴の作品に見られるように、日本では物質的な部分と官能性が強調されている傾向もあると思われるが、西鶴もまた感情の充足や心配事のない状態を幸福と呼んでいることが、翻訳された作品を通して明らかになった。本章で取り上げた例は極めて少数であり、それをもって全体について語ることはできないが、それでも一七〇〇年前後には物質的であった幸福の概念が、徳川時代の最後の百年間になるとより主観的かつ心理的、感情的なものへと移っていったことが窺われる。物質的な側面が消失することはないが、時代が下れば下るほど、精神的なものとの間で均衡がとれてゆくのである。つまり、人間が個人として捉えられ、個人として感情や健康の状態を高めてゆくべきだという考えが広がっていったとも言え、これも本書の中心的な主張にとって重要な点である。

トマス・ド・クインシーが一八二一年に出版した『阿片常用者の告白』のなかで観察しているように、幸福は向精神的なものでもある。「幸福はいまや一ペニーで買え、ポケットに入れて持ち運ぶことができるのだ」とド・クインシーは述べ、サミュエル・ジョンソン（一七〇九―八四）も同様に、人間が幸福になれるのは「酔っている時だけだ」と言い放つ（Quennell 1988, p. 151, 14）。すでに見たように、日本の遊郭においては、幸福を提供する側もされる側も、しばしば酒を飲んでいる様子が描かれる。また、近世日本の執筆者たちは、いかに幸福が稀で、儚く、親密さを要求するものであるかについて書いているが、これも西洋でイワン・ツルゲーネフ（一八一三―八三）が人生で唯一の「幸福な一閃」について語っている場面を思い起こさせる。青年ツルゲーネフは何度か逢瀬をした粉挽きの娘に香りつきの石鹸を贈るのだが、その瞬間、二人は揃って幸福に包まれる感覚を共有したのである（ibid., p. 18）。サミュエル・ジョンソンもまた、幸福な瞬間は人生に一度しかなかったと語るが、それはモリー・アストンという女性と一夜を過ごした時のことであった。何事につけ正確を期すジョンソンは、慎重に言葉を選んでいる。「それは幸福ではなかった。歓喜であった」と（ibid., p. 16）。

福利への関心は恒久的なものであり、それに対する理解には時空を超えて共通する部分もあると思われるが、本章での検討によって幸福についても同様のことが言えることが明らかになった、とは残念ながら結論できない。様々な形をとる幸福の追求は、本能的なものである以上に近世の日本という環境に左右されており、ストレスや向上心、疎外感などというものの狭間で追い求められていた。情緒的な満足感をもたらす人間関係が幸福の概念と結びつくのも、一面では近世日本における自己や社会をめぐる感覚があればこそである。近世においては、中世でのように自己が否定されたり置き去りにされたりということは少なくなり、むしろ涵養され、甘やかされることさえあった。近世の人々はアイデンティティの個人的な側面と集団的な側面をどちらも楽しみながら、複雑さを増す社会のなかに自らを位置づけていった。このように競争的な環境に置かれた自己が、日常において「快く生活する」ために最低限の条件を求めることは、至極当然であると言えよう。幸福の根幹が消費や快楽や幸運といった物質的な部分にあろうと、人間関係や平穏といった感情的な部分にあろうと、幸福の追求は近世日本の価値観の一端を形成していたのである。次章では、この価値観についてさらに詳しく検討することにしよう。

■註

(1) このような調査の難しさについての卓越した議論は、Sunstein 2014, pp. 20-22 を参照。

第七章
価値観

「あなたの価値観は?」と問われれば、たいていの人は何らかの返答をすることができるだろう。だが実際のところ、自分の価値観について正確に理解している人などいるのだろうか。公言している価値観にふさわしい生活を、本当に送っているのだろうか。なぜ人は、口で言うことと実際の行動とが違うのだろうか。なぜ朝に実践した価値観と違うものを昼には信じ、夜にはまた別のものに傾き、夜中にはさらに新たなものを夢に見る、などということになるのだろうか。もし価値観に、核となるような重要なものと、それほどではない周縁的なものとがあるのだとすれば、核となる価値観は不変なのだろうか。それとも、それさえも変わり続けるのだろうか。もし他者の価値観を学びたいと思った場合、質問するのと、観察するのと、どちらが早道だろうか。そもそも、自分の価値観でさえ特定することが難しいというのに、出会ったこともない、過去の世界を生きた他者の価値観を、うまく説明することなどできるのだろうか。

序論でも述べたように、本書が書かれる一つのきっかけとなったのは、一九六〇年代後半にロバート・ベラーの『日本近代化と宗教倫理』(一九五七)を読んだことである。この書物では極めて急速に進められた日本の工業化を可能にしたものとして、実直さや誠実さ、質素、権力への従順などを称揚する信条が広く共有されていたことを挙げている。しかし私がその後、自分の目で見た日本という国、そして半世紀にわたって研究してきた日本という国は、必ずしもそのような像には合致しなかった。もちろん、ベラーの見方を支持するような光景を目の当たりにしたことも事実だが、反証となり得るような場面も、やはり目撃したのである。さらに次のような疑問もある。もし、ベラーの言うプロテスタント倫理と重なり合うような価値観によって日本の近代化・工業化が達成されたのであれば、本書が注目してきたような「無視された価値観」は、そのような過程にまるで貢献しなかったのだろうか。この疑問は十分に一冊の本の主題となり得るものなので、ここでは踏み込まずにおこう。その代わりに、近世には「無視された価値観」が確かに存在したのだ、という証拠を挙げてゆくことにする。

価値観と価値

今から百年ほど前、社会史家の津田左右吉は日本人の価値観を探る知的冒険に出発した。そこで津田が研究したのは、神話や神話に基づく歴史観、それに文学のテクストであった。『文学に現はれたる我が国民思想の研究』という題目の下、津田は身分やジェンダーごとにカテゴリーを設けて分析を加えた。一九一六年、一九一七年、一九一八年、そして一九二〇年に発行された四巻の副題は、それぞれ「貴族文学の時代」「武士文学の時代」「平民文学の時代 上」「平民文学の時代 中」となっている。津田が平民について最も強い関心を持っていたことは、それが二巻にわたって論じられていることからも明らかである（さらに、未完の第五巻は「平民文学の時代 下」と題されている）。

津田は一つの結論として、近世の価値観とは、もともとは武士の価値観であったものが、庶民の日常にまで伝播していったものであるとした。

> 社會の中心となつてゐる武士の風習がおのづから平民の間にも傳はり、使役者と被使役者、傭主と被傭主、職業上の師匠と其の弟子といふやうな関係が、武士社會の主従と同様に考へられて來たため、此の関係から生ずる彼等の間の道義的観念は殆ど武士と違はないものになった。
>
> （津田一九七〇、一五九頁）

しかし、津田が挙げるような上下関係や、そのような関係において重視される忠義の価値観というものは、いずれも武士階級のそれを前例とせずとも現前し得るものである。文学的資料が価値観の測定に適していることは言うまでもないが、それでも津田の分析が、大正時代を生きる自らの経験を前提に、その百年前の状況を推測するという方法で展開されたことは想像に難くない。
池上英子は、特定の場所や時代の価値観について書くことの難しさを、トビウオが水面から跳ねる瞬間を待ち構えるカメラマンの苦労に例えている。

価値観は偏在するものであり、流れゆくものである。それはどこにでも隠れている。価値観は私たちの内側だけでなく外側にも潜んでおり、私たちを様々な社会的繊維で織り上げるのだ。だが価値観は、たいていあまり目につかないところにしまいこまれている。例えば密接な人間関係からなる集団や、社会的な組織の中に、である。価値観はそこである種の生き方を促し、奨励する。（中略）価値観が実生活において形を取るためには、結局のところ人々による価値観の制定、あるいは撤廃が不可欠である。したがって歴史家が問うべきは、近世の人々がどのように価値観や情緒、感情を実践したかについて、それを説明するような瞬間を捉えることなのである。

（池上二〇一六、四五頁）

価値観は偏在しているにもかかわらず、流動的で、儚いものでもある。池上の述べるような慎重さを忘れないよう注意しつつ、改めて価値観とは何か、そしてそれはどこにあるのか、ということについて検討を始めることにしよう。
価値理論とは、物事を価値あるものにするのは何なのかを問うものであるが、価値の判断基準にはいくつかの側面がある。経済学では、価値の理論は物の値打ちや、なぜ人がそれを欲しがるのか、そしてなぜそれがその値段で売られているのか、などの問題を扱う。この三つの問いは、例えば、人はなぜ家を持つことを欲するのか、ある人の家がいくらなのか、ある家の資産価値はどのくらいか、という問いに置き換えてみれば明らかなように、いずれも異なるものである。第一の質問が根本的に心理学的なものであるの対し、あとの二つは純粋に経済学的である。しかし三つの問いはいずれも、哲学的には、商品という標題の下に組み込まれる性質のものである。

また、価値の判断においては、希少性が重要であると考えられている。例えば、湖水地方の水よりも砂漠地帯の水のほうが高価であるだろうし、人工密度が高くなれば、土地の値段は上がるのが普通である。このような計算はまた、その商品がどの程度まで求めやすいのかという条件によっても影響を受ける。つまり、個人や世帯にどの程度の余剰資金があるか、ということも関係してくるのだ。市場というものはこのように多様な価値への理解を、不完全ながら一般化し、指標を提示する。例えば、何かに依存している者は、渇望を僅かの間癒すために高いコストを支払う必要があるかもしれない。しかしこれは、美学やファッションについても言えることである。ある茶碗やドレスは、別の茶碗やドレスの数百倍、数千倍の値段で取引されることがあるが、機能的には両者はまるで変わらないのである。さらに言えば、食物のような必需品には内在的価値があり、(1)その他の、例えば肉体の鍛錬というようなものには道具的価値があるが、この両者はしばしば重複している。

価値理論のもう一つの次元は倫理的なもので、私たちがいかに善悪を区別しているのかを検討する「道徳的な善」などと呼ばれるものがここに含まれる。これは、哲学史においては「価値論」と呼ばれるものである。道徳的な善を考察する際には、どのような行いが称賛に値するかが問題になるが、その判断の基準はたいてい文脈に左右される。つまり、絶対的な善悪が存在するのではなく、あくまで状況が重視されるのである。例えば、正当防衛以外の理由での殺人は悪である、という点にはほとんどの人が同意するだろうし、歴史を通じて、私たちは国家に実力行使を一任してきたのである。これはマックス・ヴェーバー（一八六四―一九二〇）が『職業としての政治』（一九一九）で述べたように、国家というものを特徴づける行為にも挙げられている。しかし、もし私たちの目の前で、殺意に突き動かされたある人物が明らかに身を守る術を持たないもう一人の人物に襲いかかったとしたら、どうすればよいのだろうか。警官を待っていては手遅れになる。また、善悪をめぐる価値判断というものは絶対的な形ではなく、断片的な形をとることも多い。一口に泥棒と言っても、私腹を肥やす盗人もいれば、餓えた子供のために泣く泣く盗みを働く者もおり、ロビン・フッドのような義賊もいる。人類学的な価値理論では、社会的な条件も反映されるだろう。中世の中国では寡婦の貞淑が尊ばれ（Mann 1987）、近世の日本では女郎を買うよりも高名な遊女と親密な関係を結ぶことに高い価値が置かれた。

本章では、近世日本の様々な共同体のなかで個人が抱いていた価値観と、それらの価値観が時代のなかでどのように変化したのかに着目する。もし、特定の社会に暮らす人々についての価値観を調査しようとする社会学者であれば、アンケートや直接的な観察を経て結論を導き出すところであるが、二百年、あるいは三百年前の人々と彼らの所属した共同体の価値観を探ろうとする場合、そのような方法が採れないことは明らかである。したがって、幸福と福利を取り上げた前章と同様、ここでも社会史的な視点に立ったり、必要に応じて文芸作品などを利用したりしながら、この問題に取り組むことになる。

本章で注目する価値観は、登場順に以下の通りである。安定、特に経済的な安定に関するもの。持続、特に家系の持続性。習慣からの逸脱。正直や実直といったものに反する、隠匿と虚偽。個人的な価値観や相反する価値観がもたらすもの。そして最後に、友情と社交性である。個人やグループに影響を与えるような価値観が促進される時、価値観はしばしばイデオロギー化する。このような近世のイデオロギーの問題についてはいくつか優れた研究があるが、特にヘルマン・オームス（Ooms 1985）を挙げておこう。本章で特に問題になるのは、いわば「無視された価値観」であり、それは上から押しつけられたというよりは下から発生した価値観である。それは日常の生活のなかで示され、観察される価値観であり、換言すれば、実践された価値観ということになる。本章の最後では、すでに何度か言及した類い稀な女性である只野真葛（一七六三―一八二五）を取り上げる。真葛は一八一七年頃に、早くも自分の生きる時代の価値観とその変遷について書き残しているのである。

安定と持続

安定を求める価値観は、おそらく生物学的なもの、本能的なものであり、徳川社会においても、それはあらゆる次元で重要視されていた。一六一五年の武家諸法度や、鎖国政策と総称されることになる外国との交易の禁止や、一八二五年に制定された、沿岸の守りをいっそう強固にするための無二念打払令などは、いずれも幕府によって、一万世代にわたって続く安定した政体を築くために打ち出された政策であった。しかし、本章ではむしろ、経済的な安定というものを問題にしたい。それは徳川時代の一般家庭において、何よりも重要なものであった。農家にとって先行きは常に不透明である。降水量や気候変動、収穫量や市場の状況など、当事者の手には負えない変数によって、収入は大きく揺らぐ。そのような、いわば常に不安定な環境のなかで、いかに安定を実現するか、ということは大きな課題であった。

次節でも取り上げることになるが、家系を持続させることも並大抵ではなかった。一歳になる前に命を落とす子供は、全体の三割にも上っていたのである（Cornell 1996, p. 30）。万全を期すために、息子は二人以上もうけておくべきであった。したがって、平均的な家庭には子供が三・五人いた。徳川幕府が成立した一六〇三年の時点での日本の人口については諸説あるが、少なくともその時点から、初めての信頼できる国勢調査が行われた一七二一年までの間に、人口は五十から百%ほど増加したと考えられている。この年の人口は約二千八百万人であり、その後の一世紀にわたって、ほぼ同数で推移した。何がこれほどの人口爆発をもたらしたのか、そしてなぜ人口はそこで安定したのか、という疑問が当然ながら起こってくるが、前者の疑問のほうが答えやすい。十七世紀には農学が大きく発展し、早稲が導入されたほか、様々な穀物をはじめとする他の農作物との二毛作や三毛作も可能になった。しかも、すでに述べたように、この時代は比較的長く平穏が続いたのである。欧州のように、いわゆる新世界の発見によって余剰の人口が流出するというようなことも起こらず、深刻な飢饉も彼の地に比べて少なかった。島原の乱の発端となったような南西部の飢饉などは、特定の地域に限定的な災難として扱われた。以上のような条件により、多くの家庭では自然と金銭的な余剰が生まれ、都市化が進んだこともあり、元禄時代以降の消費の拡大と町人文化の発展が促された。

一方、急速に増えた人口が、次の一世紀にわたって安定的に推移した理由については諸説ある。家庭を構成する理想的な人数は何人か、という問題についても、その算出基準は様々である。子供が増えれば家系の持続は容易くなるが、際限なく子供が増えれば、家庭単位でも個人単位でも経済状況は逼迫し、将来への見通しは悪くなる。反対に、子供が減れば一人あたりの取り分は増え、満たすべき胃袋も少なくなる。これは、飢饉のような場合には歓迎すべき状態であるし、個人の利益追求に関する本書の主張とも合致する。一般的に、安定していた人口が一時的に減少したのは、深刻な飢饉や疫病など、十八世紀の日本を襲った人知の及ばぬ厄災のためと考えられている。また同時に、世帯の規模を統制するために、嬰児殺しを含む故意の手段が採られていたことも指摘されている。

ローレル・コーネルは、人口を維持したり減少させたりする手段として嬰児殺しが頻繁に行われていたという説を否定し、むしろ季節労働などのために夫婦が離別する場合があったことや、当時の日本では現在よりも子供を母乳で育てる期間が長かったことなどに注目している(Cornell 1996, p. 44)。だが、コーネル自身の挙げている統計やその他の資料を見ると、それでも十八世紀の日本においては二十一世紀のアメリカで行われる人工妊娠中絶と同程度の割合で嬰児殺しが行われていたことがわかる。コーネルは「三世帯のうち一世帯では子供の一人を殺していた」と推測しているのだが(ibid., p. 45)、アメリカでは二〇〇三年に、その時点で生殖可能年齢に達している女性の三十五%が、四十五歳になるまでに人工妊娠中絶を行うだろうと推定されているのである。[2] さらに近年では、二〇一一年にアメリカ疾病予防管理センターが、その年のすべての妊娠のうち十八%が中絶されたと推測している（Wahington Examiner 2014）。

コーネルの結論はともかくとしても、特に十八世紀の江戸において、嬰児殺しがいわば最後の切り札として捉えられていたかどうかについては議論の余地がある。ファビアン・ドリクスラーは、十七世紀末から十八世紀末の百年間においては、「人口が過剰になることへの恐怖と、土地が減り続けてゆくことへの不安のなかで、各世帯の個々の戦略として、嬰児殺しを致し方のないものと見る風潮は以前よりも強まった」と結論づけている（Drixler 2013, p. 20）。ドリクスラーはさらに、全盛期の百年間には「嬰児殺しと中絶の割合は全体の四十%近くにまで上った」と推定し、一七九〇年頃を境にこの傾向に変化が見られるようになったのは、地方で数年にわたって飢饉や疫病が続いて人口減少が起こったため、海外からの脅威が近づきつつあることも感じられるなかで、国防のためにも成人男性の数を増やす必要があったためであろう、と論じている（ibid., p. 18, 21）。

七歳（数え年）以下の子供に対するいくつかの姿勢を見ると、そこには嬰児殺しの苦痛を和らげるための工夫と考えられるものが見つかる。現代の欧米の見方に従えば、子供は人間以前のところから出発し、徐々に人間性を獲得しながら、やがて成熟した人間へと成長してゆく、というように考えるのが一般的であろう。誕生という難関を乗り越えて生まれてきた子供を殺してしまうという習慣は、婉曲的に「神にお返し」、あるいは「子返し」と表現された。なぜなら七歳になるまで、子供は「神の子」と見られ、まだ完全にはこの世の者にならなかったのである。このような発想に従えば、家系の存続のために行う嬰児殺しをある程度まで正当化することが可能になる。それは、家庭の繁栄によって先祖の霊を慰めるためにも必要な儀式となったのである。もちろん、嬰児殺しが行われれば命ある家族の健康も守られることになるから、この行為が時に「間引き」とも表現されていたことは頷ける。構成員を一人犠牲にすることで、残りの構成員の強化が行われるからである。

飢饉のためであれ、より社会的な家族計画のためであれ、子供を殺す手段としては、首を絞めたり、窒息させたり、生き埋めにしたり、圧殺したりという方法があった。しかし、中国では最も一般的な方法であるところの、子供を溺れさせるという方法は決して採られなかったのである。子供を窒息させる様子や圧殺する様子――両者は区別が難しいが――は徳川時代の後期に描かれたと思われる絵馬に登場するが、これは人口減少を憂うる幕府の姿勢に呼応する形で描かれたもので、むしろ嬰児殺しがなくなることを願う絵馬であると思われる。絵馬には、子供を殺す生々しい描写や、母親の呆然とした表情、さらには因果応報の理に則り、天罰を受ける親の姿が描かれ、嬰児殺しを行おうとする気持ちを削ぐような演出に満ちている。図7―1はその一例である(3)。

持続は安定と兄弟のような関係にある概念であり、特に諸大名にとっては決して蔑ろにできないものであった。それというのも、跡取りのないまま大名が世を去れば、その藩は幕府によってお取り潰しともなりかねないからである。もっとも、ここにもパフォーマンスが入り込む余地のあったことは指摘しておくべきだろう。死後に養子をとることで、形式上、跡取りがいたということにできた例も存在するからである(Roberts 2012)。とはいえ、本書にとって重要なのは大名や幕府の考えではなく、庶民の家庭と、その家庭を構成す

【図7-1】間引きがもたらす因果応報に思いをめぐらせる。大本敬久氏蔵。

る個人の考えのほうである。彼らの場合、持続性に結びついた経済的な要素は決して大きなものではないが、当人たちにとっても持続性は、大名の場合と同じくらいに深刻な問題だったのである。

志向性について論じるなかで、私たちは徳川社会における家庭の重要性と、それを支えていた儒教的な概念について取り上げた。中根千枝は「家」というものについて、それが近世の「庶民にとって基本となる社会的な単位」であり、その持続は「構成員にとって重大な関心事であった」と述べる（Nakane 1990, p. 216）。事実、世代を超えた持続がなければ安定も生まれないのであって、両者は車の両輪のようなものである。家庭が一種の法人としての性格を持つ以上、その持続は徳川社会のあらゆるレベルにおいて、安定性と同程度に重要であった。世帯が息子を持つためには、生物学的な手段で息子をもうけるか、娘に婿養子をとるか、あるいは単純に養子をとるか、三種のいずれかの方法がある。徳川の時代には、一人息子であればその子が、兄弟がいれば長男が、家族の財産をすべて相続していた。長男は生まれた時から家を継ぐ運命にある。彼は責任者として生涯その世帯で過ごすことを期待されたが、この慣習が絶対的な重みを持つものであったことは、井原西鶴の作品を見てもわかる。本書ですでに何度も引用しているこの元禄時代の社会の観察者は、『西鶴織留』のなかで、ある富裕な商人が息子に宛てた遺言状を公開している。それによれば、商人の末の息子は、才能はあるが金にはだらしないので、娘しか持たない住職のいる浄土真宗の寺を探し出し、その娘の一人と結婚しなければならないのである。[4] そうすることによって息子の財政は安定し、その寺も潰れることはなくなるのだ（Nosco 1980）。

全世帯の八割を占めた農家の場合、娘たちや弟たちにも居場所が残されることはあったが、そうでない場合には、結婚か移住というのが一般的な選択肢であった。江戸と大坂の寺に残る記録を分析した速水融の推測では、この二大都市の人口のおよそ半数は、そのような経緯で流入したものである（二〇〇一、六五—六六頁）。女性の場合、都市部の裕福な家に女中として住み込むことが多かった。彼女たちは季節ごとに着物や品物を贈られるなど、家族の一員のように遇されていたこともあり、井原西鶴が警告したように、家族の男性と恋愛関係を結び、問題に発展することも少なくなかった。なお、地方の農家に雇い入れられた働き手も、同様の待遇を受けることは多かった。

平田篤胤（一七七六—一八四三）の孫にあたる兄弟のライバル関係を取り上げるなかでアン・ウォルソール（二〇一六）は、自分は無用な存在だという意識を抱きがちな二番目の息子がしばしば道を踏み外し、結果として一家に恥をかかせるという事態に陥った事例ついて論じている。私がこれまでに研究を積み重ねてきた賀茂真淵や本居宣長、それに平田篤胤自身も、いずれも兄を持つ身であった。彼らは家業の外に、自ら名を立てる道を模索することを強いられたのである。「偉大」と言われる国学者のなかで例外的なのは契沖と荷田春満であるが、この二人にしても事情は特殊である。一人息子であった契沖は、幼時に病で命を落としかけているが、その時に両親がした願掛けを守って、真言宗の僧侶として独身を貫いた。一方の春満が古代研究で身を立てようとしたのは、経済的な安定を手に入れることで、一家が社家を務めていた伏見稲荷神社を貧窮から救うという強い動機があったためである。

習慣からの逸脱

もし誰もが変人であるならば、変人は存在しないということになる。したがって、習慣への不一致に価値を置くような考え方は、決して大勢を占めるようにはならないはずなのである。W・パック・ブレッカーが述べるように、奇妙なものがより広く受け入れられるようになったことで、いわば社会的通貨としての「奇妙なるもの」の価値が上がり、結果的にその独自性を失うことになった。長い時間のなかで、奇妙なもの、習慣から逸脱したものは独自の規則性を持つようになり、そのなかで一種の正統が誕生するまでになったのである。これは二百年ほどあとの今日から振り返って見れば、「近世の日本で珍重された奇妙さというものは、周縁的なものや異常なもの、あるいは挫折したものなどではなく、むしろ奇妙であるということに価値を置いた別種のパラダイムが存在していたことを証拠立てるもの」ということになる（Brecker 2013, pp. 20-21）。

確かに江戸という空間が、奇妙なるものの巨大なカーニヴァルの様相を呈した瞬間はある。徳川時代には、奇妙な人や極端な人は好んで「奇人」と呼ばれたが、これは自分を指して使うような言葉ではなかった。もし奇人と自称してしまえば、それは途端に大言壮語となり、もはやその人物には奇人の資格はなくなるのである（ibid. pp. 21-22）。プライバシーと同様に、奇人の称号は与えられるものであり、最初から行使できる、あるいは独占できる権利のようなものではなかった。奇人たちの多くは、確かに奇妙な、神経症的な天才とでも言うべき人々ではあったが、神経症的であること、天才的であること、そして奇妙であることは、極端であること、特別であること、逸脱的であることと同程度の重要性を帯びた条件でしかなかったのである。

習慣に従うことと逸脱することを考える上で重要な年は一七九〇年であろう。この年、老中の松平定信は寛政の改革の一環として、幕府の学問所である昌平坂学問所で異学の禁を発した。そして、これと同時期には伴蒿蹊(一七三三―一八〇六)が『近世畸人伝』を発表しているのである。[5] 同書は奇人の伝記を集めたものとして最初の書物というわけではないが、その後の類書に模範を提供したものである。[6] この二つの出来事を並べることには大きな意味がある。というのも、奇人であるということは、現状で主流となっている価値観への幻滅や失望を示唆するものではあるが、それは決して政治的な意見表明ではない。むしろ皮肉なことに、非政治的であったからこそ、奇妙な振る舞いは「文化の主流のなかで侵しがたい位置」を獲得するに至ったのである(Brecher 2013, p. 5)。そして定信の禁令も、その領域こそ幕府の学問所に限られていたものの、実際の意図としてはより大きな、正統的なイデオロギーのあり方に結びついていたのである。それは、定信にとっては、社会的秩序と切っても切り離せないものであった。

非政治的な性質としての奇妙さは、中世に見られた芸術的、あるいは政治的な隠棲の延長戦上にあると見ることができる。それはまた、同時代のサロン文化によって支えられていたものでもあろう。桃山時代から徳川時代初期にかけて行われた美学的な隠棲についてケンダル・ブラウンは、それが「規範となる社会政治的な秩序を個人的な選択として批判し、その選択を芸術的、儀式的な表現に生かすことで裏返したものであり、したがって隠棲は革命とは明確に異なるものであった」と論じている(Brown 1997, p. 175)。[7] ブレッカーもまた同様に、奇妙なる芸術は「習慣的なものの軌道上を回る」ものであり、政治的な対抗と言うべきものを表現することはなかった、とする(Brecher 2013, p. 20)。そして、松平定信の心配をよそに、本質的に非政治的であるサロン文化が、十八世紀から十九世紀の日本で隆盛したこともすでに見た通りである。むろん政治的な議論は避けるに越したことはなかった。幕府は早くも一六五二年の時点で、常軌を逸した振る舞いに出たり、法を破ったりする者を「傾奇者」と呼び、人々の信仰や社会的態度を統制する意欲をはっきりと見せている。また、十八世紀の場合を見れば、例えば林子平（一七三八—九三）は一七九二年、島国にとっては沿岸警備が重要である、という極めてまっとうな意見を公にしただけで自宅軟禁を申し渡され、翌年に歿するまで解放されなかったのである。

徳川時代における奇妙なもの、おかしなものへの偏愛がよくわかるのが見世物の興行である。アンドリュー・マーカスはそれを「異常な品物や個人、技量などを、一定期間、仮設の室内空間で私的に展示する営利目的の事業」と定義している（Markus 1985, pp. 500-501）。見世物はしばしば、寺院で普段は非公開になっている神秘的な遺物や仏像などが、数日から数ヶ月の間、有料で公開された「開帳」の概念と結びつけられている。日常的な規範からの逸脱という意味では、世俗的な見世物も宗教的な聖像と選ぶところがなかったのである。

徳川時代の奇人の一例には、虚無僧も含まれるだろうか。臨済宗から派生した普化宗の僧侶である彼らは、尺八の演奏家であり、その技術を活かして喜捨を受けていたが、やはり最も特徴的なのはその見た目であろう（図7—2、7—3）。今日でも用いられるが、虚無僧は深い編笠をかぶり、隙間から前方を見て歩いた。笠の下から尺八を差し込むことで、顔を隠したまま演奏をすることができた。もとより異境を思わせる尺八の音は、虚無僧のそのような姿によってなおさら奇怪に響いたのである。

【図7-2】江戸時代の虚無僧の図。©Alamy Limited

【図7-3】現代の虚無僧の一団。Wikimedia Commons、撮影・松岡明芳。CC-BY-SA-3.0.

一八六〇年代に駐日英国大使を務めていたサー・ラザフォード・オールコックも、虚無僧に奇異の目を向けている。彼は東海道で出会った虚無僧について、「かれらは、いまでもイタリアの町々で見かけることのできる托鉢僧や物乞いをする改悛者たち——中世の遺物——を思い出させる。イタリアのそれらとよく似たものをここで見つけるとは、ひじょうにおかしなことだ」と述べているのである（一九六二a、一九三頁）。またJ・M・W・シルヴァーは、図7—2と同じものをその著作 *Sketches of Japanese Manners and Customs*（『日本の作法と習慣の素描』）で紹介し、それに「物乞いをする犯罪者」という見出しをつけている（Silver 1867, p. 22）。虚無僧は江戸だけでなく日本中にいたが、特に北陸や東北、関東では小金（現在の千葉県松戸市）や青梅（現在の東京都青梅市）、そして京や九州でよく見られたようだ。虚無僧は個人で活動するが、音楽家の精神を持つ奇人の集い、という風情で行列をなして演奏することもあった。昔もいまも、虚無僧を見かけた人はつい驚きの声を上げてしまう。

隠匿と虚偽

社会が継続するには、最低限の信頼が不可欠である。したがって、信頼を堅固にするような行いは奨励され、反対の行いは非難される。すべてが荒廃していた戦国時代には、信頼関係を補強する目的で互いの家族を人質にすることもあった。また誓約という行為も、日本では長い歴史を持っている。このように信頼は大昔から根源的な価値を持っていたが、今日の社会においてもそれはさらに重要視されており（Sztompka 1999）、特に日本は、信頼に基づく社会としては模範的であるとされる（Eisenstadt 1996）。また同様に、誠実であること、正直であることは、ハムラビ法典（紀元前一七五四年頃）以来、人類にとって倫理の基本を形成するものであるが、日本を訪れた外国人は、フランシスコ・ザビエル（一五〇六―五二）にしてもカール・ペーテル・ツンベルク（一七四三―一八二八）にしても、あるいはもっと後年の来訪者にしても、しばしば日本人の正直さに関する言葉を遺しているのである。例えば、拾った財布を届けるというように手間がかかる場合であっても、日本人はこれを厭わない[8]。

もちろん江戸時代にも嘘はあり、泥棒もいた。一七〇三年に成立した近松門左衛門の『曾根崎心中』は実話に基づいているが、その主人公である不運な徳兵衛は、友人と思って信頼していた悪党九平次に騙される。そのために遊女お初との恋路も絶望的なものとなり、二人はついに曾根崎で心中し、あの世で永遠の時を刻むことを願うのである。また、有名な泥棒である鼠小僧（一七九七―一八三二）も挙げておこう。三十もの大名屋敷に忍び込んだこの悪名高い強盗は、歌川豊国をはじめとする絵師によってしばしば浮世絵に描かれた（時野谷一九七七）。

以上のような事情を考えれば、隠匿や虚偽が「無視された価値観」の一覧に入っていることは不自然に見えるだろうし、それが元禄時代に見られた価値観から変化したのだということもわかりにくいかもしれない。隠匿も虚偽も、どちらも曖昧な言辞を弄して詐称を行うことを意味する。より厳密に言えば、隠匿とはしばしば真実の一部を述べることでより大きな全体像を隠すことであり（これは禁教を奉ずる者にとっては欠かせない行為であった）、虚偽とは、言い逃れをして相手の注意を逸らすことである。両者には明らかに共通点があるが、いわゆる「うそ」と言われるのは後者であろう。いずれにせよ、両者は共に、一七六〇年代に賀茂真淵が日本人の「真心」と結びつけた「正直」なあり方とは真っ向から対立するものであり、それはまた徳川社会において様々な伝統を通して称揚されていた価値観としてロバート・ベラーが指摘する実直さとも相容れないものである。実際、一七七〇年代の半ばに「日本人は往々にして正直であり信頼できる」と発言したツンベルクは、その舌の根も乾かぬうちに、ただし日本人は「敵に対しては（中略）偽りの友情をもって近づき」騙すこともある、とも述べている（Screech 2005, p. 183）。

ここで、百年ほどの間隔を置いて発信された二つの言葉に目を向けてみよう。最初のものはすでに紹介した、他者としての中国に光を当てる井原西鶴の言葉である。死後に出版された『西鶴織留』のなかで、西鶴は極めて正直な塩売りの逸話を紹介し、「今の世、金子を拾ふてかへす事が、そもやそもや広い洛中洛外にも又あるまじ。是程の聖人、唐土も見ぬ事」と述べている（井原一九七六、七七頁）。社会の物流が盛んになればなるほど、物質的な虚偽もそれに比例して多くなる。つまり、西鶴が正直な塩売りに驚いているということは、裏を返せば、元禄時代にいかに多くの経済的な不正がまかり通っていたかの証明でもある。現に西鶴は同書のなかで、読者に詐欺師への警戒を促してもいるのである。

一方、十返舎一九の一八〇九年の著作、『東海道中膝栗毛』の冒頭近くを見てみると、そこでは伝説的かつ猥雑な旅へと出発する主人公たちをめぐる状況が、以下のように描写されている。

我〳〵は何ひとつ、心がゝりの事もなく、独身のきさんじは、鼠の店賃いだすも費と、身上のこらず、ふろしき包となしたるも心やすし。（中略）大屋へ古借をすましたかわり、御関所の手形をうけとり、ふめるものは、みたをしやへさづけて金にかへ、（中略）なにひとつ、取のこしたるものもなく、またも心がゝりは、酒屋と米やのはらひをせず、だしぬけにしたればさぞやうらみん、きのどくながら、これもふるきうたに

さきのよにかりたをなすか今かすかいづれむくひのありとおもへば

打わらひつゝ、（後略）

（中村一九九五、五二頁）

彼らの生活様式には羨ましくなるような部分もあるが、その「心がゝりの事も」ない気楽な生活は破廉恥でもある。彼らは家賃を払うことは金の無駄であり、財産を持つことは心配の種を増やすことであると考えているので、いっそ家財を売り払って偽造の手形を手に入れ（これも虚偽である）、酒屋や米屋への支払いも踏み倒して、姿を消し（隠匿）てしまったほうがよいと判断する。彼らにとっては、因果応報など退屈な冗談に過ぎないのだ。

右に挙げた二つの例において大きく異なっているのは、この因果応報の概念の扱いであろう。同じく元禄時代を生きた近松門左衛門と同じように、井原西鶴は教訓的な作家であった。西鶴は悪行や乱行を描いて読者を楽しませることは厭わなかったが、そのような振る舞いが招く結末をありありと描写することも忘れなかった。それは『好色五人女』で不倫の罪を犯したおさんが処刑される場面などでも明らかである。だが十

返舎一九の主人公たちは、因果応報など笑い飛ばしてしまう。このような対照性は、相反する価値観がもたらすジレンマについて考えてみれば、なおさら引き立つことになるだろう。

複雑な感情と相反する価値観

自身の最大の欲求が自らの義務や責任と相容れないものである時、人は感情の錯綜に戸惑い、矛盾を孕んだ様々な反応を見せる。よく知られているように、井原西鶴の作品、特に好色本と呼ばれる冒険的恋愛を扱う物語をはじめ、市井の人々の生活を描いたものや、同時代の近松門左衛門の作品にも現れているように、元禄文化にとっては、そのような複雑な感情こそが大きな主題であった。源了圓(一九二〇—)はそれを義理と人情の衝突と捉えている(一九六九)。この儒教的な発想に基づく概念は、同時代にはまだ用いられていなかったが、源の理論はその後もこの緊張関係を描写する上で基本的なものとなっている。

文芸においては、価値観の矛盾は死をもって解決するしかないが、義理人情という一対の概念には様々な解釈の可能性がある。両者にとって何よりも重要なのはバランスであろう。法学の社会文化的文脈について語るなかでメリル・ディーンは、「自分の利益だけを考えて行動しているなどとは思われたくないものである。そのような人は『人情を知らない』という批判を受け、社会的観点からは異常者と見なされる」と述べている(Dean 2002, p. 18)。確かに徳川時代においては、その通りであったかもしれない。しかし、より教訓的な西鶴と近松の作品を、百年後に活躍した十返舎一九の奔放な作品と比較してみると、近世の間にも義理人情をめぐる価値観にはいくらかの変化が見られるようだ。

一般的な見方をすれば、相反する価値観を生み出すものとしての複雑な感情は、徳川社会における「無視された価値観」の一つと言えそうである。例えばこの時代には、奇人たちの伝記を集めた書物に見られるように、「模範的」な自己犠牲を記念する様々な記録がある（Carter 2014, pp. 314-330）。それらの「模範的」行動は、例外的であるからこそ記録されたのであるが、別な見方をすれば、これらの書物の編纂者たちは、儒教的な、保守的な価値観を後押しするような利他的な自己犠牲の挿話を織り込むことで、その他の部分についての批判を避けようとしたのかもしれない。いずれにせよ、そのような自己犠牲的な行為は、何かと自己の利益を優先しがちな社会の構成員にとって、イデオロギー的な治療薬でもあったのである。

言葉とは違う行動に出るということ、つまりある価値観を標榜しつつ、別の価値観を実践するということは、当然ながら十八世紀の日本でも起こっただろう。一七七〇年代半ばの日本を記録しているツンベルクは、一つの文章のなかで、日本人は「自由気まま」でありながら「従順で礼儀正しく」、さらに「実直で信頼できる」ものの「油断ならない」人々であり、なおかつ「知的」であると同時に「迷信深い」としているのである（Screech 2005, p. 179）。もちろん、表面上では真逆に見える性質が共存することは珍しくない。例えば、異なる世界観を持つ人間から見れば、ある非常に知的な人物が、同時に非常に迷信深く見えるということは十分にあり得るのである。しかし、それでもツンベルクの言葉は、理想化された価値観とは違い、実践された価値観とはより複雑なものであり、本質的に矛盾を抱えたものである、という見方を裏書きするものであろう。

友情と社交性

中国の思想や社会に親しんでいる者には意外かもしれないが、友情や社交性というものが重要性を帯びてくるのは徳川時代の後半にさしかかってからである。本章で取り上げた様々な価値観のうち、友情は最も自然で普遍的なものと思われるかもしれない。あの孔子も、口を開くなり「有朋自遠方来、不亦楽乎」と述べたことは周知の通りである。また、孟子の書物にも登場する「朋友」の語は、日本では五倫の一つとして知られるようになったが、この関係性は五つのうちで唯一、上下や利害のない対等な関係を表している。とはいえ、友人とは不特定多数の他者のなかから選ばれた少数の人間に過ぎないのだから、それを完全に平等と言うことはできない。かつて十八世紀のひねくれ屋、安藤昌益(一七〇三―六二)が述べたように、もし人類がみな友人だというのなら、もはや「友人」とは疑似家族的、兄弟的なものとなるだろうし、そうであるなら、その友情は普遍的な愛を説いた紀元前五世紀の中国の哲学者、墨子の考えるものに近づくだろう(9)。

紀元前一世紀に書かれた『史記』には、紀元前七世紀を生きた管仲と鮑叔の友情が記録されているが、このような友人同士の関係は中国社会にとってまさに模範的なものであり、それは最重要の徳である五常の一、「信」すなわち忠誠や信頼を体現するものであった。明王朝(一三六八―一六四四)においても中国の人々は友情の問題にほとんど「固執していた」と語るマテオ・リッチ(一五五二―一六一〇)は、自身も友情についての文章「交友論」を著しているが、これは中国の文集に再録された最初の西洋の文章である(Ricci

2009, p. 5)。

このような事情を考えてみると、十八世紀以前の日本においていわばホモソーシャルな友情というものが取り沙汰されてこなかったのはなぜなのか、という疑問はますます強まる。しかも、本書では日本における儒教の重要性について繰り返し述べてきたのだからなおさらである。一つの説明として考えられるのは、封建的な社会が長く続いたため、およそあらゆる関係にヒエラルキー的な枠組みが浸透し、純粋に水平な結びつきとしての友情を特異なものにしたのかもしれない、ということである。上に立つ者は様々な局面で下の者の面倒を見る必要があったし、下の者は上に立つ者の温情に、尊敬と忠誠をもって応えたのである。

例外として注目すべきは、豊臣秀吉とその妻おね、そして前田利家（一五三八―九九）とその妻まつという、二組の夫婦の間に芽生えた友情である。秀吉と利家という、悪友であった二人の青年は、どちらも強大な権利を握る武将へと成長したのである。そして二人の妻も、共に気丈な性格の持ち主で、夫や周囲の男性たちにも少なからぬ影響力を持ったと言われる。一方、壊れてしまった友情としては、先にも引用した『曾根崎心中』の例が挙げられよう。手代の徳兵衛は自分のものではない金を、必要に迫られた「友人」、油屋九平次に貸し付ける。すでに見たように、嘘つきとして一枚上手の九平次は徳兵衛を裏切った挙句、徳兵衛の恋人であるお初にまで近づくのである。しかし、並外れた人物同士の間の友情や、裏切りに終わる友情の例だけでは、本章で進めようとする探求にはやや不十分であろう。

ここで徳川時代にホモセクシャルな友情を指した「念友」の概念を導入してみれば、男性同士のエロティックな関係と、男性同士の非エロティックな関係の差異を通して、新たな推論が可能になるかもしれない。「友」

はもちろん友人の意に過ぎないが、「念」とは何かについて想い、考えることであり、この二字が合わさると同性愛を指すようになる。その意味では、徳川時代のホモセクシャルな関係を、明治時代に断絶を迎えることになるホモソーシャルな関係性の一部として捉えることもできよう(Pflugfelder 1999, p. 231)。しかし当時の藩主にとって、「若衆道」、転じて「衆道」と呼ばれた男性同士のエロティックな関係は、藩の平穏を乱しかねないものでもあった。グレゴリー・フルーグフェルダーが指摘しているように、君臣間の衆道は「義理を強化するという意味で」藩の統制を強固なものにすることもあり得たが、「同時に、公式な権力のヒエラルキーの外側に水平方向の忠義が醸成されてしまうという意味では、それを脅かす危険性もあった」のである(ibid., p. 128)。儒教の五倫の文脈で言えば、最大限の忠誠が求められるのは藩主と藩士の関係においてであるが、これがある種の隠喩となって、特に武士同士のエロティックな関係性にも応用されたのである。また、兄弟同士の絆も同じく隠喩としては有益であるが、それはこのような関係性がしばしば年上の男性と年下の男性との間で結ばれたからである。フルーグフェルダーは、儒教における「男性の友情を強化したもの」としてもこのような関係性を見ることができるとするが(ibid., p. 103)、逆に親子や夫婦の関係性が隠喩とならないのは、男性同士のエロティックな関係からは法的な嫡子の誕生はあり得ないからである。

本書では、すでに学術的な環境のなかで実現した、横の繋がり(と呼ぶべき傾向の強いもの)について検証している。そのような友情の一例としては、英一蝶(一六五二—一七二四)と宝井其角(一六六一—一七〇七)の関係が挙げられよう。彼らは松尾芭蕉の下で俳諧を学んだのち、それぞれに独自の地位を築いた。前者は幕府に睨まれる絵師となり、後者は俳諧師として活躍したのである。マリアム・ワトルズは、一蝶が江戸を追われていた時期の二人の苦しみについて語っているが（Wattles 2013, p. 67）、二人の間では一蝶が上位に立つことが多かったようである。一蝶は九つ年長であったのみならず、生前の知名度でも優っていた。もっともこのことは、其角が四十六歳という若さで死去したこととも無関係ではない。

十八世紀後半に男性同士のホモソーシャルな関係性が擡頭してくる要因の一つとなったのは、「交友」の形をとる社交のあり方であったかもしれない。揖斐高によれば、これこそがサロン文化における人間関係を特徴づけるものであった（二〇〇九、五頁）。すでに指摘したように、サロン的な場に頻々と出入りする者は、既存の価値観よりも自己の円熟と魂の満足を優先し、極めて平等な雰囲気を共有していたのである。同様の風土は、私塾や神道をはじめとする宗教の場でも醸成され、そのような場では、地位や財産よりも会読での活躍が物を言ったのである。このような環境で友情の基礎となったのは、社会的地位や背景が共通していることではなく、興味関心が重なり合っていることであっただろう。

文芸のなかにも、近世の友情のいくつかの形を見出すことができる。一つ目は、一七七六年に出版された上田秋成の『雨月物語』所収の短篇「菊花の約《ちぎり》」である。ここで語られる貧しい儒者、丈部左門《はせべさもん》と、武士の赤穴宗右衛門《あかなそうえもん》との友情は、アンソニー・チェンバースが「精神の邂逅」であり、「友情、忠義、信頼、勇気、博学、そして自己犠牲」のお手本と呼ぶようなものである（Chambers 2007, p. 30, 76）。二人の絆が確かなものになるのは、病に倒れた宗右衛門を左門が看病していた時である。彼は「大変な親切さをもって、まるで兄弟を看病するようにして」懸命に世話をする（ibid. p. 79）。その結果、二人は固い友情で結ばれた。「『よき友』を得たうれしさ」に包まれていた左門は、宗右衛門が個人的な事情で旅立つことを知ると心配でたまらなくなる。しかし二人は、九月九日の菊まつりで再会することを誓い合い、「兄弟の盟をなす」のである(ibid. pp. 79-80; 上田二〇〇九、二四―二五頁)。

これは、一面においてはホモソーシャルな関係の極めて明確な例であるが、より細かく検討してみると、事態はより複雑であるように思われる。宗右衛門は左門よりも五つ年長であるから、兄弟という隠喩は不自然ではない。兄弟の関係も友人同士の関係と同じく儒教的なものと捉えられるが、兄弟の関係にはまたヒエラルキー的なものがある。そして、さらに事態を複雑にしているのは、九月九日が若衆道の伝統において、男性や少年の間の性行為に結びついた日であるという事実である。この複雑さは物語の終盤にも重要な意味を与えている。宗右衛門は領主に監禁されるが、再会の約束を反故にして「兄弟」の信頼を裏切ることを恐れ、生身での再会が叶わないのなら、せめて霊として再会を果たそうと自刃するのである。

一方、先にも紹介した『東海道中膝栗毛』で描かれる友情、あるいは同志とでも呼ぶべき関係性は、より理解しやすい。何をしても失敗ばかりの弥次郎兵衛と喜多八は、偽造の通行手形を使って東海道を漫歩し、ところどころで酒色に耽る。豪放磊落、傍若無人な二人の快楽主義者は、借金取りや恨みを抱く恋人たちの追跡をかわしながら、手に手をとってさらなる欲望に身を任せるのである。

只野真葛と江戸のある武士が遺した価値観に関する考察

一八一六年から一八一七年にかけて、注目すべき二つの評論が書かれている。それは、江戸に生活していた本名不詳の一人の武士と、只野真葛という女性によって書かれたものであり、主題はどちらも伝統的な価値観の衰退である。まず武士のほうは、「古往の善世に競べて近来の風俗を見るに、人情狂ひ行状みだれ、道理隠れ、猥りに損益の争ひ強く、ことごとく貧福の偏ること大方ならず」とする（武陽隠士一九九四、七頁）。この著者にとってより優れていたのは元禄とその前後であったが、その「太平盛んに昇り、温恭篤厚」であった時代の良心は、長すぎた安穏と物質の過剰のために曇ってしまったのだ（同書、八頁）。

後世の私たちが只野真葛の『独考』を読むことができるのは筆写者のおかげである。また、英訳者は真葛を「類い稀な女性」と呼んでいるが、その表現は控えめに過ぎるほどである（Tadano 2001）。彼女は生きながらえた七人の兄弟の長子であったが、そのうちの五人が娘であった。医師であった父は自宅でサロンを開き、蘭学者や俳諧師、役者、時には博徒までをも招き、饗応した。彼女は自ら「若きほどは心もたくましかりつれば」と述べているが、その証拠は十分である（只野一九九四、二八三頁）。十六歳で家を出て宮仕えを始めた真葛は、二十五歳で不幸に終わる結婚をする。離婚、再婚を経て仙台へ移った真葛は、二番目の夫が江戸の大名屋敷に仕えていたこともあって、あまり夫婦の時間を過ごさなかった。そのような状況のなかで、真葛は自らの考えを文章に記すようになったのである。「独しらぬ国にはふらへて、語あはすべき友もなし。心にいとま有にまかせて、万の物のなれるさま（中略）などを考わたすを、心なぐさみにはしたりし」（同書、二九一頁、傍点引用者）。

真葛は様々な事柄について深い洞察を遺している。保守的なこともあればむしろ反対の立場を採ることもあり、特に伝統的な女性教育については「少女の今めかしきことをこのむを制せられしは、誤なり」として批判し、それぞれの時代に合わせた変更を加えてゆくことの重要性を説いている（同書、二八四頁）。同時に、知識ばかりが増えることを警戒した真葛は「ものふかくまねばぬぞよき」と助言し、また宮仕えをしようという女性には、その奉仕の価値を高めるために「芸をたてゝまねぶべし」と勧めている。まるで男性のように考える女性であると批評されることもある真葛だが（Gramlich-Oka 2006）、女性を「男とひとしき人とおもふべからず」と釘を刺す真葛は、そのような単純化を嫌い、結婚に臨んでは「取肴の気どりにてをればよし」と言い放っている（只野一九九四、二八五頁）。特に注目すべきは、彼女の時間への意識である。この世では誰もが「昼夜の数のうちにひとしきなり」とする真葛は、誰であれ生涯を通じて「昼夜の数を心にこめて、胸中の拍子とすべし」と説いている（同書、二九五頁、三〇六頁）。これはアメリカの作家H・ジャクソン・ブラウンの同様の主張を、ほとんど二百年も先取りしたものだ。[10]

しかし、何よりも私たちの興味を惹くのは、真葛による社会とその価値観に関する観察である。最初に言っておくと、彼女は武士に対しても、また商人に対しても容赦がなかった。自己利益の追求という問題について本書と意見を同じくしている真葛は、大名について「御徳のすゝませ給はんことを思し召」しと語り、「荒軍は起出つべくもあらで、心々にこがね争軍の世なりけり」とする。また通貨の改革にも批判的で、「此比四文銭と云もの出、さて南銀出などするにつけても、其度々に万あたひの上りし」ために、物を売る人間が物を買う人間を搾取して儲けている、と指摘する。彼女は皮肉たっぷりに、「火災有しとて物の直の上るといふは何の故ぞと、うたがはしき心不ㇾ絶」と述べながら、物価の上下を綱を解かれた舟に例えている。とはいえ、彼女が最も大胆な意見を述べたのは武士に関してのものであろう。「かくからき思ひに世をわたる町人の目より見れば、居ながらにして知行を領する武家は、羨しく、かつにくまるゝ」と言うのである（同書、二八六〜二八九、傍点引用者）。ここで思い出しておかなければならないことは、真葛が武士の家に生まれ、これを書いている当時も武士と結婚していたことである。さらに、朝廷も真葛の鋭い筆鋒をかわすことはできなかった。朝廷が利息を取って金を貸している、という噂を耳にした真葛は、「かけまくはかしこけれど、一天四海をしろしめす皇尊の国人の油をしぼらせられて、御身をとませ給ふは、けがらわしき事ならずや」と弾劾する（同書、三〇五頁）。

以上から明らかなように、真葛は恐れを知らない女性であると共に、皮肉屋で、教養の深い人物であり、経済や社会構造、男女の関係、そして社会的地位が自己利益の追求に与える影響などについて、鋭い洞察を行ったのである。知名度の点では真葛に優っている同時代人の海保青陵や、真葛の生まれる前年に歿した安藤昌益と比較しても、真葛には見劣りするところは一切ない。だが青陵や昌益にしても、自らが生きる時代の価値観が、過去の世界の価値観とどのように異なっているかということについては、十分に相対化することができていなかった。その意味では、軍配は真葛に上がるのかもしれない。例えば、以下の一文を見てみよう。

当世すたりしものは、極正直・慈悲心・情・義理・恥、此五の心は、しごく宜しき事なるを、今はすたりて其しるしばかりに頭を出して見せ、尻をみじかく切ておかねばならず。（中略）人の心の、法を越るは乱世の端と聞を、今の世はかくのごとし。

（同書、三〇五頁）

ここに登場する五つの価値観と、それらについて本章が加えてきた考察の整合性を見てみよう。「極正直」という言葉は、言うまでもなく賀茂真淵が最重要の日本的な価値観として位置づけた「正直」と響き合うものである。それはまた、ロバート・ベラーが徳川時代の価値観に分析を加えて得た結論とも重なっている。つまり真葛は、同時代人である無名の武士とも、半世紀ほど前を生きた賀茂真淵とも、現代には正直さが不足しているという一致した意見を持っていることになる。その時代とは、老中田沼意次（一七一九—八八）に代表されるように、政治の腐敗と、物価の暴騰を招く経済政策が蔓延る時代であった。真葛は、衰退する時代を象徴するものとして他人への無関心を挙げているが、それは百姓一揆を招くような高い税率を見るだけでも明らかなのである。真葛が筆を執った頃、一揆は増え続けており、年間で平均二十ほども起こっていた。

また真葛は、商人は「恥」を知らないと断言しているが、これは職人も同様である。なぜなら職人は、火事が起こると、自分の仕事に特需が起こると期待するからだ。すでに見たように、十返舎一九の作品の主人公たちは、このような偽善に満ちたブルジョワ的生活を軽蔑しており、だからこそ正直であることや、ツケをきちんと払うことを拒絶するのである。また真葛は、かつて感情的なものの対極にあった「義理」の衰退についても嘆いている。真葛の時代、義理は人情と結びつくようになっており、両者の間の均衡が模索されていたのである。要するに、時代が変化していることは明らかである。これらの変化については、本書の様々な主題と絡めつつ、次の結論部で詳述することにしよう。

(1) ここでの私の主張は、一九三九年の著作 *Theory of Valuation: Foundations of the Unity of Science*, vol. 4 (University of Chicago Press) において本来的な価値という概念を否定したジョン・デューイ（一八五九―一九五二）の有名な主張と対立するものである。

(2) http://www.prochoice.org/about_abortion/facts/women_who.html を参照（二〇一四年九月五日取得）。

(3) 一六九四年、黄六鴻は中国の地方官たちに嬰児殺しをやめさせるよう助言している。道端に捨ててしまうほうが、まだ人道に適うというのである。Huang 1984, p. 612 を参照。なお、茨城県立歴史館とさいたま市立博物館には、間引きを描いた絵馬の優れた事例が所蔵されている。

(4) 浄土真宗は、僧侶に結婚を許した初めての宗派である。

(5) この年はまた、第三章で述べたように、武左衛門によって計画された徳川時代最大の百姓一揆の年でもあり、またファビアン・ドリクスラーが、それまではあくまでも黙認されていたに過ぎなかった嬰児殺しが、むしろ積極的に認められるような空気が醸成された時期として挙げているものでもある。このような、いわば分岐点としての一七〇〇年という年については、結論の章で改めて論じることにしよう。

(6) ブレッカーによると、堀田恒山（六林とも、一七〇九―九一）の『蓬左狂者伝』や松井成教（一七三一―八六）の『落栗物語』は、どちらも『近世畸人伝』よりも早く世に出ている（Brecker 2013, p. 118, 121）。ブレッカーはまた、伴蒿蹊の作品の後継についても例を示している（ibid., pp. 143-144）。

(7) ミシェル・マラ（一九五六―二〇一六）は *The Aesthetics of Discontent: Politics and Reclusion in Medieval Japanese Literature* (1991) のなかで、隠遁者たちは仲間内だけで通用するコードを利用して危険なイデオロギーを表現していた、という挑発的な見方を提出している。

(8) ザビエルは一五四九年に、「日本人はこれまでに発見されたあらゆる国々の住人のなかで最も正直である。(中略) 彼らは独創的であるのに、人を騙そうなどという考えは一切起こさない」と書いている。(Xavier 1963, p. 519)。またツンベルクは、日本人は「一般的に」言って「正直で信頼できる」と述べた (Screech 2005, p. 179)。また第二章で取り上げたように、井原西鶴の「今の世、金子を拾ふてかへす事が、そもやそもや広い洛中洛外にも又あるまじ」という言葉もある (この言葉は本章にも再び登場する)。

(9)「普遍的な人間」という考え方に基づいた安藤昌益の「普遍的な友情」の概念については、安永一九二二、二三一頁以降を参照。

(10) H・ジャクソン・ブラウン・ジュニアは、一九九一年に次のように書いている。「時間が足りない、などとは言わないことだ。あなたが一日ごとに与えられている時間は、ヘレン・ケラー、パスツール、ミケランジェロ、マザー・テレサ、レオナルド・ダ・ヴィンチ、トマス・ジェファーソン、そしてアルベルト・アインシュタインが与えられた時間と同量である」と。真葛とほぼ同時代人のベンジャミン・フランクリン (一七〇六—九〇) も、意見を同じくしていたようだ。フランクリンは、「失われた時間は決して取り戻せない」という言葉を遺している。

第八章

結論――近世日本の個性

「一生懸命に働いて、最善を尽くして、正直に生きれば、きっといいことがある」というのが、当時チェコスロヴァキアと呼ばれていた国からアメリカ合衆国へ移民してきた私の両親が肝に命じていた価値観であった。そしてこの倫理は、当然ながら彼らの子供である私にも刷り込まれたのである。このイデオロギーの誤謬に気づいたのがいつのことであったかは覚えていないが、少なくともある時点までに、架空の理想を支え続けることを不可能にするだけの証拠が累積してしまったことは事実である。しかしイデオロギーというものは、そのような証拠の出現によって必ずしも崩壊するものではない。私自身、その理由を完全に理解することはおそらく不可能だろうが、自分の子供たちに向かって、やはり同じ理想を説いてしまったのだ。この考えは絶対に正しくはないかもしれないが、それでもより良い生き方には違いないのだ、と正当化を加えつつ。

イデオロギーとは、まさにそのようなものなのだ。どんなに反証があっても、その本質的な正しさを担保するような形で私たちは世界を眺めてしまう。そして、自身の行動や思索を通して、そのイデオロギーを後世への遺産として残すのである。それは、映画を観たり本を読んだりする時の体験に近いものであろう。私たちはそこに描かれているものが嘘であるという認識を棚に上げて、映画鑑賞や読書の体験から満足を得る。ノスタルジーに浸る者、ユートピアを夢見る者のように、イデオロギーの信奉者は現実逃避をしているのだとさえ言えるかもしれない。ところが誰かが、あるいはある集団が、ある日突然「ここまでだ。もう終わりだ」と宣言すると、古いイデオロギーはそこで断絶し、すぐに新しいイデオロギーがそれに取って代わるのである。

一九九三年の早春、私は日本有数の私立大学で、客員教員として半年を過ごしたところだった。構内を散歩しながら、学部長は私に、学部の学生たちについてどう思うか、と尋ねた。私は、二十年前に留学していた日本有数の国立大学で同窓生として時間を共にした、政治的で神経質なところのあった学生たちと比べて、彼らは非常に社交的で成熟していると思う、と答えた。ところが学部長は、哀れむような視線を私に向けて、次のように訂正した。「ピーターさん、それは違う。いまの学部生は怠惰で、まるで駄目だ。私たちの若い頃のように、彼らは勉強に励むということがない。彼らは日本人らしくないのだ」と。あるいはこの学部長は、一九一二年に奇人たちを「常識に逆らい、独善的で、投げやりで、公共の利益をまるで考えない、（中略）端的に言って不健全な連中である」という言葉で批判した八木奘三郎（一八六六―一九四二）の意見にも賛成するかもしれない（Brecher 2013, p. 26）。

ところで、同じ私立大学にいた同僚の日本人女性は、これ以上ない名門の出身だったが、髪を青く染めていた。それは女性であり研究者である自分に対して、社会が押しつける重苦しい理想に抗うための手段だったのである。当時はまだ、一部の奇抜な若者だけが髪を染める時代で、それはファッションの選択肢の一つにはなっていなかった。それぞれ東京大学とケンブリッジ大学の学部生だった頃の学部長と私が、同じくらい真剣に勉強に打ち込んだかどうかはわからないが、「日本人らしくない」という批判は衝撃的だった。少なくとも徳川時代には、そのような批判が行われることはあり得なかっただろう。出る杭は打たれる、というあのしばしば引用される諺は、徳川時代よりも明治時代について雄弁に物語っているように思われる。

アイデンティティとは諸刃の剣である。近世であれ、現代であれ、ポストモダンであれ、国家には必ずイデオロギーとそれらの提唱者たちが存在する。彼らはその価値観を、物語を、そして巧みに構築されたアイデンティティを、目的に沿って表現する。すでに数十年前に、ヘルマン・オームスはその慧眼で、幕府が多くの架空の物語を利用していたことを指摘している。幕府は「起源という記憶の喪失」とでもいう状態を利用して、幕府の起源に関する言説を平和的支配に役立てたのである。徳川家康は、死後には菩薩にも引けを取らない聖人として祭り上げられ、幕府の持続を支えることが最大級の道徳的責任となった（Ooms 1985）。徳川のイデオロギーは、すべての個人に対して、社会のなかに居場所を与えるよう試みた。地位や職業、そして仏教徒として集団にまとめられた各世帯が、空間と時間のなかに志向性を見出したのである。この試みはかなりのところまで成功したが、それでも完璧とはいかなかった。地位や所在地による分類は確固たるものであったが、いわゆる「傾奇者」に代表されるような逸脱者たちや宗教的な改革者たち、さらには役者や遊女、葬儀業者など社会の周縁に位置していた人々も、同様に確固たる存在感を放っていたからである。ただ一つの声しか持たないかのような十七世紀の歴史記述のあり方は、現代と太古以来の伝統を繋ぐ、目に見えない原則が確かに存在し、かつ物事は現在のまま一万世代にわたって、つまり永遠に続いてゆくのだ、という双生児のような二つの主張からなっていたのである（丸山一九七二）。しかし、そのような見方を認めるためには、幕府の創設によって起こった断絶をなきものとして扱い、幕府の不安定さを示唆するあらゆる証拠を黙殺しなければならない。アイデンティティの解明に基づく十七世紀のイデオロギー戦略は確かに成功したが、それはまだ未熟な点も抱えていたのである。理の当然として、ヒエラルキーへの追従を方向づけた朱子学的イデオロギーは、同時に個人間の差異を許容するものでもあった。

幕藩体制の基盤となっていた政治的前提への反抗こそ見られなかったとしても、十七世紀には幕府の命令への違反は多く見られた。政府の抑圧に対するキリスト教徒の反抗心は、飢えに苦しむ百姓たちの怒りと融合して一六三〇年代の島原の乱を誘発した。その結果、数万もの反逆者が命を落としたのである。また、少なくとも一六五〇年代までは、浪人による騒乱が幕府にとって頭痛の種となっていた。有名な事例としては、一六五一年に丸橋忠弥と由井正雪が江戸城襲撃を計画したものがある。このように、十七世紀には時代の変革が起こっていたと見ることもできるが、それには個人や集団による反抗が不可欠の要素となっていたのである。一揆の形をとる農業従事者の反乱は、十七世紀にはまださほど多くなかったが、それでも一年に五例ほどが記録に残っている。仏教の領域においても、十七世紀には日蓮宗の原理主義的な一派と順応主義的な一派との間で骨肉の争いが起こり、イデオロギー（政治的プラグマティズム）と個性（信仰の自由）とがぶつかることの恐ろしさを証明した。イデオロギー的な反抗のさらなる例としては、いわゆる変わり者たちや、虚無僧をはじめとする反体制的な人々の存在が挙げられよう。彼らの社会との関係性は、興味深いことに今日の日本においても、二百年前、三百年前と変わっていないのである。近世における反体制的な姿勢が今日にも通じることについては、W・パック・ブレッカーも、「それを封じ込めようとする政治的、イデオロギー的な試みにもかかわらず、徳川社会の一部には常に逸脱を通じて人間の可能性を追求しようという人々がおり、彼らの一種本能的な行為は、曖昧な形ではあれ、正当なものとして受け止められてきた」と指摘している（Brecher 2013, p. 8）。

個性が日本においてより広く認められるようになるのは十八世紀である。その個性とイデオロギーの関係性について、徳川時代を通じて安藤昌益以上に考え抜いた思想家はいないだろう。賀茂真淵の同時代人であった彼は、平田篤胤と同じく、比較的貧しかった東北地方の秋田で生まれた。最初は禅について学んでいた昌益だが、その後は医師となって蘭学への関心を深めた。しかし、その関心は科学的なものよりも社会的なものへと傾いてゆき、ついにはおよそあらゆる「主義」は「自然真営道」の妨げになるという結論に達した。近世の思想界における昌益の独自性は、美術の世界における伊藤若冲に比肩するものだろう。昌益がその号である「確龍堂良中」を採ったのは、『易経』の「確乎として其れ抜く可からざるは、潜龍なり」の条からであるという。その号にふさわしく、昌益は学究的な生活を軽蔑していたが、それでもいつしか「確門」を自称する熱心な信奉者が周囲に集まるようになった。彼らは昌益を「古えの聖人ほどにも秀でている」とさえ断言したのである（安永一九九二、三四頁）。昌益が幕府の採用していた暦に容赦なく批判を加えた際は、京都と江戸の大手版元が昌益の著作に慌てて自主規制を加えている。つまり、この場合はイデオロギーが個性に打ち勝った、と見ることもできよう。昌益のあまりに急進的な姿勢は、かえって彼の伝えようとした思想を内向きなグループの内部に長く留めることになったのである。

昌益は「万万人は一人」と宣言し、顔や心は一人ひとり異なるものの、「他人と同じでないからこそわたしが存在する」とする（『統道真伝』より、現代語訳、安永一九九二、七一―七二頁）。個性の源泉を差異に求めるというこの姿勢は、ルネ・デカルトの有名な「我思う、ゆえに我あり」を想起させるものであるが、序論でも述べたように、それは異なる観察者のそれぞれに異なる視点を平等に評価するものであった。人類の総体を生物のように認識する昌益の発想は、その友情についての理解にも表れている。「この世で友でないものなどいない」と昌益は述べている（『良演哲論』より、同書、七五頁）。五倫の観点からすれば、もし人類を総体として一人の人間のように捉えるのであれば、すべての「他者」は当然ながら兄弟というよりも友人ということになるのである。

だが、昌益の理論で何よりも急進的であったのは、階級制度と封建的な秩序への批判であった。四民のうち士工商に対する容赦のない舌鋒は、生前は刊行されることのなかった稿本版『自然真営道』の第四巻に収められている。

　武士は忠義のふりをして上にへつらいながら下のものには刑罰を科し、（中略）工［職人］のなかには言葉たくみに上下のものにへつらい、自分の仕事をふやしたいという欲に迷って、世間に火事が起ることを願うものがいる。商人は売買の徒である。物を天下に通用させるためだということで、商人の身分が設けられた。商人だけが通商の自由をえたために、それによって利益を倍増しようとするたくらみが生じ、（中略）［商人は］身体を安逸にして労することなく暮らすことをのぞむ。

（同書、七九―八〇頁）

昌益の糾弾を逃れたのは百姓のみであった。このことや、昌益が何よりも阿諛追従《あゆついしょう》を憎んだことを考え合わせると、その理論には紀元前三世紀の法家、韓非のそれと響き合うところもある。昌益は一七五二年にも『統道真伝』で搾取的なヒエラルキーを攻撃しているが、その批判の声は同じく力強い。

聖人が出現して王となって上に立ち、上の身分を尊大とし、衆人を下の身分として卑小とする。これより大小の身分的秩序が成立して、（中略）大なるものは主として小なるものの生産したものを食らい、またつぎの大なるものはそのつぎの小なるものの努力の成果を食らい、万事このような世の中となる。これは禽獣の世である。

（同書、八〇頁）

安藤昌益の場合、イデオロギーは言うまでもなく敗北したのである。だが、それは昌益だけではない。およそ十年後には、徳川吉宗の次男、田安宗武の教師役を退いた賀茂真淵が、仏教における因果応報の概念を逆手にとり、徳川幕府の創設に向けて人を大勢殺した者ほど幕藩体制のなかで出世している、と皮肉っている。

然るに今より先の世大に乱て、年月みないくさして人を殺せり。其時一人も殺さで有しは今のたゞ人共也。人を少し殺せしは今の旗本さぶらひと云。今少し多くころせしは大名と成ぬ。又其世に多く殺せしは一国の主となりぬ。

（「国意考」賀茂真淵一九四二b、一一〇一頁。濁点を補った）

賀茂真淵のほかにも、一七六〇年から一八三七年にかけて、竹内式部、山県大弐、武左衛門、只野真葛、十返舎一九、大塩平八郎、生田万、山田屋大助、それに平等主義を掲げたサロン文化の人々や、命を懸けて不受不施を貫いた日蓮宗の一派、さらには奔放な奇人たち、一揆を起こした百姓たちといった様々な人々が、イデオロギーの挫折を目の当たりにしているのである。

我々は何者で、我々はどこから来たのか。そのような問いに対して国学者たちは答えを提示してきたが、徳川の治世の最後の半世紀になると、どうしてこのような事態に陥ったのか、という問いに明確に答えられる者はいなかった。そして極めて短期間のうちに、地位や地域を問わず、国家とは何かという言説が隆盛したのである。その言説は常に矛盾に満ちている。例えば、商人であった懐徳堂出身の山片蟠桃（一七四八―一八二一）は、一八二〇年の評論『夢の代』のなかで、「武ヲ以テ国ヲ治メ、大国ニ侵サレザルモノハ、『イギリス』ト我日本ノミ」と記している。蟠桃は歴史主義的な見地から日本とイギリスを平等に優れた国家と見ているが、同時に西洋人が日本を「我大日本」という正しい名称ではなく「ヤーパン」と呼んだことは「恥ベキ」であるとするなど、文化的な保守主義と優位偏見主義をも併せ持っていることがわかる（前田二〇〇九、一八三頁。cf. Najita 1987, p. 257）。蟠桃の文書には安藤昌益の思想にも見られたような現状打破の精神が確かにあるが、蟠桃の比較的な態度――それも中国とではなくイギリスとの――によって、徳川のイデオロギーが徳川時代の後半にはますます複雑かつ難解なものになっていたことが窺える。

本書の目標の一つは、個性をめぐる動きに注目し、それを歴史化することにある。先行の各章で、私たちはそのような動きをいくつも観察してきた。アイデンティティの点では、過去への関心と、そこからの遺産の継承という発想が、日本的なる概念の基礎となったことを論じた。また、近世の公共圏における反抗の問題については、一揆の急増と、目安箱の設置などを切り口にして扱った。そして宗教的活動に関しては、イデオロギー的な、根本的に不条理とも言える迫害と、それからの逃避について取り上げた。個人の発展という問題については、非宗教的な性質を持つ修養や、社会的地位をいったん括弧に入れての交流を可能にした私塾やサロン文化が重要であった。そして幸福というものが、不均衡な形ではあるが、一般的に言ってより客観的・感情的な傾向を強めると共に、肉体的・物質的な性質を弱めていったことを論じた。最後に価値観については、イデオロギー的な価値観が重みを失い、個人による自己利益の追求が優先されるようになった

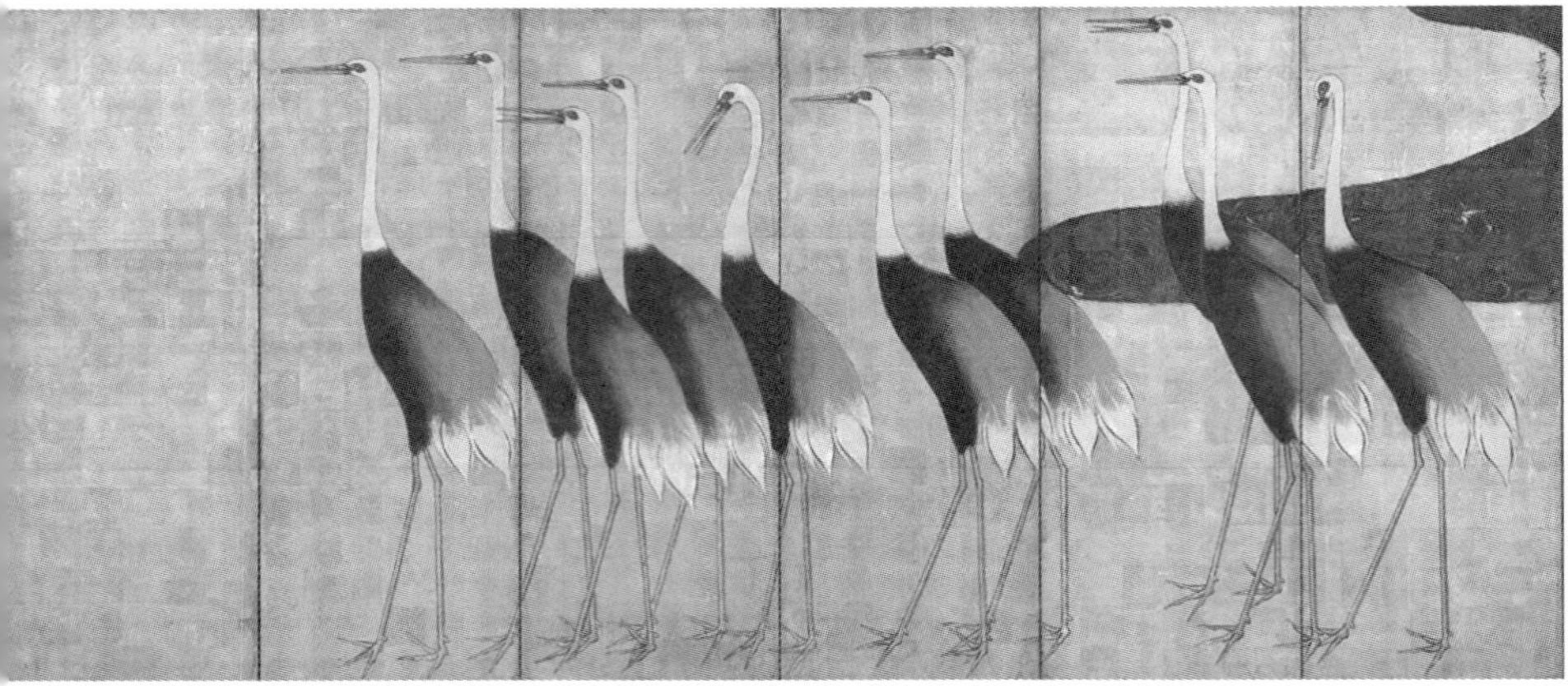

Smithsonian Institution, Washington, D.C.: Purchase, F1956.20-F1956.21. 許可を得て収録。

という同時代人の見方を取り上げた。以下では、これらの点をさらに詳述してみよう。

ジェームス・ケテラーと私は別の書物のなかで、同時代の視覚的イメージを用いて、順応や反抗、イデオロギーや個性について考察した（ノスコ・ケテラー二〇一六、特に二三一―二六頁）。そこで取り上げた三種の鶴のイメージに、ここで再び目を向けてみよう。第一のものは、尾形光琳（一六五八―一七一六）による六曲一双の屏風である（図8―1）。第二のものは伊藤若冲による七羽の鶴を描いた軸である（図8―2）。そして第三のものは、鈴木其一による六曲一隻の屏風である（図8―3）。

残念なことに、これら三つの作品の明確な制作年代は不明であるが、第一の作品は十八世紀前半、第二のものは十八世紀後半、そして第三のものは十九世紀前半の作であると思われる。また、其一が尾形光琳の作品に親しんでいたことは、其一が模写を残していることからも明らかだが、それ以上に明確な三者間の影響関係を裏づける証拠はない。もっとも、私たちの目的にとって、影響関係を証明することは必ずしも

【図８-１】尾形光琳（1658-1716）による六曲一双の「群鶴図屏風」。©Freer Gallery of Art,

重要ではないのである。

光琳の屏風では、十九羽の鶴は全体的に秩序に従っているが、反抗的な態度を見せる鶴もおり目を引く。三羽の鶴が正面ではなく下を見ており、残る鶴たちのきちんとした姿勢を乱しているのだ。次に若冲の作品では、七羽の鶴が無秩序とも言える状況にある。一羽に至ってはその姿さえほとんど見えないが、鶴たちは心地よいほどにそれぞれの個性を発揮しており、絵師もそれを喜んでいるかのようである。鶴はそれぞれに異なっているが、いずれも優雅であり、互いとの差異によって魅力を発揮している。最後に、其一の作品では、五羽が地面に立って、餌を探したり毛づくろいをしたりしているが、六羽の仲間たちは重力の束縛を断ち切って飛翔している。地上の五羽のうち二羽は、飛び立ってゆく仲間に視線を送っているようだ。これら三つの作品のなかにあまり多くを見出そうとすることは危険だが、それでもこれらの作品に現れている一連の個性の表象は、私たちの主題をはっきり支持するものと言えるだろう。

【図8-2】伊藤若冲（1716–1800）による「群鶴図」。心遠館コレクション蔵。ジョー・プライス、エツコ・プライス夫妻のご厚意により転載。

【図8-3】鈴木其一（1796–1858）による六曲一隻の「芦に群鶴図屏風」。© Detroit Institute of Arts, USA/Bridgeman Images.

私はかつて、徳川時代のアイデンティティと個性がどのような変遷をたどったのかという問題について、一七一〇年と一八一〇年を例にとって考察したことがある（ノスコ二〇一六）。また、コンラッド・トットマンは、一七一〇年を徳川の歴史を区切る便利な地点として挙げている。それは、元禄時代を通しての徳川の全盛期と、その後百年にわたるいわば停滞の時代の境だからである（Totman 1993）。しかし、一七一〇年と一八一〇年の間には大きな事件が起こったというようなこともなく、この二つの年号は、いわば一世紀を挟んだ二枚のスナップ写真が撮られた地点というに過ぎない。このような「マーカー」を置くことは、物事の変遷を歴史化する際には特に有効であるし、いわゆるナラティブ・ヒストリーを展開する場合、そのような地点を定めることで物語に的確な出発点を設けることができる。(1)個性の出現、それを支えた価値観などの諸条件、そして個性とイデオロギーとの関係に関心を払う本書としては、元禄時代——正確には一六八八年から一七〇四年までだが、一六八〇年頃から一七一〇年頃を漠然と指すことも多い——が個性の事実上の出発点として重要な分岐点となっている。しかし、個性を動的に捉えるためには、少なくとも、もう一箇所のマーカーが必要であるし、三つ目のそれもあるに越したことはない。読者はすでに、本書で取り上げた重要な出来事の多くが一七九〇年前後に起こっていることにお気づきだろう。また、多くの読者にとって、一八五〇年代から明治初期にかけて、日本で多くの重要な変化が起こったことは周知のことでもあるだろう。

これらの三つの「時点」で起こったことを比較してみよう。本書では繰り返し、社会と政治の変革が起こった時期として元禄時代を挙げているが、これは現代から振り返ってそう言えるというだけのことではなく、同時代人にとっても同様であった。その時、歴史は確かに新しい局面に突入したのである。まず、いくつかの要素が重なったことで、事実上世界で初めての、持続可能な町人文化が成立した。多くの社会の構成員が、かつてない余剰資源を手にしていたのである。極めて高度な都市化が実現したことにより、潜在的な消費者が局所的に集中した。そして、商品とサービスの物流を促すコミュニケーションと交通のインフラが整備されることで、物流コストが下がり、庶民であっても公的・私的な文書に易々とアクセスできるようになったのである。特に都市部では識字率は非常に高く、比肩できる都市を見出せたとすれば、それはイングランドやウェールズ、オランダくらいであっただろう。政治風土も自由主義的であり、少なくとも現状に対して挑戦的なものでない限りは、際どい表現も容認されていた。

だが、元禄時代が画期である理由はそれだけではない。それまでに四代続いた徳川の将軍たちの軍事的な態度とは打って変わって、京都の青物屋の孫である綱吉は、自ら儒教的な君主をもって任じ、また生類憐みの令に代表されるような、仏教的思想に支えられた法令を施行したのである。十七世紀の急速な人口増加はその後も継続し、いくつかの例外的な時期を除いて、人口は百年にわたって増え続けた。異教徒の取り締まりは継続されたものの、幕府の宗教政策に違反したという理由で処刑されるような例は、百年ほどの間は見られなくなる。結果的に違反者が命を落とすことは少なくなかったものの、それは長期の拘留が処刑に替えられたからである。経済的に困窮した時期においても、この時代には幸福な雰囲気が漂っていることが多かった。それは物質的、肉体的な快楽だけではなく、むしろそれ以上に、情緒的な幸福や、人間関係から生まれる幸福が認識されていたからであった。

個性とイデオロギーの関係性において、もう一つの分水嶺となった時期は、一七九〇年と、それに続く数年であろう。すでに述べたように、一七九〇年頃には伴蒿蹊の江戸の奇人たちを讃える書物（個性）と、松平定信による、学問所の教理を指定しようとする動き（イデオロギー）が同時的に見られた。これらの、いわば対極にあるものが同時的に出現したのは、あるいは相互に反発し合う作用の結果なのかもしれない。あたかも当時の人々は、両極の一端を選ばなければならない局面に来ていたのである。島国における沿岸警備の重要性を説いたために一七九二年に追放の憂き目を見た林子平などは、明らかに過剰なイデオロギーの犠牲になったと言える。それは、反乱分子を特定するために定信によって間諜を送り込まれた風呂屋や髪結いの場合も同様である。

一揆の歴史を見ると、一七九〇年には、徳川時代最大の一揆の首謀者として七千五百人の百姓を動員した武左衛門が磔となっている。この出来事は、農業従事者も利益を守るためならば暴力を厭わない、ということの証拠であると同時に、幕府もまた、見せしめのために究極的な暴力を用いることがある、ということの証拠でもある。また、幕府の政策を末端で担う村の権力者たちが、自らに課せられた責任と、村で伝統的に担ってきた役割、すなわち村の自治権を守るという役割との間で板挟みになっていたことも窺える。これは、宗教政策についても同じことが言えるだろう。

幕藩体制が個人の信仰や宗教の実践についても統制しようとしていたことは、すでに検討した。だが、一六九八年から一七八九年のおよそ百年の間、幕府の宗教政策に違反したという罪状で有罪を宣告される例はほとんど見られなかったのである（姉崎一九二五、二九九頁）。とはいえ、隠れて信仰を続けたキリスト教徒に対する取り締まりは一七九〇年に肥前国の浦上で再燃し、数年後の一七九四年には、下総国で不受不施派の信者を相手に同様の取り締まりが行われた。松平定信の一連の政策と相俟って、この動きは厳しい取り締まりの行われていた徳川幕府初期への回帰とも思われたが、皮肉なことに一七九二年には宗門改役が廃止されているのである。これは、幕府のなかの実際的な役人が、イデオロギーに逆行していることは承知の上で、信仰面以外では模範的な「臣民」であり納税者でもある人々を取り締まることに意味を見出せなかったことを意味するだろう。

個性は個人的アイデンティティとは別のものであるが、後者もやはり一七九〇年の前後に発展を見せている。何世紀にもわたり、日本にとって比較の対象としての「他者」は中国であった。しかし一七九〇年頃には、この「他者」は東アジアよりも広い世界を含むようになる。例えば、一七八九年に刊行された本居宣長の『玉くしげ』では、天照大神が日本に生まれたという「事実」を根拠に、日本は世界のどの国よりも優れている、という理論が展開されている。さらに宣長は、天照によって豊かな陽光が降り注いでいる以上、世界はその生誕の地である日本に感謝すべきであるとさえ述べている（Nosco 1990, pp. 199-200）。国学においても一七九〇年は一つの画期であったが、それはこの年に宣長の大作『古事記伝』が刊行されているからである。宣長はそこで、それ以前の様々な〝神〟信仰に対して、今日神道として知られる体系的な神学の基礎を築いた。また、これまでに例として挙げてきた出来事ほど重大ではないものの、一七九〇年は宣長が、少なくとも後世のナショナリストたちの間では最も著名となる和歌、「敷島の大和心を人問わば朝日ににおう山桜花」を詠んだ年でもある（Ohkuni-Tierny 2010, p. 106）。こうして一八二〇年頃までには、山片蟠桃をはじめとする多くの者にとって、曖昧な形ではあれ、日本はより広い世界のなかに位置づけられ、「我日本」「我大日本」となったのである。もっとも、これはまだ明治時代の半世紀前のことであり、このような認識が日本人の大半に共有されるには、まだ数十年の時間が必要であった。

価値観、なかでもカウンター・イデオロギー的なものや自己利益の観点から言えば、一七九〇年はドリクスラーが指摘したように、幕府のイデオロギーが嬰児殺しを黙認するようになった時期でもある。この頃から、各家庭ではそれぞれの利益に基づいて必要な決断を下すようになった。また同時期に幕府は、より多くの男性を生産的な労働および国防に役立てるということに利益を見出すようになったのである。このことは、あるいは一七九〇年頃を境に、個人の主権というものが肉体としての個人よりも重要視されるようになったことを意味するだろう。そうであるならば、大槻玄沢が一七八八年に（ソクラテスを追認するかのように）展開した思想、つまり人は食べるために生きるのではなく、生きるために食べるべきだ、という思想もより説得力を持つのである。

分水嶺として設定した年月を多少逸脱するならば、個性に関する同時代の最良の証拠は、やはり只野真葛の遺した手記である。真葛は一八一七年に、「極正直」「慈悲心」「情」「義理」「恥」などの価値観が廃れていると嘆いた。このような価値観の変化は、当然ながら社会の変化を反映しているだろう。真葛がその文章を書いていた時期には、幕府も、二百六十名余の大名も、身分的には劣るはずの人々に明らかに依存していたのである。個性とイデオロギーの関係においては、しばしば綱引きのように一方が出れば一方が引くということが起こるが、ハーバート・ビックスの言葉を借りれば、政治的権力を握る者たちが「自らの地位を守るため」に戦略的撤退を行えば、「その分だけ有力な農民や商人の社会的地位が向上する」のだ（Bix 1986, p. 152）。

只野真葛が登場するおよそ二千三百年前には、孔子が指導者の心得について以下のように述べている。

子曰く、之を道くに政を以てし、之を斉うるに刑を以てすれば、民免れて恥無し。之を道くに徳を以てし、之を斉うるに礼を以てすれば、恥有りて且つ格し。

（『論語』為政第二、三）

孔子の選んだ「徳」という語が、徳川の「徳」でもあったことは皮肉であろう。徳による指導の効果のほどが、孔子の言うほどのものであったかどうかはさておき、元禄時代以降、徳川のイデオロギーの力は衰退し、日本ではそれまでのどの時代よりも個性が容認されるようになった。これは真葛が挙げたいくつかの美徳からもわかる。義理は人情の対概念としての位置から、感情と平衡をとることによって人生を実り豊かなものにする道義的な責任へと移り変わっていった。また、率直であることは重要視されなくなり、元禄時代の終わりには、それをイデオロギーによって繰り返し称揚し、記念しなければならない状態にまで陥っていたのである。

徳川時代の最後の数十年間には、外交や国防、天皇が担うべき役割などについて多くの議論がなされたが、この時期もやはり、本書で取り上げてきた様々な主題にとっての分水嶺というべきであろう。これだけ多くの事柄が公的な場で「議論」されたということが、すでに史上例のないことであった。そして一八六八年とその前後の数年間に最も重要視された問いは、「我々は何者か」というものでも、「我々はどこから来たのか」というものでもなく、「我々はなぜこのような状況に至ったのか」というものであった。

祖先の故郷、そして藩や大名への忠義は未だ篤く、新国家の建設にあたってはその抹消が大きな課題であった。明治維新と名づけられたそのクーデターから十五年ほどが経った一八八二年の三月には、ソルボンヌでエルネスト・ルナン（一八二三―九二）による学会発表が行われている。ルナンはそのなかで、「国家の本質とは、その個々の構成員が多くの共通認識を持っているということであり、また彼らが多くを忘却しているということである」と述べている。(2) 事実、外国人によって定義された近代性という「新しい」ものを学ぶためには、その概念と衝突する様々なものを忘却する必要もあっただろう。しかし、本書で検討してきたように、その学びをむしろ促進するような事例も、集団的に共有された過去のなかには存在していたのである。

また、明治のイデオロギーが徳川のアイデンティティを乗り越えるためには、時には忘却では物足りず、抑圧が必要となることもあった。ルナンは同じ講演の最後に、こう述べている。

健康な精神と温かな心を持った男たちの集団こそが、私たちが国家と呼ぶところの道徳的意識を作り上げているのです。この道徳的意識が、共同体の利益のために個人を閑却するという形でその強靭さを証拠立てる限り、それは正しく、存在する権利を持つものなのです。

一八五〇年代になると、個性は、徳川時代の初期にはあれほど抑圧的であったイデオロギーの大部分を乗り越えていた。十返舎一九の主人公たちにとって、協調性や共感というものが、いかに素晴らしいものではあれ、快楽追求の足枷になっていたことを思い起こしてみよう。ところが明治時代の夜明けには、ようやく手に入った個性も再び手放されなければならなかったのである。

明治時代の初期が急速な変化と変容の時期であることは明らかである。しかし、歴史学上の難問は、徳川時代の後期からあまり変化せずに明治に受け継がれたものは何であったのか、というものである。例えば以下は、大政奉還に関する二つの視点である。一つ目は、当時日本に駐在する外交官であったアーネスト・サトウ（一八四三―一九二九）が、記録と記憶をたよりに綴ったもの。そして二つ目は、明治天皇の死後九十年を経て書かれた、ドナルド・キーンによる優れた伝記の一節である。

日本国天皇より諸外国の君主とその臣民に告ぐ。朕は将軍徳川慶喜の願いを受け、その権力の返還を許可した。朕はこれより内政および外交のあらゆる事項について決定権を持つ。これにつき大君の称号は取り決めの通り、天皇と改める。外交に関してはすでに役職者を任命した。条約を結ぶ各国の代表が、この宣告を追認することを望む。一八六八年一月三日、睦仁。

（Satow 1921, p. 353）

一八六八年一月四日（中略）［岩倉具視は］礼服で御所に馳せ参じるべしとの命を受けた。（中略）やってきた彼は王政復古の大号令をはじめとする文書を納めた箱を捧げ持っていた。御前に案内されてきた岩倉は、天皇の望みに沿って書かれたものであるとして大号令を奉じた。若い天皇はすぐに（中略）政権が天皇に返還されること、将軍や摂政関白の地位を廃止すること、そして新しい政府を作ること、などを記した文書を、声に出して読み上げた。

（Keene 2002, p. 12、傍点引用者）

サトウの証言では、新君主はその権力と称号について「宣告」を行っているが、キーンの伝記では他者によって起草された文書を「読み上げ」る形になっている。前者は新政府がその新しい君主に付与しようとしたイメージにも合致しており、明治初期のイデオロギーを明確に反映していると言えるが、後者は文書の綿密な調査によって導き出されたものであり、明治期における支配のあり方を実際に近い形で伝えている。

どちらにしても、事実一八六八年は重大な年であり、そこから相次いだ政治的な変革は本書で取り上げたすべての主題にも影響を与えている。アイデンティティの点で言えば、いまや江戸の人々は「帝国」の民となるのと同時に、「近代人」にもならなければならなかった。宗教面では、特に神道が新国家と密接に結びついたが、新政権は一方で信教の自由を保障していた。そして、当の執政者たちはさておき、国民には自己の利益よりも国の利益を優先することが求められた。不平等条約の解消、関税の撤廃をはじめ、新帝国の基礎づくりには課題が山積みだったからである。教育の機会は間もなく普遍的に与えられるようになったが、そのためにそれぞれの地域に大きな負担が強いられた。また、何よりも難題だったのは、過去の政権の歴史化を行うなかで、それをようやく乗り越えることのできた過ちとして人々の記憶に焼きつけることであった。

とはいえ、この計画に加わった人々にとってそのような方向性が曖昧なものであったことは、例えば一八六八年四月に天皇の名において示された五箇条の御誓文にも表れている。この文書は、公議の精神を掲げ、公の議論なしには物事が決定されないと表明してはいるものの、実際の決定権を誰が握っているのかは明記されていない。機会の平等と自治を高らかに謳うように見えるこの文書は、あらゆる階級が共に協力し合い、職業選択の自由を行使することを奨励しているが、それは個人の利益のためよりも、安定した国家を作り上げるための方途なのである。御誓文ではまた、「旧来ノ陋習」を打ち破ることの必要性が述べられているが、それはあたかも「陋習」を堅持しようとする人々が存在しているかのようである。また、知識の重要性も強調されているが、世界の知識を吸収するのは公共の利益のためではなく「皇基ヲ振起」するためなのである(3)。

直近の過去が部分的に暴力で切り開かれたものであったという事実も、早急に書き換えられる必要があった。新しい時代を極めて平和な形でもたらしたのは、偉大な啓蒙主義者としての君主でなければならないのである。一八七一年には、三十歳の若き為政者である伊藤博文（一八四一―一九〇九）が、サンフランシスコの聴衆を前に「無血革命」についての公式な説明を行ったが、その内容は明らかに誤りを含んでいる。「わが国の大名たちは自主的に版籍奉還を行い、それを寛容な新政府は容れたのです。数百年来強固に継続してきた封建制度は一個の弾丸をも放たず、一滴の血をも流さないで廃棄されました」（Center for East Asian Cultural Studies 1969, p. 97）。

変化は急速なものであると同時に不均等なものであった。忘却に抵抗する動きもあった。本書の随所で触れてきたように、福澤諭吉のような「啓蒙」された知識人は、一八七二年の時点で自由や平等という概念を擁護し、その過程で徳川時代の政策を非難した。むろん、このような姿勢には反発も出た。パロディ的な手法を用いた万亭応賀などの反論がよい例であろう。もちろん応賀は、近代ならではの個性を十全に発揮しているのだが、ここでは皮肉にも福澤が新たなイデオロギーのスポークスマンの役を担わされているのである。また、教育とアイデンティティが密接に結びついている国学の文脈では、一八六八年、すなわち平田篤胤の死から二十五年が経過した時点でも、私塾の気吹舎《いぶきのや》には九百八十八人もの新たな弟子が入塾している。これは同塾の歴史上でも最大の数字である。ところが、僅か四年後の一八七二年には、新たな入塾者は僅か四名だったのである（小島二〇〇二）。日本は驚くべき速さで変化しており、そこに「旧来」のものが入り込む余地はほとんどなかった。事態が変化したのは、その伝統的な思想が皇国の理想追求に有益である、ということに近代の国粋主義者たちが気づいた時であった。

■註

（1）一六八八年に世界で起こっていたことや、それらの出来事の間の反響についての極めて興味深い考察は、ジョン・E・ウィルス（Wills 2001）を参照。また形而上学に関心のある読者には、数秘学的なアプローチも魅力的だろう。世界は一元的なのか二元的なのか？　それとも古代中国の天文学者が考えたように、五という数字を中心に成り立っているのだろうか？　あるいは朱子学者の邵雍（一〇一一―七七）が論じたように、世界のパターンは数字の四を基礎に出来上がっているのだろうか？　歴史の分岐点についての考え方もこれと似たようなものである。数字に意味を付加すればするほど魅力は増すが、同時にそれは恣意的なものにもなりかねない。

（2）Ernest Renan, "What is a Nation?" 一八八二年三月十一日に行われた学会発表の原稿、Renan 1992 所収。http://ucparis.fr/ files/9313/6549/9943/What_is_a_Nation.pdf（二〇一七年三月十一日取得）

（3）http://afe.easia.columbia.edu/ps/japan/charter_oath_1868.pdf（二〇一四年十二月七日取得）

あとがき
――現代日本における個性への反発

二十一世紀の最初の二十年が経過しようとしている現時点での日本社会における個性を検討しようとすると、相変わらず個性と国家のイデオロギーの鋭い対立が感じられる。太平洋戦争の終結後には、国家の再建に向けて集中的な努力が必要となった。そして占領の解除を経て、直近の過去を悪しきものとして捉える傾向が生じたことは、明治時代の初期に福澤諭吉が直面していた状況を彷彿とさせる。往時も、大義に加わるべしというイデオロギーの重圧には相当なものがあっただろう。ここまでの各章では、近世の日本社会の様々な側面を摘出しながら、当時の日本では先行するどの時代よりも個人間の差異が重んじられていた、ということを証拠立ててきた。また、現在を過去に押しつけるということの危険性についても論じてきたが、その落とし穴には十分に注意した上で、これまでに扱った主題を二〇一〇年代の日本に当てはめてみよう。

アイデンティティと志向性

アイデンティティを拒絶することは可能ではあるが、そうすればすぐに新たな、あるいは似て非なるものが擡頭し、その隙間を埋めようとする。太平洋戦争を礼賛し、それをアジアにおける日本の使命として肯定するような見方は、背景にあった人種的・文化的優位性という発想と共に、急速にタブー視されるようになった。それと入れ替わるようにして強調され始めたのは、イデオロギーに満たされた中途半端な真実であった。つまり、以下のようなものである。日本人は勤勉である。日本社会は協調性に富んでいる。礼儀作法は芸術の域に達するほどである。日本人の起源は不明だが、日本は単一民族国家である。日本語は極めて独特な言語であって、精巧な表現よりも曖昧な表現に向いている。伝統文化は素晴らしく、洗練された美的感覚には普遍的なものがある。日本人は自然を愛し、四季の移ろいに合わせて生活している。日本の歴史は海外からの影響を受けながら、それを拒絶することの繰り返しである。そして必要とあらば、日本人は驚くほど団結した行動をとる……。

戦後に国家主義的な言説を封じ込めていた圧力は、一九七〇年代には翳りを見せ、多くの海外の研究者が新たな（だが実は伝統的な）ナショナリズムの浮上を指摘するようになった（Buruma 1987）。戦後七十五年を目前に控えた現在、日本の国会は「存立危機事態」を前に「抑止力」として長距離巡航ミサイルの購入を検討するという、戦争放棄を宣言する日本国憲法第九条の軽視を、まさに実行しようとしているのである。二〇一六年成立の「ヘイトスピーチ対策法」は在日コリアンをはじめとするマイノリティへの差別的言動を減少させたと言われるが、この法律がヘイトスピーチを明確に禁止せず、罰則規定も盛り込まれていないことについては、インターネット上を中心に批判が集まっている。中国は再び日本にとって代表的な「他者」となっており、領土問題のみならず、中国経済の隆盛や政治的実行力の高さ、それに同国の明るい展望は、日本にとって恐怖の対象とも羨望の的ともなっている。一方、大阪近郊では黒髪しか認めないという校則を遵守する高校によって、強制的に髪を染められそうになった女子生徒が退学し、地域の教育委員会を相手に訴訟を起こしている。

もちろん、個性を擁護する人々はいる。少なくとも二つの団体が、理不尽な校則から生徒児童を守るための行動を起こしているのである。個性を表現することは、一九三〇年代以降のどの時代よりも容認されているだろう。東京の明治神宮の入口で撮影された写真（図9―1）を見てみよう。近くにはファッションの最前線をゆくショッピング街である表参道があり、原宿はコスプレの中心地でもある。

写っているのは以下のような人たちである。工業化された現代を代表するかのようなカメラマンは、職業に似つかわしい服装で機材を携えている。番傘を差した、男性とも女性ともつかないコスプレイヤーは、矮小化された個性で自分の周りの小さな世界に影響を及ぼそうとする、典型的なポストモダンの人物であると言えよう。そして、修学旅行中なのだろうか、後ろにいる制服を着た若者たちは、それぞれに異なる靴を履くことで周囲からの差別化を図っている。ちらほら見える外国人は、参加者と言うよりも見物人と言うべき

【図9 - 1】明治神宮の入口にてコスプレ。©Howard French (all rights reserved)

だろうか。最後に、写真の中央にいる年配の女性は、まるで異なる時空からやって来たように見える……。さて、この光景が展開されている場所はどこか？　言うまでもなく、そこは日本の工業化と軍事化への息詰まるような変革を誰よりも象徴する君主、明治天皇に捧げられた神社の入口なのである。

今日の日本の宗教、あるいは宗教思想はどのような状況にあるのだろうか。日本人のうち、クリスチャンは一％から二％に過ぎない、ということがよく聞かれるが、今日の日本で明確な信仰を持つのは人口の十五％ほどであるとも言われる。まるで二百年前の幕府と同様、日本政府は日本人を権力に背かせかねない思想や信仰から「守ろうと」しているかのようである。もはや百年にわたって「政教分離」をめぐる議論が続いていることも、その証拠と見なせるだろう。物議を醸すことの多い靖國神社に加え、古代から続く伊勢神宮などに対する安倍晋三（一九五四―）首相の気配りと気前の良い援助が、憲法の掲げる政教分離に違反するのではないか、という疑問も取り沙汰されている。要するに、宗教への参加という意味では数字は目立たないものの、今日の日本においても宗教や宗教思想は直接的、あるいは間接的に、アイデンティティと個性のあり方に影響を与えているのである。それは徳川時代と同様に、組織的な形や知的な形をとっている。

反抗と公共圏

政治参加や公共圏の問題は、今日の日本ではどのような位置にあるのだろうか。私がこの「あとがき」を書いている時点で、日本はいくつかの大規模なデモを誘発するほどの課題を抱えているが、このところ行進の声は弱まりつつあるようだ。第一に、海外では単に「フクシマ」と総称される、二〇一一年三月の地震・津波・放射線漏れと、原発再稼働の問題。第二に、戦後日本の憲法、特に第九条の改正をめぐる問題。第三に、政府による安全保障法案の悪用への危惧。そして第四に、沖縄・普天間基地の移設をめぐる問題である。

二〇一三年十月、何万もの――主催者発表では四万――人々が都内を行進し、原子力発電所、ならびに国内六十三箇所の、研究を用途とする以外の原子炉の再稼働に反対の声を上げた。また二〇一四年八月には、沖縄県議会議員の一部と平和活動グループの指揮の下、米国海兵隊のキャンプ・シュワブ前の通りを三千六百人が埋め尽くした。そして二〇一四年四月には、東京で三千人が反対集会を開き、安倍首相の平和憲法改正の動きに待ったをかけた。反対の根強さを受けて政府は方向を転換し、憲法の「再解釈」によって集団的自衛権の発動を可能にしたが、これはむろん憲法を改正せずに目的を達成するための詭弁であった。悲劇的なことに二〇一四年六月二十九日には、憲法改正を避けるために集団的自衛権の議論を持ち出した安倍内閣の手口に抗議して、男性が新宿の歩道橋で焼身自殺を図っている（一命は取り止めた）。さらに二〇一四年の十一月十一日には、日比谷公園でも別の男性が同様の行動に出た。この男性は命を落とし、安倍首相と両院議長に宛てた文書が遺された。

これらの反抗は、いずれも効果的とは言えなかった。多くの原子炉は止まっているが、二〇一五年には二基が再稼働し、政府はさらなる再稼働に積極的な姿勢を見せている。同時に反原発のデモの規模は縮小し、フクシマはいまや「悪い思い出」と見なされているかのようだ。核を持たないという政府の表向きの姿勢をさらに追い詰めているのは、北朝鮮の核武装である。核兵器を完全に放棄したままでは、日本が戦略的に不利になるのは避けられない、という感覚がある。

普天間基地の辺野古沖合への移設問題では、二〇一五年に翁長雄志知事によって埋め立て承認が取り消されていたが、二〇一六年後半には知事の敗訴を受けて取り消しが撤回された。沖縄の世論は、現在もすべての米軍基地の閉鎖とすべての米軍の退去を求めているが、そのような声が高まり、デモにまで発展するのは決まって駐在する米軍による犯罪が起こった直後である。だがそれらのデモにしても、参加者が実際に事態が好転することを確信している様子はなく、どこか空想的という印象は拭えない。国内では政治的風土が最も活発な部類に入るであろう沖縄の一歩外へ出ると、一定の効果を確認してから沈静化していた徳川時代の一揆に見られたほどの行動力や怒りは見受けられない。事実、国会議事堂前のデモに対して自由民主党政権が見せる反応は、国会議員の発言の妨げになりかねない「うるさいデモや運動」をどう統制すべきか、というようなものに過ぎないのである（*The Japan Times* 2014b）。

また、二〇一四年の「十一月二日に開かれた労働者集会で公人に妨害を加えた」上に「沿道の警察に暴力をふるった」として参加者三名が逮捕された事件に見られるような、警察の過剰反応も注目に値するだろう。三名のうち一名は京都大学の学生であったが、彼は集会から十一日も経ったあとに、京都市左京区にあるキャンパス内の熊野寮で逮捕されている。しかも、彼一人を逮捕するために動員されたのは防護服をまとい、盾を構え、ヘルメットをかぶった数十名の警察官であり、さらに「援護」のために、京都府警ではなく東京の警視庁から私服警官までが派遣されたのである。結局のところ、集会での暴力が事前に計画されたものであるという証拠は何一つ出なかったが、寮に暮らす学生たちを恐怖に陥れてまで行われたこの襲撃の理由は、あくまで「混乱を防ぐため」だったというのである。ジャパン・タイムズの記事はさらにこう続ける。

学生の急進的な運動が日本でピークを迎えていたのは一九六〇年代から一九七〇年代であり、当時は米国との軍事同盟、ヴェトナム戦争、そして千葉県に建設中であった成田国際空港などに反対する過激な活動家がデモを行っていた。しかし、これらの運動は日本が豊かになるにつれて徐々に衰退し、市民勢力を形成する活動家も数はかなり減少した。しかし現在、人々の不信を招いている原発の再稼働や軍事力の拡大が、彼らに新たな推進力を与えている。警察は彼らの抗議活動に頻繁に武力を行使するが、これらはたいてい小規模な集会で、参加者には年配の市民も多い。

(The Japan Times 2014c)

このような横暴な振る舞いに対する世論の沈黙は、消極的にではあれその容認を意味するだろう。日本には民主主義がない、などと主張する者はいない。選挙は活気があり、しばしば騒がしい。投票率も、これまで六十%から七十五%であることが多かった。[1] ましてや、情報網の発達している日本において、政治制度についてまるで無知な国民がいることは想像しにくいのである。二〇一七年九月下旬、安倍首相は北朝鮮との緊張が高まるなかで衆議院の「電撃解散」を発表し、世間を驚かせた。そして首相の計算はおそらく正しかったのである。選挙前には支持率が低下していたにもかかわらず、自民・公明の連立与党はこの選挙でも三分の二にあたる「安定多数」の議席を維持した。数の上では憲法改正の発議も可能である。総選挙に三度続けて勝利したのは、一九五三年以降では安倍首相が初となる。

日本人は教育を受ける権利を持ち、保険や年金への加入をはじめ、様々な社会的サービスを享受している。その水準は徳川時代のあらゆる理想主義者の想像を軽く超えるものであろう。しかし、政治の領域について言えば、今日の日本には未だ儒教的な、家父長的な権威者に対する黙従とでも言うべき態度が見られる。むろん、「完璧」な民主主義などというものは定義すら難しく、実在することもないが、それでも日本の「多層的」な民主主義には以下のような欠陥があることが、近年の研究では指摘されている。

政治的な決定は不透明な方法でなされており、機能不全に陥っている。(中略) 組織は腐敗し、選挙制度は農業従事者のような小規模なグループに優位に働く仕組みになっている。この一党独裁の「変わり種民主主義国家」は、スローガンを連呼するばかりで何一つ実行しない無能な政治家が舵をとる「カラオケ民主主義国家」であり、反対勢力も現実的な対案を出せないでいる。悪しき政策により格差は拡大しており、市民社会が国家に利用されている状況である。排他的な官僚が立法や政策決定に過剰な影響力を持っており、自主規制ばかりのメディアは政治を監視するという役割を果たせていない。ジャーナリストたちは政策を報道することよりも正当化することに力を入れている。そしてこの国では教育や知的な場も抑圧されている。

(Otmazgin et al. 2015, p. 3)

以上の欠陥は、北米や欧州の「自由民主主義国家」にも見出され得るものではある。しかし、だからと言ってそれらの欠陥の脅威が小さなものになるわけではない。日本人の多くがこれらの欠陥に気づきながらも行動を起こさずにいることは、イギリスのレガタム研究所が毎年発表するレガタム繁栄指数にも表れている。二〇一四年、一四二カ国を対象に行われた調査では、「表現・信仰・集会の自由、ならびに自治」に関するカテゴリーで日本は二十八位であった。これはカナダ (五位)、米国 (二十一位) よりも下位であり、ブラジル (二十七位) とブルキナファソ (二十九位) の中間である (Legatum Prosperity Index 2014)。また気になるのは、二〇一七年の調査ではさらに順位が下がっていることである。カテゴリーを分ける方法や用語が変更されたため、直接の比較は難しいが、「個人の自由」カテゴリーでの日本の順位は四十六位であり、人間関係や社会的ネットワーク、市民参加などを測る「社会資本」カテゴリーに至っては、百一位という驚くべき結果であった。ジョージ・デヴォスが指摘したように、「日本において社会化は、自治に関する問題提起を行うよりも、権威を正当化する傾向が強い」(DeVos 1985, p. 178) のである。この「社会化」を「イデオロギー」に置き換えてみれば、さらに問題の確信が見えてくるだろう。憲法改正と「集団的自衛権」の問題を念頭に置きながらアンドリュー・オロスが述べたように、「驚くべきは、変化が起こっているということではなく、その変化が極めて静かに起こっているということ」、つまり日本のニュース・メディアと国民の沈黙なのである (Facker and Sandler 2014)。実際、他の国々であれば市民社会を活性化させずにいないような事態――すなわち一九九五年の阪神・淡路大震災やオウム真理教による地下鉄サリン事件への政府対応の遅れや、二〇一一年の福島での出来事をめぐる政府や東京電力の不誠実な対応など――を目前にしても、一時的にボランティア活動が盛り上がるなどの反応はあるものの、世間からの注目が持続することはなく、結局は政府の家父長的な態度を助長する無関心状態へと戻ってゆくのである。

市民による情報へのアクセスを警戒する政府がとった大胆な行動にも注意を向ける必要があるだろう。二〇一四年十二月十日、世論の八割が反対を表明していたにもかかわらず、政府は「特定秘密」を保護する法案を通し、四十六万もの文書を秘密文書に指定した。政府が外交や防衛、テロ対策、スパイ対策などに関して秘密を持つことは気持ちのよいことではないものの、その必要性には納得できる部分もある。しかし不気味なのは、法律が発効したあとにどの程度の情報を「特定秘密」に指定するつもりか、という記者の質問に対して、透明性に欠ける官庁はきちんと答えようとせず、まともに回答したのは十九の官庁のうち三つだけだった、という事実である（*Kyodo News* 2014）。市民が団結することでこの状況に変化がもたらされるかどうかは、現時点では不明瞭である。

宗教と国家

かつての日蓮宗の内紛、そして信徒と国との間の緊張関係を彷彿とさせる状況が、現在の日本でも見られる。明治政府は、欧州と北米からの圧力を受けてキリスト教を禁ずる法律を撤廃した。こうして一八七六年には不受不施も禁を解かれ、日蓮宗不受不施派として認知されたのである。しかし宗内には、再び不和が持ち上がった。密かに不受不施の原則を守っていた「内信者」と、国家の禁止に対して大っぴらに声を上げて反抗してきた「法立」との対立である。両者はどちらも岡山の寺院を本山と定めていた。岡山は第四章で取り上げた坂本真楽の時代から、不受不施運動の中心であった地である。

一九四二年、宗教の国営化を目指していた日本政府は、不受不施派の後継として妙信講を設立した。あまり知名度のないこの組織は、一九七八年には富士大石寺顕正会、あるいは単に顕正会と呼ばれるようになった。百万人以上という公式の信者数は疑わしいが、顕正会では「達磨を誹謗する者」、すなわち法華経の排他主義の原則を軽視する「謗法」を激しく非難する。一九七三年、顕正会は日蓮宗の中心的な崇拝の対象である「日蓮御本尊」、あるいは「文字曼荼羅」を祀っている大石寺に、創価学会が巨大な本部を建てることを計画していると知り、これに反対した。これをきっかけとして一九七八年、顕正会は日蓮正宗から除名されたのである。日蓮正宗は伝統的な日蓮宗の諸派のなかで現存する最大級の一派であり、霊友会や立正佼成会、それに創価学会のように、勢いのある新宗教の母体ともなっている。

牧口常三郎（一八七一―一九四四）と戸田城聖（一九〇〇―五八）という二人の教育者が先頭に立ち、創価教育学会を設立したのは一九三〇年代のことであった。初代会長は牧口である。数世紀前の不受不施派の信徒と同様、牧口と創価教育学会は戦時下の政府と衝突した。教育勅語に対する姿勢から、不敬罪に問われたのである。一九四三年、牧口、戸田、そして指導的立場にあった二十名の信者は東京拘置所に収監され、牧口は翌年、栄養失調のために獄死した。

戦後に釈放された戸田は、一九五一年に組織を再始動させ、名称を創価学会と改めた。不信心な者を折《しゃく》伏《ぶく》するという伝統的な日蓮宗の手法をかつてない積極性で実行に移し、創価学会は一九五三年には二十万人だった信者を、一九六二年には三百五十万人にまで増やした。折伏を前面に出した学会の戦略は、国内はもちろん、特に海外で批判されてきた。今日では本格的な折伏が行われることはほとんどないが、教義を受け入れない者に対するその猛烈な姿勢は、いまなお創価学会の教えの中心にある。

一九九〇年から現在に至るまで、創価学会と日蓮正宗は、どちらが正統であり、どちらの信仰が本物なのか、という点を争い続けてきた。見ようによっては、創価学会は因襲的な司祭たちに嫌気がさして革命を決行した、プロテスタント的な人々と言うこともできる（Métraux 1992）。だが別の見方をすれば、それは巨大な野心を持ったカルト集団同士の権力闘争とも見ることができるのである。いずれにせよ一九九一年、大石寺は創価学会を除名し、その幹部と信者たちは事実上の破門となった。

また、創価学会が一九六四年以来、公明党の後ろ盾となっているということは、日蓮宗をめぐる仏教と国家の問題が現代にも受け継がれていることを意味する。一九五五年頃から創価学会は信者に立候補を推奨するようになり、その試みはかなりの成功を収めている。一九五五年には五十二名の公認候補のうち五十一名が選挙に勝利し、さらに一九五六年には三名の信者が国会入りを果たした。一九五七年には、青年部長だった池田大作が有権者に金品を贈ったとして公職選挙法違反で逮捕、勾留されている。勾留は二週間続いたが、その後、四十八回の公判を経て、一九六二年に無罪となった。そして一九六四年、すでに四年前から会長の座にあった池田は、公明党を立ち上げる。

公明党はしばしば論争の的になってきた。一九六八年には、八人の党員が不正投票で有罪となり収監されている。一九九四年には公明党は二つの党に分離したが、一九九八年には再び公明党として合流し、これが今日、自民党と連立する政党である。日蓮宗の主導権をめぐる内紛は、日本国家の様々な部局との関わりのなかで、おそらく今後も続いてゆくことだろう。

教育・自己の向上と国家

二十世紀後半の日本社会について論じるなかで、ジョージ・デヴォスは「日本における自己の感覚は身近な社会に向けられており、西洋で理想とされるように、真に独立した、超然としたものを目指すことはない」

と述べている(DeVos 1985, p. 179)。これは卓見であり、現代の日本では個性は相変わらず強力なイデオロギーに押し流され、個人的な利益はしばしば集団、なかでも国家のそれに圧迫されている。だが同時に、近世から続く自己の向上への関心は根強く、とどまるところを知らないようにも思われる。

大まかな数字で論じよう。仮に三千万人の人口を抱えていた近世末期に一万五千の寺子屋があったとするならば、人口二千人につき一つの寺子屋があったことになる。一方、現在(平成三十年三月)の日本には、一億二千六百五十二万の人口に対して、およそ十万の塾と予備校がある。つまり人口一千二百六十五人につき一つ、塾あるいは予備校があるということになるのである。[2] 二〇一一年にエコノミスト紙が行った調査によると、小学校一年生でもおよそに二割の児童が塾に通っており、大学進学を目指す高校生となると、ほぼ全員が何らかの校外学習を行っているのである。その費用は平均で年間二十六万円にも上る(*The Economist* 2011)。[3] もちろんこれは、原則として無償で提供される十二年間の公教育に上乗せして行われるものであり、国家にとっても家庭にとっても、教育が投資としての魅力を失っていないことがわかる。[4]

日本は自国についての研究が盛んな国であるが、学術的ではない教育、すなわち自動車教習や英会話、自身の魅力を高めるための各種の習い事、あるいは料理学校などに関する統計を見つけることはできなかった。電車や地下鉄の車内に溢れる広告の数を見れば、これらの技術や知識への需要が高いことは明らかであるにもかかわらず、である。一方、生け花や書画、茶道などの伝統的な技術は今日でも重要な家内産業になっているが、これはピアノやヴァイオリンをはじめとする楽器の演奏技術についても同様である。二〇〇六年に行われた東京の十一歳の児童を対象にした調査では、最も人気のあった習い事は音楽(二十七%)、英語(十八％)、書道(九・五％)、バレエ(九・四％)であった。なお、五十二％の児童が運動部に所属しており、十五％の児童は何も習っていなかった。米国の首都ワシントンDCにおける同年代の児童の場合を見てみると、十四％の児童がバレエを、二十七・五％の児童が音楽を習っており、スポーツ活動に参加している児童は七十五・五％にも上った。[5] しかし、これらの習い事の効果となると、TOEFLのウェブサイトを見る限り疑問は残る。受験者の平均点が日本よりも劣るのはカンボジア、ラオス、タジキスタン、東ティモールだけであり、日本はモンゴルと同点であった。[6] 日本の国内総生産のうち、教育に振り分けられているのは僅か三・八％で、これは世界で百十五番目の水準であるが、[7] 国内の教育に対する満足度は高く、世界でも四位となっている (Legatum Prosperity Index 2014 and 2017)。また、日本の大学はアジアのなかでは最高水準にあり、東京大学はあるランキングでは世界トップ五百校のうち三十九位の評価を、[8] 別のランキングでは四十四位の評価を受けている。[9] しかし、タイムズ紙のランキングではトップ二十五校に入り損ねており、ここではシンガポール大学(二十四位)や北京大学(二十九位)、そして清華大学(三十五位)のほうが上位につけている。

日本の識字率は今日でも九十九％と発表されており、これはあるいは世界でも最高の数字だが、識字率は基本的に小学校を卒業した人口の割合で計測されており、目的に特化した調査が実施されているわけではない。最近までは町の至るところに書店があり、通勤通学の際に読書をする人も多く見かけたが、ここ数年は携帯型の電子端末の爆発的な普及により、あえて新聞や雑誌、漫画本や書籍を選ぶ人が減っているようだ。大手書店のウェブサイトを参照すると、およそ四十のカテゴリーに分類された商品のうち、最も人気があるのは文芸であり、二位が教養、四位が教育である。就労に必要な資格に関するものは十位であった。これらのカテゴリーが徳川時代の私塾においても中心的なものであったことは言うまでもない。

興味深いことは、あれほど多くの児童が芸術や運動の訓練を受けており、さらには充実した塾や予備校で十分な能力を身につけ、優れた大学にも進んでいるというのに、十三歳から二十九歳までの日本人の自尊心の度合いは、ある調査の対象となった七カ国のなかで最低であった。「自分自身に満足している」と答えた回答者は僅か四十六％であり、一般的な自尊心についても、日本は五十三カ国で最低の結果であった（Hirri 2005)。自己の向上への関心が高いのは、自尊心が低いからなのか、それとも向上のための訓練の内容や将来の展望のためなのかは不明である。ただ明らかなのは、近世の識字率や自己の向上、修身への高い関心が、間違いなく今日の日本にも引き継がれている、ということである。

私は先に、儒教的な私塾が隆盛したことと道徳教育への関心の高さを結びつけることは、現代の価値観を過去に押しつけることになるのかもしれない、と述べた。一八九〇年代以来、国家は新しい公教育制度を利用し、市民教育、道徳教育の名の下に、児童生徒に対して愛国心や皇室への忠誠を教え込んだ。一九四五年から一九五二年までの占領時には、教育制度の大胆な改革が行われ、カリキュラムからはまず軍国主義が一掃された。そして、代わりに民主主義が強調され、そのなかには個人的な価値観の尊重も盛り込まれたのである(Dierkes 2011、特に pp. 110-123 を参照)。このような改革は、伝統的に左派である日本教職員組合(日教組)によって強く支持され、組合は式典での国旗掲揚・国歌斉唱も拒否してきた。大阪では、国家主義者からの圧力に逆らって国歌斉唱をしなかった教員が減俸や懲戒、停職などの処分を受けたが、このような教職員は全国で数百名に上る（*Japan Today* 2012a and 2012b)。

とはいえ、道徳教育は選択科目として公教育のなかに残り、現在では再び国語や算数、社会科と同様の必修科目に位置づけられようとしている。これが実現すれば、日本の公教育は再び戦前および戦中の愛国教育の様相を呈することになり、教育機関と市民性の結びつきは、二百年前の日本と比較してもより強固なものになりかねないのである。

幸福と福利

今日の日本では、幸福と福利はどのような状況にあるのだろうか。この問いに答えることは容易ではなく、その過程にも常に矛盾を孕むように思われる。幸福の追求が現在でも日本人にとって大きな目標の一つであることは、（一九四六年に公布され、一九四七年に施行された）日本国憲法の第十三条にも明記されている。「すべて国民は、個人として尊重される。生命、自由及び幸福追求に対する国民の権利については、公共の福祉に反しない限り、立法その他の国政の上で、最大の尊重を必要とする」。ここには米国の独立宣言や、福澤諭吉の『学問のすゝめ』の言葉（「自由自在、互いに人の妨げをなさずして各々安楽にこの世を渡らしめ給う」）が反響しているように思われる。要するに、戦後日本においても幸福の追求は重大事なのであり、幸福であることと、個人として尊重されるということは明らかに重なり合っているのである。幸福の追求が根源的な願望であることは、むろん本書の見方とも一致する。

日本において幸福が強く希求されていることを示す証拠はほかにもあるが、それにはまたしても宗教が大きく関係している。海外ではHappy Scienceとして知られる著名な新宗教、幸福の科学である。大川隆法（一九五六―）によって一九八六年に設立されたこの宗教は、国内外で多くの信者を得ており、二〇〇九年には幸福実現党という独自の政党も立ち上げている。幸福の科学は、「普遍的な真実の教えを通して個人の恒久的な幸福を授け、（中略）調和・愛・繁栄からなる理想の世界を創ることを目指す」とする。また、この団体による幸福の定義とは「私と公の調和であり、（中略）静寂と幸福のバランスにより、満足と生き生きとした幸福を得、進歩し、発展する」ことである（Happy Science 2014）。本書で特に注目したいのは、幸福と個人が結びつけられていること、社会の「進歩と発展」が個人の「満足」に結びつけられていること、そして、それによって個人と公共が調和すると謳っていることである。

二〇一〇年から二〇一二年にかけて世界百五十六カ国を調査した「世界幸福度報告」によると、日本の順位は四十三位であり、デンマーク（一位）、カナダ（六位）、米国（十七位）に大きく遅れをとっているのみならず、韓国（四十一位）や台湾（四十二位）にも劣っている（Helliwell et al. 2013）。日本では女性の平均寿命は世界一、男性もそれに近い水準である。日常的なテロの脅威もない。経済規模は世界三位であり、国民一人あたりの国内総生産も常に十五位から三十位の間に入っている。それにもかかわらず、このような幸福度の低さを目の当たりにすると、やや驚きを禁じ得ない。しかも、翌年の同調査の結果を見ると、日本は百五十六カ国中の五十三位にまで順位を落としており、ウズベキスタンやロシアよりも下位となっているのである。この順位は二〇一七年まで、ほぼ横ばいのままである。この動きを説明する一つの見方としては、利他主義が挙げられる。二〇一一年の一連の出来事を経て、日本ではにわかにボランティア活動が盛んになり、結果として社会的紐帯が強固なものになった。これが幸福度の上昇に反映された。しかし、この動きが衰退を始め、日本は「より自己中心的、階層的、消費至上主義的な生活観へと回帰した」のである（*Japan Times* 2016）。

二〇一三年には経済協力開発機構（ＯＥＣＤ）も、三十六の加盟国を対象に幸福度の調査を行っている。先の調査との違いは、この調査では「生活への満足」と「幸福」とが区別され、後者では一日に感じる達成感や満足感が、痛みや心配、悲しみのような感情と対置される形で調査されたのである。一方、機構の説明を見ると、前者の「生活への満足とは、現在の感情ではなく生活の全体に関する評価を指すものであり、客観的な福利にとって重要な状況や条件を意味する」（OECD 2013）。生活への満足では、日本の指数は〇から十のスケールで六・〇であり、これは平均の六・六を下回っている。だが幸福、つまり日常的にポジティブな感情がネガティブな感情を上回る度合いでは、ＯＥＣＤの平均である七十六ポイントを遥かに上回る八十六ポイントの評価を受け、加盟国で最も幸福な国となったのである。

いったいこの結果をどのように説明すればよいのだろうか。思うに、生活への満足を抑えているのは、長らく停滞を続ける経済状況や、二〇一一年の一連の出来事の解決が遅れていること、そして政治や自己決定に関する否定的な見方が広がっていること、などに起因するのではないだろうか。反対に、幸福度を示す数値が極めて高いのは、いわば「コップは半分空いているのではなく、半分満たされている」というような視点に立つことで、大部分の日本人が日々をそれなりに快適に過ごしているからではないか。言い換えれば、多くの日本人にとって、個人的なクオリティー・オブ・ライフはかなり充実しているものの、集団的な福利はさほど満たされていないのである。[10]

この捉え方は、公共圏を論じるなかで先に引用した二〇一四年のレガタム繁栄指数によっても裏づけられるだろう。百四十二カ国で成人を対象に行われたこの調査の結果、日本は総合で十九位というまずまずの順位にあるが、なかでも評価が高かったのは健康（四位）と経済（七位）のカテゴリーであった。一方、伸び悩んだのはガバナンス（十九位）、社会資本（ネットワーク、人間関係など、二十二位）、安全と安心（二十五位）、教育（二十七位）、そして個人の自由（二十八位）の各カテゴリーであった（Legatum Prosperity Index 2014）。

右の評価を見ても、やはり日本では個人の幸福と福利に比べて、個人の総体であるところの集団の幸福と福利に対する満足度が低いようである。現代の日本人が抱く希望について玄田有史は、希望を「将来実現したいことがある状態」と定義した上で米国や英国と比較し、「日本では五十四・五％が希望を持っていると答えたのに対して、英国では八十六・七％、英国では九十三％が希望を持っていると答えている」と報告する（Genda 2016, p. 157）。玄田の結論は、「友人がいないということ、信頼される経験を十分に持たないこと、また宗教的な習慣を持たないということが、日本における希望のなさに繋がっている」というものである（ibid., p. 164）。この明るいとは言えない印象をさらに際立たせるのが世界幸福度指数であろう。百五十五カ国を対象に行われたこの調査は、「環境に負荷を与えるアウトプットを排出するごとに、いくつの幸福な人生が生産されるか」を計算することで、その国が「長く、幸福で、持続可能」な人生を国民に与えられているか否かを評価するものである。日本は「平均寿命」では高い評価を得ているものの、「エコロジカル・フットプリント」（百五十五カ国中の百九位、この項目では順位が下がるほど評価が高い）、や「複利を享受できているか」（一位はデンマーク、日本は五十位）という項目で評価を下げている。幸福が利他主義と結びつくものであり、したがってそれは利己主義とは相容れないものである、という仮説に立ち戻るならば、二〇一六年に内閣府が行った調査も有益であろう。それによれば、日本人の三十四％は「公共の利益よりも個人の利益が優先されるべき」と考えているのである（JIJI 2016）。この数字は国際的に見ればむしろ低いものだが、国内の数値としてはそれまでの記録を上回っている。また別の調査では、見知らぬ人間を助ける、チャリティーに寄付をする、ボランティア活動をする、などの項目から「親切さ」が数値化されているが、二〇一五年の日本の順位は驚くべきことに百十四位で、韓国（七十五位）、ヴェトナム（六十四位）、台湾（五十位）、モンゴル（二十七位）より遥かに劣る。東アジアで日本よりも下位にあったのは中国（百四十位）だけである（CAF World Giving Index 2016）。ここで貝原益軒を思い出して見るならば、益軒は現代の日本人の長寿には満足するだろうが、総体的なクオリティー・オブ・ライフの低さには不満を覚えるはずである。また、生活への満足は収入と比例しがちだが、日常的な感情の充足は、収入がある段階に達したあとでは横ばいになる、という一般的な見方についても、益軒は賛成するだろう（PhysOrg.com 2010）。言い換えれば、金銭は確かに重要だが、それはすべてではない。金銭はある程度までは幸福を与えてくれるものの、追加料金を支払っても幸福を持続させることはできないのである。

価値観

私たちは、価値観についての議論を始める際に、直接に観察することも不可能なら、調査データも存在しない時代や場所の価値観を論じることがいかに難しいか、という点を確認した。だからこそ本書では、イデオロギー的な価値観よりも、実践された価値観に重きを置くことにしたのである。だが、それらの価値観を現代の日本と比較するとなると話は変わってくる。特に安定や持続といったものは、現代では様々な手段を用いて数値化することができるからだ。

資本主義社会においては、経済的な安定への願望は貯蓄という行為にも反映される。そして一九八〇年代および一九九〇年代を通して、日本はしばしば世界で最も預貯金の総額が多い国であるとされてきた。その理由は様々であろうが、社会的なセーフティ・ネットや年金が比較的未発達であったため、個人で老後の資金を蓄える必要があった、というものや、徳川時代にまで遡る蓄財の文化の継承である、というような推測がなされてきた。だが、多くの国が豊かになった一九九〇年代以降になると事態は変わり、日本はいまや国内総生産に対する預貯金額の割合で世界のトップ十五カ国にも入っていない。二〇一二年の統計では、これら十五カ国のうち十一カ国で石油産業が経済基盤となっているが、第一位は五十一％で中国、第二位には僅差でシンガポールが入っている（四十八％）。その他のアジアの国々を見ると、ネパール、韓国、インド、マレーシア、タイの貯蓄比率はいずれも三十％から四十％であり、日本の二十二％を大きく上回っている（World Bank 2012）(11)。日本では一九八〇年代以降、高齢者のためのセーフティ・ネットに関しては確かに強化されたが、六十五歳以上の人口は急速に増加を続けており、二〇一四年の時点では人口の二十五％を超えている。

このような状況がもたらされた理由は、ほかにもあるのだろうか。ここで家系の持続という観点を導入してみよう。徳川時代には家系が持続してゆくことは社会のあらゆるレベルで重要と見なされていたが、一九九〇年代以降、この考えは大きく変わりつつあるようだ。二〇〇九年には日本の平均的な世帯の構成員数は二・七一であり、これはＯＥＣＤの平均よりも若干高い（OECD undated）。家族が小さくなったことの理由として挙げられたのは、法的な要素やイデオロギー、あるいは中国で一九七九年に導入された一人っ子政策や、かつての日本で三世代同居が「理想」とされたことに現れているような社会的圧力などではなく、単純に日本の住居費の高さであった。しかし、最新の二〇一六年の数字を見ると、構成員数はさらに減って二・四一となっている。このように少子化が進む一方で、事実として不動産も値下がりしている以上、そこには住居費以外の理由が作用していると推測できる。

人口の維持には二・一前後の合計特殊出生率が必要とされているので、一九七五年に二・〇を割り、その後も下降を続けた合計特殊出生率が一・四前後で推移している日本では、これが国家的な課題となっている。徳川時代には子供の産まれた家庭に援助を行った藩で人口減少が抑えられたという事例があるが、現代の日本で政府が採った同様の政策には効果がなかった。人工中絶は日本では一九四八年に合法化され、現在でも重要な産児制限の手段であり続けている。二〇〇九年に行われた調査では、結婚している女性の八十％が、一九九九年に合法化された経口避妊薬よりもコンドームの使用を選んでいる。二〇〇七年の調査では、中絶を選ぶ理由として、未婚であること（二十八％）と経済的な困難を抱えていること（十六％）が多く挙げられた（*Japan Times* 2009）。

日本の女性にとって結婚、特に子育ては望ましい選択肢ではなくなってきている、という結論は避けがたいようだ。女性たちはそれぞれの手段で社会的、イデオロギー的な圧力に立ち向かい、自分の身体と自己の利益を守ってきた。世界経済フォーラムが二〇一四年に公開した調査によれば、日本の男女同権の度合いは百四十二カ国のうち百四位であり、タジキスタンやインドネシアよりも下位である（*Japan Times* 2014a）。ただでさえ低かった日本の順位はさらに下がり、二〇一七年には百十四位となっている。統計がしばしば誤解を誘うものであることは言うまでもないが、例えば二〇一四年六月に、子育て支援の議論をしていた女性の都議会議員に対して性差別的な野次が飛ばされた一件を見てもわかるように、子供を育てながら働く女性に対する日本社会の姿勢は決して前向きとは言えない。しかもこの一件では、野次が録音されていたにもかかわらず、野次を飛ばした議員たちは特定されず、自ら名乗り出た議員は一名のみであった。

次に、現代における習慣からの逸脱について見てみよう。この問題は十分に検討されているとは言えないものの、研究者の関心は低くない。青少年による「不品行」としては喫煙や飲酒、ポルノ雑誌の鑑賞、門限破りなどが挙げられるが、これらの行為に対する風当たりは、欧州や北米においてのほうが強いと思われる。ロバート・ヨーダーは反抗する生徒たちの姿を取り上げながら、私たちが徳川時代の反抗する大人たちを取り上げた際と同様の結論に達している。「もし不品行が標準ということになれば、順応するということが、すなわち不品行に走るということを意味するようになる」と。近世と現代の反抗のあり方として異なるのは、ヨーダーに言わせれば教室内での不品行の扱われ方である。現代では生徒の反抗はネガティブなものとして糾弾され、スティグマをもたらす（Yoder 2004, p. 87, 130）。対照的に徳川時代においては、我が道をゆく者に対する称賛の声さえ聞かれた。

現代日本における虚偽と隠匿については、外国人の観察者が様々な観点からこれを論じている。ニューヨーク・レビュー・オブ・ブックスに発表された挑発的な記事「日本へゆくなら嘘をつかれる覚悟をしろ（Expect to be Lied to in Japan）」では、冷徹な観察者であるイアン・ブルマの鋭い筆鋒が目を引く（Buruma 2012）。ブルマは、日本で擡頭しつつあったナショナリズムをいち早く主要メディアで取り上げた人物である（Buruma 1987）。そのブルマによると、日本には一種普遍的な嘘の文化があるという。それらの嘘は大部分が罪のない、むしろ奇妙なもので、例えばろくに見えもしない風景を「ご覧下さい」というツアーガイドと、それに従い、見えているふりをする観光客などの関係性が挙げられる。だが、より深刻なのは、悪意のある独善的な嘘、しばしば国家によって広められる嘘であり、例えば戦時中の大本営発表、景気判断、あるいは福島をめぐる発表などに関わるものである。むろん、他国においてもそのような嘘が横行する場合があることは言うまでもない。しかし日本では、嘘をつかれることに対する大衆側の一種の諦念があり、その嘘や、嘘をついた者への制裁が限られているのである。ブルマの言葉を引けば、「閉鎖的な、秩序立った社会においては、それぞれの立場からの逸脱が難しい一方で、服従することで得られる見返りが大きい。したがって真実を暴くことは難しくなる」のである（2012）。

相反する価値観の問題を取り上げるなかで、私たちは義理人情に注目し、それが元禄年間には二元的なものであったのに対して、百年後にはより連続的な概念になったことを論じた。メリル・ディーンは、現代の日本においてもそのような連続的な見方が生きており、それは両極端な二つの概念の中間を理想とするような姿勢にも現れている、と論じている。例えば日本では、結婚に臨む二人があえて婚前契約を結ぶことは「水臭い」と捉えられる。愛情があれば、物質的な条件などはどうでもよいはずだ、という発想があるためである。またディーンは、このような感情面の重視は日本の民法にも見られるとする。民法では夫婦間の財産をめぐる条文が「フランスの民法と比較して非常に限定的」なのである（Dean 2002, p. 18）。なるほど、婚前契約についてはその通りかもしれない。しかし、日本のお役所仕事の融通の利かなさを経験したことのある者なら、必ずしもこの意見には同意できないだろう。

元禄時代の舞台芸術においては、感情が責任を圧倒した場合、主人公には自殺するしか道がなかった。そして、現代でも日本の自殺率は世界有数であり、一九九〇年代後半以降では、およそ四千人に一人が自ら命を絶っているのである。そのうちの約七割は二十歳から四十四歳までの男性であり、主な動機としては特に失業直後の経済的困窮、内因性および外因性のうつ病、そして離婚後に味わう社会的な批判などが挙げられる。富士山の麓に広がる青木ヶ原樹海のように自殺の名所とされる場所があるくらいだが、この樹海はどこか近松門左衛門の作品で有名になった曾根崎の森を思わせないだろうか。言うまでもなく、自殺の大部分は未遂に終わるから、実際にはより多くの人が自殺を試みていることになり、自己あるいは他者からの期待に応えられなかったことに苦しむ人々の多さが際立つ。

友情にも目を向けてみよう。これはおそらく最も主観的な価値観と言えるだろうが、社会学者のジョージ・デヴォスは、「対等な二人の水平的な関係性は日本の伝統文化においては過小評価されてきた」とし、「それは現代でも同様である」と述べる（DeVos 1985, p. 162）。つまり文脈が変わっても、友情の扱いには連続性があるということが示唆されているのである。二十世紀後半の日本社会について論じるなかでデヴォスは、「友情のパターンを見てみると、日本人は同世代の相手としか気楽に深い関係を築けない傾向にあるようだ」と指摘する（ibid., p. 163）。たいていの日本人にとって、親友が学校の同級生や勤務先の同期であることを思えば、このような友情の見方は誤っていないだろう。しかし、そのような組織的に強化された友情や社交性は、徳川時代の友情と比較して自律的でなく、選択的でもないように思われる。「友達がいる」という項目を用いたある調査の結果を見ると、日本では六十三・一％の回答者が友人が少ない、あるいはいないと答えており、これは英国の三十六・一％や米国の三十五・四％と比較すると、不安を掻き立てられる数字である（Genda 2016, p. 157）。

十九世紀後半から二十世紀半ばにかけての日本において、国家と社会の関係構築に近代性という概念がどのように利用されてきたかという問題を扱う論文のなかで、シェルドン・ガロンは「近代化を〈進歩的な〉変革のプロセスとして論じるよりも、自由化から国家による社会の統制に至る様々な政治的結果と近代性の関係を特定したほうが、事態は明瞭になる」と述べている（Garon 1994, pp. 364-347）。確かにその通りで、個人的な差異を認めまいとする社会の態度を分析してみれば、それは近世および近代の社会で個人の差異を認めるよう求めていた人々の姿勢が、今日でもなお持続していることの裏返しだということがわかるのである。ただし、社会と人々がぶつかり合う場所である現代日本の公共圏は、かつてのものから変化しており、それを取り巻く規範も同様である。

東京で暮らすフリーランスの作家であり音楽家でもあるウィリアム・ブラッドベリーは、「日本には人々に各自の役割を果たすことを求める風土があるが、個性が埋没しているなかでそれはどこか悲しみを伴う要求である」と述べている（Bradbury 2014）。事実、もし国家統制主義に依拠した近代性の視座から日本の歴史を理解しようとするならば、そこで結ばれる像は、たとえ誤りではないにしても、不完全で、誤解を招くものとならざるを得ないだろう。もし視野を僅かに広げ、日本の近世をその視座に含めることができれば、現代日本の社会と、その社会における個性の位置をさらに豊かに、精緻に理解できるはずなのである。

■註

（1）二〇一四年十二月の衆議院選挙では、投票率は戦後最低の五十二・六％であり、それまでの最低記録であった二〇一二年の選挙、すなわち安倍晋三と自民党を復活させた選挙よりもさらに七％低下している。このことは、安倍政権に代表される政治制度に対する市民の不満を示唆するように思われるが、二〇一七年の選挙では投票率はやや上がって五十三・七％となった。投票率の低下がシステム全体への不信の表れなのかどうかを判断するには、いま少し時間が必要だろう。

（2）www.jyukunavi.jp 参照（二〇一四年十一月二十五日取得）。

（3）ベネッセが東京都内の小学生を対象に二〇〇六年に実施し、二〇〇八年に公表した調査によると、十一歳の児童のおよそ五十二％が学習塾に通っていた（http://berd.benesse.jp/english/index.php、二〇一四年十一月二十五日取得）。

（4）予備校には政府の認可が必要であるが、塾には不要である。ジュリアン・ディアークスは塾のサービスを「影の教育」と呼ぶ（Dierkes 2008）。

（5）http://berd.benesse.jp/up_images/english/6toshi_english2.pdf を参照（二〇一七年三月十三日取得）。

（6）https://www.ets.org/s/toeic/pdf/ww_data_report_unlweb.pdf を参照（二〇一七年三月十一日取得）。

（7）CIA Factbook 参照（https://www.cia.gov/library/publications/the-world- factbook/geos/ja.html、二〇一七年三月十三日取得）。

（8）Times Higher Education World University Rankings 2016-17（https://www.timeshighereducation.com/world-university-rankings/2017/world- ranking#!/page/0/length/25/sort_by/rank/sort_order/asc/cols/stats、二〇一七年三月十一日取得）。

（9）U.S. News and World Reports（https://www.usnews.com/education/best-global- universities/japan?int=9cd108、二〇一七年三月十三日取得）。

（10）二〇一七年、ＯＥＣＤは日本に関する調査結果を以下のようにまとめている。「ＯＥＣＤの他の加盟国と比較して、日本では福利のそれぞれの側面についての数値が均等ではない。仕事を持っている人の割合は七十四％で、ＯＥＣＤ平均の六十七％を大きく上回っており、労働市場に対する不安はＯＥＣＤのなかで最低水準と言える。しかし、他のＯＥＣＤ加盟国と比較すると、仕事に関わるストレスは強く、平均収入や世帯ごとの可処分所得は、二〇一六年についても二〇一五年についても、調整するとＯＥＣＤの平均を下回る。誕生時の平均余命（八十四歳）はＯＥＣＤで最高だが、自身の健康状態について『よい』『とてもよい』と答えた人は三十五％に留まり、これはＯＥＣＤ平均のほぼ半分である（ただし、健康状態について『問題ない』と答えた人は四十九％であり、これはほとんどのＯＥＣＤ加盟国よりも高い）。成人の技術力や十五歳時の認知能力では、日本はＯＥＣＤ加盟国のなかで最高水準にある。一方、投票率と、政府の政策に対して意見を述べたい気持ちがあると答えた成人の割合は、ＯＥＣＤ内で下から三番目に少なかった」(https://www.oecd.org/japan/Better-Life-Initiative-country-note-Japan.pdf 二〇一七年一二月一五日取得)。

(11) 世界銀行やＯＥＣＤで採用されている貯蓄比率の算出方法は、国内総生産から消費を引き、そこに純移転を加えるというものである。二〇一五年にＯＥＣＤが行った別調査では、日本は二十五位であり、貯蓄比率はポーランドの半分であった。

謝辞

本書を書き上げるにあたって、多大なご支援をいただいた方々に御礼申し上げると共に、事実や解釈に関する文中のいかなる誤りについても、これらの方々には一切責任がないことを明記しておきたい。

国際基督教大学の小島康敬教授と、ぺりかん社におられた宮田研二氏は、三十年来の友人であると共に、折々には師ともなり、本書のための研究について多くの助言をくださった。

同じく一九八六年から親しく接していただいているジョー・プライスとエツコ・プライス夫妻は、その膨大な美術コレクションの画像を自由に使わせてくださった。本書の草稿を読むために貴重な時間を割き、有益な意見を多く寄せてくださったのは、研究者で著述家の北川智子氏、国際基督教大学名誉教授のM・ウィリアム・スティール氏、そしてシカゴ大学のジェームス・E・ケテラー教授である。特に北川氏は、日本語版の訳文にも念入りに目を通してくださり、感謝に堪えない。スティール教授には、いくつかの図の使用許可を得るに際しても特段のご配慮をいただいた。

また二〇一四年から翌年にかけては、日本学術振興会の援助のおかげで、国際基督教大学の快適な環境のなかで十ヶ月にわたって研究執筆に没頭することができた。

本書の翻訳者であり、友人でもある大野ロベルト氏は、文章の内容のみならず、言葉の調子やニュアンスにも細心の注意を払いながら原書を再現してくださった。心からの感謝を捧げたい。そして東京堂出版と、特に編集部の小代渉氏が本書に寄せてくださった信頼に対しても、篤く御礼申し上げる次第である。

参考文献

Ackroyd, Joyce (1979). *Told Round a Brushwood Fire*. Princeton, NJ: Princeton University Press.

Akinari, Ueda (2007). *Tales of Moonlight and Rain*, trans. Anthony Chambers. New York: Columbia University Press.

Almond, Gabriel A., and Sidney Verba (1963). *The Civic Culture: Political Attitudes and Democracy in Five Nations*. Princeton, NJ: Princeton University Press.

Althusser, Louis (1970). "Ideology and Ideological State Apparatuses (Notes Towards an Investigation)." www.marxists.org/reference/archive/althusser/1970/ ideology.htm, accessed July 2, 2016.

Anderson, Benedict (1983, rev. edn. 1991). *Imagined Communities: Reflections on the Origin and Spread of Nationalism*. London: Verso.

Ansart, Olivier (2006). "Kaiho Seiryō on 'What It Is to Be a Human Being' " in *Asian Philosophy* 16:1, pp. 65–86.

Backus, Robert L. (1974). "The Relationship of Confucianism to the Tokugawa Bakufu as Revealed in the Kansei Educational Reform" in *Harvard Journal of Asiatic Studies* 34, pp. 97–162.

—— (1979a). "The Kansei Prohibition of Heterodoxy and Its Effects on Educa tion" in *Harvard Journal of Asiatic Studies* 39:1 (June), pp. 55–106.

—— (1979b). "The Motivation of Confucian Orthodoxy in Tokugawa Japan" in *Harvard Journal of Asiatic Studies* 39:2 (December), pp. 275–338.

Beauchamp, Edward R., and Richard Rubinger (1989). *Education in Japan: A Source Book*. New York: Garland Press.

Beerens, Anna (2006). *Friends, Acquaintances, Pupils and Patrons: Japanese Intellectual Life in the Late Eighteenth Century: A Prosopographical Approach*. Leiden: Leiden University Press.

Befu, Ben (1976). *Worldly Mental Calculations: An Annotated Translation of Ihara Saikaku's Seken munezanyō*. Berkeley, CA: University of California Press.

Bellah, Robert (1957). *Tokugawa Religion: The Values of Pre-Industrial Japan*. Glencoe, IL: The Free Press.

Bernstein, Gail Lee, ed. (1991). *Recreating Japanese Women, 1600–1945*. Berkeley, CA: University of California Press.

Berry, Mary Elizabeth (1982). *Hideyoshi*. Cambridge, MA: Harvard University Press.

—— (1998). "Public Life in Authoritarian Japan" in *Dædalus* 127:3, pp. 133–66.

—— (2007). *Japan in Print: Information and Nation in the Early Modern Period*. Berkeley, CA: University of California

Press.

—— (2012). "Defining 'Early Modern'" in Karl F. Friday (ed.) *Japan Emerging: Premodern History to 1850*, pp. 42–52. Boulder, CO: Westview Press.

Bix, Herbert P. (1986). *Peasant Protest in Japan, 1590–1884*. New Haven, CT and London: Yale University Press.

Blacker, Carmen (1964). *The Japanese Enlightenment: A Study of the Writings of Fukuzawa Yukichi*. University of Cambridge Oriental Publications, no. 10. Cambridge: Cambridge University Press.

Bodart-Bailey, Beatrice M., ed., trans., and annot. (1999). *Kaempfer's Japan: Tokugawa Culture Observed by Engelbert Kaempfer*. Honolulu, HI: University of Hawaii Press.

Bolle, Kees W., ed. (1987). *Secrecy in Religions*. Leiden: Brill Archives.

Borovoy, Amy (2016). "Robert Bellah's Search for Community and Ethical Modernity in Japan Studies" in *Journal of Asian Studies* 75:2, pp. 467–94.

Borton, Hugh (1938). *Peasant Uprisings in Japan of the Tokugawa Period*. New York: Paragon, reprint in 1968.

Boscaro, Adriana, Franco Gatti, and Massimoo Raveri, eds. (1990). *Rethinking Japan, Volume II: Social Sciences, Ideology and Thought*. Sandgate: Japan Library Ltd.

Bradbury, William (2014). www.japantimes.co.jp/community/2014/10/08/voices/ bonding-boozily-pleasure-pain-bukowski/#.VDWoM00cRM4, accessed October 9, 2014.

Brandt, Richard (1967). "Happiness" in Paul Edwards (ed.) *The Encyclopedia of Philosophy*, vol. 3, pp. 413–14. New York:

McMillan Pub. Co.

Brecher, William Puck (2005). "Making Do with Madness: Applications of Aesthetic Eccentrism in Tokugawa and Meiji Japan," University of Southern California PhD Dissertation.

—— (2013). *The Aesthetics of Strangeness: Eccentricity and Madness in Early Modern Japan*. Honolulu, HI: University of Hawaii Press.

Brewer, Marilynn, and Wendi Gardner (1996). "Who Is This 'We'? Levels of Collective Identity and Self-Representations" in *Journal of Personality and Social Psychology* 71:1 (July), pp. 83–93.

Brill, Alida (1990). *Nobody's Business: Paradoxes of Privacy*. Reading, MA: Addison-Wesley Publishing Co.

Brown, Kendall (1997). *The Politics of Reclusion: Painting and Power in Momoyama Japan*. Honolulu, HI: University of Hawaii Press.

Brown, Philip C. (2009). "Unification, Consolidation and Tokugawa Rule" in William M. Tsutsui (ed.) *A Companion to Japanese History*, pp. 69–85. Malden, MA: Blackwell Publishing Ltd.

Buruma, Ian (1987). www.nytimes.com/1987/04/12/magazine/a-new-japanese-nationalism.html, accessed March 11, 2017.

—— (2012). www.nybooks.com/articles/archives/2012/nov/08/expect-be-lied-japan/, accessed March 11, 2017.

CAF World Giving Index (2016). www.cafonline.org/docs/default-source/about-us/publications/1950a_wgi_2016_report_web_v2_241016.pdf?sfvrsn=4, accessed December 25, 2016.

Carter, Steven D., ed. and trans. (2014). *The Columbia Anthology of Japanese Essays: Zuihitsu from the Tenth to the Twenty-*

First Century. New York: Columbia University Press.

Center for East Asian Cultural Studies (1969). *Meiji Japan Through Contemporary Sources: Vol. I: Basic Documents 1854–1899*. Tokyo: Center for East Asian Cultural Studies.

Chilson, Clark (2014). *Secrecy's Power: Covert Shin Buddhists in Japan and Contradictions of Concealment*. Honolulu, HI: University of Hawaii Press.

Confucius (2004). *The Analects Confucius*. Fairfield, IA: 1st World Library—Literary Society.

Cornell, Laurel L. (1996). "Infanticide in Early Modern Japan? Demography, Culture and Population Growth" in *Journal of Asian Studies* 55:1, pp. 22–50.

Craig, Albert M. (1970). "Introduction: Perspectives on Personality in Japanese History" in Albert M. Craig and Donald H. Shively (eds.) Personality in Japanese History, pp. 1–28. Berkeley, CA: University of California Press.

Craig, Albert M., and Donald H. Shively (1970). *Personality in Japanese History*. Berkeley, CA: University of California Press.

de Bary, W. Theodore (1991). *Learning for Oneself: Essays on the Individual in Neo-Confucian Thought*. New York: Columbia University Press.（邦訳ドバリー『朱子学の自由と伝統』、山口久和訳、平凡社選書、一九八七）

——, ed. (2008). *Sources of East Asian Tradition, Volume 2, The Modern Period*. New York: Columbia University Press.

Dean, Meryll (2002). *Japanese Legal System*. London: Cavendish Publishing.

DeVos, George (1985). "Dimensions of the Self in Japanese Culture" in Anthony Marsella, George DeVos, and Francis Hsu (eds.) *Culture and Self: Asian and Western Perspectives*. London: Tavistock.

Dewey, John (1939). *Theory of Valuation: Foundations of the Unity of Science*, no. 4. Chicago: University of Chicago Press.

Dierkes, Julian (2008). "Japanese Shadow Education: The Consequences of School Choice" in Martin Forsey, Scott Davies, and Geoffrey Walford (eds.) *The Globalization of School Choice*, pp. 231–48. Oxford: Symposium Books.

—— (2011). *Postwar History Education in Japan and the Germanys*. London: Routledge.

Dower, John (1975). "E.H. Norman, Japan and the Uses of History" in John Dower (ed.) *Origins of the Modern Japanese State: Selected Writings of E.H. Norman*, pp. 3–102. New York: Pantheon Books.

Drixler, Fabian (2013). *Mabiki: Infanticide and Population Growth in Eastern Japan, 1660–1950*. Berkeley, CA: University of California Press.

The Economist (2011). www.economist.com/node/21542222, accessed December 5, 2014.

Eisenstadt, Shmuel (1996). *Japanese Civilization: A Comparative Perspective*. Chicago: University of Chicago Press.

Elison, George (1973). *Deus Destroyed: The Image of Christianity in Early Modern Japan*. Cambridge, MA: Harvard University Council on East Asian Studies.

Fackler, Martin, and David E. Sanger (2014). "Japan Announces a Military Shift to Thwart China," *New York Times*. www.nytimes.com/2014/07/02/world/asia/japan-moves-to-permit-greater-use-of-its-military.html?_r=0, accessed March 13, 2017.

Farge, William J., SJ (2016). *A Christian Samurai: The Trials of Baba Bunkō*. Washington, D.C.: The Catholic University

Press of America.

French, Calvin (1974). *Siba Kōkan: Artist, Innovator, and Pioneer in the Westernization of Japan*. New York: Weatherhill.

Friedman, Debra, and Doug McAdam (1992). "Collective Identity and Activism" in Aldon D. Morris and Carol McClurg Mueller (eds.) *Frontiers in Social Movement Theory*, pp. 156–73. New Haven, CT: Yale University Press.

Garon, Sheldon (1994). "Rethinking Modernization and Modernity in Japanese Studies: A Focus on State—Society Relations" in *Journal of Asian Studies* 53:2 (May), pp. 344–66.

Genda, Yuji (2016). "An International Comparison of Hope and Happiness in Japan, the UK and the US" in *Social Science Japan Journal* 19:2 (Summer), pp. 153–72.

Gluck, Carol (1985). *Japan's Modern Myths: Ideology in the Late Meiji Period*. Princeton, NJ: Princeton University Press.

Gramlich-Oka, Bettina (2006). *Thinking Like a Man: Tadano Makuzu (1763–1825)*. Leiden: Brill.

—— (undated). www.network-studies.org/, accessed March 11, 2017.

Griffin, James (1987). *Well-Being: Its Meaning, Measurement and Moral Importance*. Oxford: Oxford University Press.

Hamada, Kengi, trans. (1971). *Tales of Moonlight and Rain: Japanese Gothic Tales by Uyeda Akinari*. Tokyo: University of Tokyo Press.

Hanley, Susan, and Kozo Yamamura (1978). *Economic and Demographic Change in Preindustrial Japan, 1600–1868*. Princeton, NJ: Princeton University Press.

Happy Planet Index (2012). https://static1.squarespace.com/static/5735c421e321402778ee0ce9/t/578cb7e8b3db2b247150c

93e/1468839917409/happy-planet-index-report-2012.pdf, accessed June 9, 2017.

Happy Science (2014). www.happy-science.org/, accessed August 1, 2014.

Hayek, Matthias, and Annick Horiuchi, eds. (2014). *Listen, Copy, Read: Popular Learning in Early Modern Japan*. Leiden: Brill.

Heine, Wilhelm (1990). *With Perry to Japan: A Memoir by William Heine*, trans. Frederick Trautmann. Honolulu, HI: University of Hawaii Press.

Helliwell, John, Richard Layard, and Jeffrey Sachs (2013). *World Happiness Report*. United Nations. http://unsdsn.org/wp-content/uploads/2014/02/WorldHappiness- Report2013_online.pdf, accessed June 9, 2017.

Hitlin, Steven (2003). "Values as the Core of Personal Identity: Drawing Links Between Two Theories of Self" in *Social Psychology Quarterly* 66:2, pp. 118–37.

Hitti, Miranda (2005). "Who's No. 1 in Self-Esteem? Serbia Is Tops, Japan Ranks Lowest, U.S. Is No. 6 in Global Survey." www.webmd.com/balance/ news/20050927/whos-number-1-in-self-esteem#1, accessed March 13, 2017.

Huang, Liu Hung 黄六鴻 (1984). *A Complete Book Concerning Happiness and Benevolence*: Fu-hui ch'u¨an-shu 福恵全書 —*A Manual for Local Magistrates in Seventeenth-Century China*, trans. and ed. Djang Chu. Tucson, AZ: University of Arizona Press.

Hunter, Jeffrey Robert (1969). "The *fuju fuse* Controversy in Nichiren Buddhism: The Debate Between Nichiō and Jakusho¯in Nichiken," University of Wisconsin (Madison) PhD Dissertation.

Ikegami, Eiko (1995). *The Taming of the Samurai: Honorific Individualism and the Making of Modern Japan*. Cambridge, MA: Harvard University Press.（邦訳池上二〇〇〇）

—— (2005). *Bonds of Civility: Aesthetic Networks and the Political Origins of Japanese Culture*. Cambridge: Cambridge University Press. Translated into Japa- nese as *Bi to Reisetsu no Kizuna* (2005).

—— (2015). "Waiting for Flying Fish to Leap: Revisiting the Values and Individuality of Tokugawa People as Practiced" in Peter Nosco, James E. Ketelaar, and Kojima Yasunori (eds.) *Values, Identity and Equality in 18th- and 19th-Century Japan*, pp. 29–50. Leiden: Brill.（邦訳池上二〇一六）

Ihara, Saikaku, ed. (1963). *The Life of an Amorous Woman and Other Writings*, ed. Ivan Morris. New York: New Directions.

Inagaki, Hisao (1984). *A Dictionary of Japanese Buddhist Terms*. Kyoto: Nagata Bunshodo.

Isomae, Jun'ichi (2014). *Religious Discourse in Modern Japan: Religion, State and Shintō*. Nichibunken Monograph Series, no. 17. Leiden: Brill.

Jansen, Marius, ed. (1965). *Changing Japanese Attitudes Toward Modernization*. Princeton, NJ: Princeton University Press.

Japan Times (2009). www.japantimes.co.jp/news/2009/10/20/reference/abortion-still-key-birth-control/#.VIE6T00cRM4, accessed December 5, 2014.

—— (2014a) www.japantimes.co.jp/news/2014/10/29/national/japan-remains-near-bottom-of-gender-gap-ranking/#.VIFYX00cRM4, accessed December 5, 2014.

—— (2014b) www.japantimes.co.jp/news/2014/08/28/national/politics-diplomacy/ldp-looks-to-crack-down-on-publicdemonstrations-near-diet-hate- speech/#.WMRS3E0zXVc, accessed March 11, 2017.

—— (2014c) www.japantimes.co.jp/news/2014/11/13/national/riot-police-raid-kyoto-university-dormitory/#.WMRUEE0zXVc, accessed March 11, 2017.

—— (2016). “Happiness in Short Supply” Editorial, March 26.

Japan Today (2012a). www.japantoday.com/category/national/view/8-osaka-teachers-face-punishment-over-refusal-to-sing-national-anthem, accessed February 3, 2015.

—— (2012b). www.japantoday.com/category/politics/view/osaka-votes-in-favor-of-enforced-singing-of-japanese-national-anthem-in-public-schools, accessed February 3, 2015.

JIJI (2016). “Record 33% of Japanese Put Individual Interests First,” April 9.

Josephson, Jason Ananda (2012). *The Invention of Religion in Japan*. Chicago: University of Chicago Press.

Kameya, Patti (2009). “When Eccentricity Is Virtue: Virtuous Deeds in *Kinsei kijinden (Eccentrics of Our Times, 1790)” in Early Modern Japan: An Interdisciplinary Journal* 17, pp. 7–21.

Keene, Donald (2002). *Emperor of Japan: Meiji and His World, 1852–1912*. New York: Columbia University Press.

Keith, Matthew E. (2006). “The Legacies of Power: Tokugawa Response to the Shimabara Rebellion and Power Projection in Seventeenth-Century Japan,” Ohio State University PhD Dissertation.

Kenny, Anthony (1965–66). “Happiness” in *Proceedings of the Aristotelian Society* 66, pp. 93–102.

Ketelaar, James (1989). *Of Heretics and Martyrs in Meiji Japan: Buddhism and Its Persecution*. Princeton, NJ: Princeton

University Press.

—— (2006). "The Non-Modern Confronts the Modern: Dating the Buddha in Japan" in *History and Theory*, Theme Issue 45 (December), pp. 62–79.

Koschmann, Victor (1987). *The Mito Ideology: Discourse, Reform, and Insurrec- tion in Late Tokugawa Japan*. Berkeley, CA: University of California Press.

Kraut, Richard (1989). *Aristotle on the Common Good*. Princeton, NJ: Princeton University Press.

Kyodo News (November 30, 2014). http://english.kyodonews.jp/search/?searchType=site&req_type=article&phrase=specially+designated+secrets &x=0&y=0, accessed March 13, 2017.

Legatum Prosperity Index (2014). www.prosperity.com/#!/?aspxerrorpath=%2Fdefault.aspx, accessed November 20, 2014.

Legge, James (1885). *Sacred Books of the East*, vol. 27, *The Li Ki Part 1*. Book of Rites, part one. www.sacred-texts.com/cfu/liki/liki00.htm, accessed March 12, 2017.

Leuchtenberger, Jan C. (2013). *Conquering Demons: The "Kirishitan," Japan, and the World in Early Modern Japanese Literature*. Michigan Monograph Series in Japanese Studies, no. 75. Ann Arbor, MI: Center for Japanese Studies, University of Michigan.

Leutner, Robert (1985). *Shikitei Sanba and the Comic Tradition in Edo Fiction*. Cambridge, MA: Council on East Asian Studies, Harvard University.

Lidin, Olaf (1999). *Ogyū Sorai's Discourse on Government (Seidan), an Annotated Translation*. Wiesbaden: Harrassowitz

Verlag.

MacKenzie, Norman, ed. (1967). *Secret Societies.* New York: Holt, Rinehart and Winston.

Mann, Susan (1987). "Widows in the Kinship, Class, and Community Structures of Qing Dynasty China" in *The Journal of Asian Studies* 46, pp. 37–56.

Marceau, Lawrence E. (2004). *Takebe Ayatari: A Bunjin Bohemian in Early Modern Japan* (sic). Michigan Monograph Series in Japanese Studies, no. 36. Ann Arbor, MI: Center for Japanese Studies, University of Michigan.

Markus, Andrew L. (1985). "The Carnival of Edo: *Misemono* Spectacles from Contemporary Accounts" in *Harvard Journal of Asiatic Studies* 45:2 (December), pp. 499–541.

Marra, Michele (1991). *The Aesthetics of Discontent: Politics and Reclusion in Medieval Japanese Literature.* Honolulu, HI: University of Hawaii Press.

Martin, Jo Nobuko (1979). "Santo Kyoden and his Sharebon," University of Michigan PhD Dissertation.

Matsumoto, Sannosuke (1997). "Nakae Chōmin and Confucianism" in Peter Nosco (ed.) *Confucianism and Tokugawa Culture*, pp. 251–66. Honolulu, HI: University of Hawaii Press.

McEwan, J.R. (1962). *The Political Writings of Ogyū Sorai.* Cambridge: Cambridge University Press.

Métraux, Daniel A. (1992). "The Dispute Between the Sōka Gakkai and the Nichiren Shōshū Priesthood: A Lay Revolution Against a Conservative Clergy" in *Japanese Journal of Religious Studies* 19:4, pp. 325–36.

Morris, Ivan (1975). *The Nobility of Failure: Tragic Heroes in the History of Japan.* New York: Holt, Rinehart and Winston.

Murray, Donald M. (1991). "All Writing is Autobiography" in *College Composition and Communication* 42:1, pp. 66.

Najita, Tetsuo (1970). "Ōshio Heihachirō (1793–1837)" in Albert M. Craig and Donald H. Shively (eds.) *Personality in Japanese History*. Berkeley, CA: University of California Press.

—— (1987). *Visions of Virtue in Tokugawa Japan: The Kaitokudō Merchant Academy of Osaka*. Honolulu, HI: University of Hawaii Press.

Nakane, Chie (1990). "Tokugawa Society" in Chie Nakane and Shinzaburō Ōishi (eds.) *Tokugawa Japan: The Social and Economic Antecedents of Modern Japan*, pp. 213–31. Tokyo: University of Tokyo Press.

Nenzi, Laura (2008). *Excursions in Identity: Travel and the Intersection of Place, Gender, and Status in the Edo Period*. Honolulu, HI: University of Hawaii Press. Newmark, Jeffrey (2014). "Yamadaya Daisuke's 1837 Nose Movement" in *Early Modern Japan: An Interdisciplinary Journal* 22, pp. 8–28. http://hdl.handle.net/1811/65305, accessed March 13, 2017.

Nichiren Daishonin, Gosho Translation Committee (1979). *The Major Writings of Nichiren Daishonin*, vol. 1. Tokyo: Nichiren Shōshū International Center.

—— (1984). *The Major Writings of Nichiren Daishonin*, vol. 2. Tokyo: Nichiren Shōshū International Center.

Nosco, Peter, trans. (1980). *Some Final Words of Advice by Saikaku Ihara*. Rutland, VT: Charles E. Tuttle.

——, ed. (1984). *Confucianism and Tokugawa Culture*. Princeton, NJ: Princeton University Press.

—— (1990). *Remembering Paradise: Nativism and Nostalgia in Eighteenth-Century Japan*. Cambridge, MA: Harvard

University Council on East Asian Studies.（邦訳ノスコ『江戸社会と国学——原郷への回帰』ぺりかん社、一九九九）

—— (1993). "Secrecy and the Transmission of Tradition: Issues in the Study of the 'Underground' Christians" in *Japanese Journal of Religious Studies* 20:1, pp. 3–29.

—— (1996a). "Nativism and Confucianism in Tokugawa Japan" in Irene Bloom and Joshua Fogel (eds.) *Meeting of Minds: Intellectual and Religious Interaction in East Asian Traditions of Thought*, pp. 278–96. New York: Columbia University Press.

—— (1996b). "Keeping the Faith: *Bakuhan* Policy Toward Religions in Seventeenth-Century Japan" in Peter Kornicki and Ian James McMullen (eds.) *Religion in Japan: Arrows to Heaven and Earth*, pp. 136–55. Cambridge: Cambridge University Press.

—— (2002). "Confucian Perspectives on Civil Society and Government" in Nancy L. Rosenblum and Robert C. Post (eds.) *Civil Society and Government*, pp. 334–59. Princeton, NJ: Princeton University Press.

—— (2015). "The Early Modern Co-Emergence of Individuality and Collective Identity" in Peter Nosco, James E. Ketelaar, and Kojima Yasunori (eds.) *Values, Identity and Equality in 18th- and 19th-Century Japan*. Leiden: Brill.（邦訳ノスコ二〇一六）

Nosco, Peter, and James E. Ketelaar (2015). "Introduction" in Peter Nosco, James E. Ketelaar, and Kojima Yasunori (eds.) *Values, Identity and Equality in 18th- and 19th-Century Japan*, pp. 1–26. Leiden: Brill.（邦訳ノスコ、ケテラー二〇一六）

Nosco, Peter, James E. Ketelaar, and Kojima Yasunori, eds. (2015). *Values, Identity and Equality in 18th- and 19th-Century*

Japan. Leiden: Brill.

Nosco, Peter, and Simone Chambers, eds. (2015). *Dissent on Core Beliefs: Religious and Secular Perspectives*. Cambridge: Cambridge University Press.

Nussbaum, Martha C., and Amartya Sen (1993). "Introduction" in Martha C. Nussbaum and Amartya Sen (eds.) *The Quality of Life*, pp. 1–6. Oxford: Oxford University Press.（邦訳ヌスバウム他編二〇〇六）

OECD (2013). http://www.oecdbetterlifeindex.org/countries/japan/, accessed August 1, 2014.

—— (undated). www.oecd.org/els/family/47710686.pdf, accessed December 5, 2014.

Ohkuni-Tierney, Emiko (2010). *Kamikaze, Cherry Blossoms and Nationalisms: The Militarization of Aesthetics in Japanese History*. Chicago: University of Chicago Press.

Ooms, Herman (1985). *Tokugawa Ideology: Early Constructs, 1570–1680*. Princeton, NJ: Princeton University Press.

—— (1996). *Tokugawa Village Practice: Class, Status, Power, Law*. Berkeley, CA: University of California Press.

—— (2002). "Human Nature: Singular (China) and Plural (Japan)" in Benjamin A. Elman, John B. Duncan, and Herman Ooms (eds.) *Rethinking Confucianism: Past and Present in China, Japan, Korea, and Vietnam*, pp. 95–115. Los Angeles, CA: UCLA Asian Pacific Monograph Series.

Orihara, Minami (2013). "Dilemmas of Protest in Tokugawa Villages: Trust, Promise, Cooperation." Unpublished paper presented at the Symposium on Early Modern Japanese Values and Individuality (University of British Columbia). Used with permission.

Otmazgin, Nissim, Sigal Ben-Rafael Galanti, and Alon Levkowitz (2015). "Introduction: Japan's Multilayered Democracy" in Sigal Ben-Rafael Galanti, Nissim Otmazgin, and Alon Levkowitz (eds.) *Japan's Multilayered Democracy*, pp. 1–20. Lanham: Lexington Books.

Paramore, Kiri (2012). "The Nationalization of Confucianism: Academism, Examinations, and Bureaucratic Governance in the Late Tokugawa State" in *Journal of Japanese Studies* 38:1, pp. 25–53.

Pflugfelder, Gregory M. (1999). *Cartographies of Desire: Male-Male Sexuality in Japanese Discourse, 1600–1950*. Berkeley, CA: University of California Press.

PhysOrg.com (2010). http://phys.org/news203060471.html, accessed November 28, 2014.

Postmes, Tom, and Jolanda Jetten (2006). "Introduction: The Puzzle of Individuality and the Group" in Tom Postmes and Jolanda Jetten (eds.) *Individuality and the Group: Advances in Social Identity*. London: Sage Publications Ltd.

Quennell, Peter (1988). *The Pursuit of Happiness. Boston*, MA: Little, Brown and Co.

Reader, Ian, and George J. Tanabe, Jr. (1998). *Practically Religious: Worldly Benefits and the Common Religion of Japan*. Honolulu, HI: University of Hawaii Press.

Reischauer, Edwin O. (1981). *The Japanese*. Cambridge: Belknap Press.

Renan, Ernest (1882). "What Is a Nation?" http://ucparis.fr/files/9313/6549/9943/What_is_a_Nation.pdf, accessed December 15, 2014.

Renan, Ernest (1992 [1882]). "What Is a Nation?" in Ernest Renan (ed.) *Qu'est-ce qu'une nation?* trans. Ethan Rundell. Paris:

Presses-Pocket.

Ricci, Matteo (2009). *On Friendship: One Hundred Maxims for a Chinese Prince*, trans. Timothy Billings. New York: Columbia University Press.

Roberts, Luke (1994). "The Petition Box in Eighteenth Century Tosa" in *Journal of Japanese Studies* 20:2, pp. 423–58.

—— (2012). *Performing the Great Peace: Political Space and Open Secrets in Tokugawa Japan*. Honolulu, HI: University of Hawaii Press.

Rowley, Gaye (2013). *An Imperial Concubine's Tale: Scandal, Shipwreck, and Salvation in Seventeenth-Century Japan*. New York: Columbia University Press.

Rubinger, Richard (1982). *Private Academies of Tokugawa Japan*. Princeton, NJ: Princeton University Press.

—— (2007). *Popular Literacy in Early Modern Japan*. Honolulu, HI: University of Hawaii Press.（邦訳ルビンジャー『日本人のリテラシー——1600—1900年』柏書房、二〇〇八）

Russell, Bertrand (1946). *History of Western Philosophy: And Its Connection with Political and Social Circumstances from the Earliest Times to the Present Day*. London: George Allen & Unwin Ltd.

Sakai, Naoki (1991). *Voices of the Past*. Ithaca, NY: Cornell University Press.

—— (2015). "From Relational Identity to Specific Identity—On Equality and Nationality" in Peter Nosco, James E. Ketelaar, and Kojima Yasunori (eds.) *Values, Identity and Equality in 18th- and 19th-Century Japan*, pp. 290–320. Leiden: Brill.（邦訳酒井二〇一六）

Sargent, G.W., trans. (1959). Ihara Saikaku. *The Japanese Family Storehouse or the Millionaire's Gospel Modernised*. Cambridge: Cambridge University Press.

Satchell,Thomas, trans. (1960). *Shank's Mare: Being a Translation of the Tokaido Volumes of Hizakurige, Japan's Great Comic Novel of Travel and Robaldry by Ikku Jippensha*. Rutland and Tokyo: Charles Tuttle Press.

Satow, Ernest (1921). *A Diplomat in Japan*. London: Seeley, Service and Co.

—— (1927). "The Revival of Pure Shin-tau" in *Transactions of the Asiatic Society of Japa*n, reprints 3: 2.

Sawada, Janine (1993). *Confucian Values and Popular Zen: Sekimon Shingaku in Eighteenth-Century Japan*. Honolulu, HI: University of Hawaii Press.

—— (2004). *Practical Pursuits: Religion, Politics and Personal Cultivation in Nineteenth-Century Japan*. Honolulu, HI: University of Hawaii Press.

Scheiner, Irwin (1973). "The Mindful Peasant: Sketches for a Study of Rebellion" in *Journal of Asian Studies* 32:4, pp. 579–91.

Screech, Timon, annot. and intro. (2005). *Japan Extolled and Decried: Carl Peter Thunberg and the Shogun's Realm, 1775–1796* (sic). London: Routledge.

Shirane, Haruo (1998). *Traces of Dreams: Landscape, Cultural Memory, and the Poetry of Bashō*. Stanford, CA: Stanford University Press.

Silver, Jacob Mortimer Wier. (1867). *Sketches of Japanese Manners and Customs: Illustrated by Native Drawings*. London: Day and Son. Included as vol. 4 in The West's Encounter with Japanese Civilization 1800–1940, intro. Catharina Blomberg. Richmond, Surrey: Japan Library, Curzon Press, 2000.

Simmel, Georg (1950). *The Sociology of Georg Simmel*, comp. and trans. Kurt Wolff. Glencoe, IL: Free Press.

Simon, Bernd, and Bert Klandermans (2001). "Politicized Collective Identity: A Social Psychological Analysis" in *American Psychologist* 56:4 (April), pp. 319–31.

Smits, Gregory (1999). *Visions of Ryukyu: Identity and Ideology in Early-Modern Thought and Politics*. Honolulu, HI: University of Hawaii Press.

Steele, M. William (2015). "The Unconventional Origins of Modern Japan: Mantei Ōga vs. Fukuzawa Yukichi" in Peter Nosco, James E. Ketelaar, and Kojima Yasunori (eds.) *Values, Identity and Equality Values, Identity and Equality in 18th- and 19th-Century Japan*. Leiden: Brill.（邦訳スティール二〇一六）

Stone, Jacqueline (2012). "The Sin of Slandering the 'True Dharma' in Nichiren's Thought" in Phyllis Granoff and Koichi Shinohara (eds.) *Sins and Sinners: Perspectives from Asian Religions*, pp. 113–52. Leiden: Brill.

Storry, Richard (1965). "Review of the Japanese Enlightenment" in *Bulletin of the School of Oriental and African Studies* 28:2 (June), pp. 428–429.

Sunstein, Cass R. (2014). "Who Knows If You're Happy?" in *The New York Review of Books* 61:19 (December 4), pp. 20–22.

Sztompka, Piotr (1999). *Trust: A Sociological Theory*. Cambridge: Cambridge University Press.

Tadano, Makuzu (2001). "Solitary Thoughts: A Translation of Tadano Makuzu's *Hitori Kangae* (2)," trans. Janet R.

Goodwin, Bettina Gramlich-Oka, Elizabeth A. Leicester, Yuki Terazawa, and Anne Walthall in *Monumenta Nipponica* 56:2, pp. 173–95.

Taylor, Rodney L. (1990). *The Religious Dimensions of Confucianism*. Albany: The State University of New York Press.

Thomas, Julia Adeney (2001). "The Case of Nature: Modernity's History in Japan" in *History and Theory* 40:1, pp. 16–36.

Titsingh, Isaac (1822). *Illustrations of Japan*, trans. Frederic Shoberl. London: R. Ackerman. Included as vol. 3 in *The West's Encounter with Japanese Civilization, 1800–1940*, intro. Catharina Blomberg. Richmond, Surrey: Japan Library, Curzon Press, 2000.

Totman, Conrad (1993). *Early Modern Japan*. Los Angeles and Berkeley, CA: University of California Press.

Tsuda, Sōkichi (1970). *An Inquiry into the Japanese Mind as Mirrored in Literature: The Flowering Period of Common People Literature*, trans. Fukumatsu Matsuda. Yushodo.

Tucker, John (1999). "Rethinking the Akō Ronin Debate: The Religious Significance of *Chūshin gishi" in Japanese Journal of Religious Studies* 26:1–2, pp. 1–37.

Tucker, Mary Evelyn (1989). *Moral and Spiritual Cultivation in Japanese Neo-Confucianism: The Life and Thought of Kaibara Ekiken, 1630–1714*. Albany: The State University of New York Press.

United Nations Human Development Index (2014). http://hdr.undp.org/en/content/table-1-human-development-index-and-its-components, accessed November 28, 2014.

Vaporis, Constantine (1994). *Breaking Barriers: Travel and the State in Early Modern Japan*. Cambridge, MA: Harvard

University Press.

—— (2000). "Samurai and Merchant in Mid-Tokugawa Japan: Tani Tannai's Record of Daily Necessities (1748–54)" in *Harvard Journal of Asiatic Studies* 60:1, pp. 205–27.

—— (2012). *Voices of Early Modern Japan: Contemporary Accounts of Daily Life During the Age of the Shoguns*. Santa Barbara: Greenwood.

Vlastos, Stephen (1990). *Peasant Protests and Uprisings in Tokugawa Japan*. Berkeley, CA: University of California Press.

Vogel, Ezra (1979). *Japan as Number One: Lessons for America*. Cambridge, MA: Harvard University Press.

Wakabayashi, Bob Tadashi (1995). *Japanese Loyalism Reconsidered: Yamagata Daini's Ryūshi Shinron of 1759*. Honolulu, HI: University of Hawaii Press.

Waley, Arthur, trans. and commentary (1938). *The Analects of Confucius*. London: George Allen and Unwin.

Walthall, Anne (1998, 2005). *The Weak Body of a Useless Woman: Matsuo Taseko and the Meiji Restoration*. Chicago: University of Chicago Press. Translated into Japanese as *Tawoyame to Meiji Ishini: Matsuo Taseko no handenkiteki shōgai*, 2005.

—— (2015). "Good Older Brother, Bad Younger Brother: Sibling Rivalry in the Hirata Family" in Peter Nosco, James E. Ketelaar and Yasunori Kojima (eds.) *Values, Identity and Equality in Eighteenth- and Nineteenth-Century Japan*, pp. 51–79. Leiden: Brill.（邦訳ウォルソール二〇一六）

Warren, Carol, and Barbara Laslett (1980). "Privacy and Secrecy: A Conceptual Comparison" in Stanton K. Tefft (ed.)

Secrecy: A Cross-Cultural Perspective. New York: Human Sciences Press.

Washington Examiner (2014). www.washingtonexaminer.com/cdc-18-of-all-pregnancies-end-in-abortion-730322-is-a-new-low/article/2556742, accessed November 29, 2014.

Wattles, Miriam (2013). *The Life and Afterlives of Hanabusa Itchō, Artist-Rebel of Edo*. Leiden: Brill.

Webb, Herschel (1968). *The Japanese Imperial Institution in the Tokugawa Period*. New York: Columbia University Press.

Weintraub, Karl J. (1975). "Autobiography and Historical Consciousness" in *Critical Inquiry* 1:4 (June), pp. 821–48.

Wensink, Joseph (undated). "Collective Identity." www.globalautonomy.ca/global1/glossary, accessed June 15, 2012.

Wills, John E., Jr. (2001). *1688: A Global History*. New York: W.W. Norton and Co.

Wittrock, Björn (1998). "Early Modernities: Varieties and Transitions" in *Daedalus* 127:3, pp. 19–40.

World Bank (2012). http://data.worldbank.org/indicator/NY.GNS.ICTR.ZS, accessed December 5, 2014.

Wu, Pei-yi (1990). *The Confucian's Progress: Autobiographical Writings in Traditional China*. Princeton, NJ: Princeton University Press.

Xavier, X. (1963). *The Athenaeum* 1851 (April 18), p. 519.

Yoder, Robert Stuart (2004). *Youth Deviance in Japan: Class Reproduction of Non-Conformity*. Melbourne: Trans Pacific Press.

Yomiuri Shimbun (2014). December 1. http://the-japan-news.com/news/arti-cle/0001758375, accessed December 2, 2014.

姉崎正治（一九二五）『切支丹宗門の迫害と潜伏』同文館

池上英子（二〇〇〇）『名誉と順応　サムライ精神の歴史社会学』森本醇訳、NTT出版
――（二〇一六）「トビウオが跳ねるのを待ちながら――江戸の人々が実践した価値観と個性を再訪する」ピーター・ノスコ、ジェームス・E・ケテラー、小島康敬編『江戸のなかの日本、日本のなかの江戸――価値観・アイデンティティ・平等の視点から』柏書房、四三―六七頁
池澤一郎（二〇〇〇）『江戸文人論――大田南畝を中心に』汲古書院
井原西鶴（一九七六）『対訳西鶴全集　一四　西鶴織留』麻生磯次、富士昭雄訳注、明治書院
揖斐高（二〇〇九）『江戸の文人サロン――知識人と芸術家たち』吉川弘文館
今橋理子（二〇〇九）『秋田蘭画の近代――小田野直武「不忍池図」を読む』東京大学出版会
上田秋成（二〇〇九）『雨月物語精読』稲田篤信校注、勉誠出版
ウォルソール、アン（二〇一六）「賢兄愚弟――平田派に見る兄弟間の競争」ピーター・ノスコ、ジェームス・E・ケテラー、小島康敬編『江戸のなかの日本、日本のなかの江戸――価値観・アイデンティティ・平等の視点から』柏書房、六八―一〇〇頁
遠藤潤（二〇〇八）『平田国学と近世社会』ぺりかん社
大桑斉（二〇一三）『民衆仏教思想史論』ぺりかん社
オールコック（一九六二a）『大君の都――幕末日本滞在記』上巻、山口光朔訳、岩波文庫
――（一九六二b）『大君の都――幕末日本滞在記』中巻、山口光朔訳、岩波文庫
荻生徂徠（一九七三）『日本思想体系　三六　荻生徂徠』吉川幸次郎・丸山眞男・西田太一郎・辻達也校注、岩

波書店
織田武雄（一九七四）『地図の歴史――日本編』講談社現代新書
貝原益軒（一九一一）「養生訓」『益軒全集』第三巻、益軒全集刊行部
桂島信弘（二〇〇八）『自他認識の思想史』有志舎
賀茂真淵（一九四二ａ）『校本　賀茂真淵全集』思想篇上、弘文堂
――（一九四二ｂ）『校本　賀茂真淵全集』思想篇下、弘文堂
川村博忠（二〇一〇）『江戸幕府の日本地図――国絵図、城絵図、日本図』吉川弘文館
黒住真（二〇〇三）『近世日本社会と儒教』ぺりかん社
――（二〇〇六）『複数性の日本思想』ぺりかん社
桑原恵（二〇〇七）『幕末国学の諸相』大阪大学出版会
小島康敬（二〇〇二）「幕末期津軽の民俗学者・平尾魯僊――平田篤胤と柳田国男の間」『「市史ひろさき」年報』第一〇号、一〇―四五頁
――（二〇一一）「武士的公共性の可能性」片岡龍、金奉昌編『伊藤仁斎――天下公共の道を講究した文人学者』東京大学出版会、二六五―二八六頁
――編（二〇一三）『「礼楽」文化――東アジアの教養』ぺりかん社
小林准二（一九九七）「近世における心の言説」『江戸の思想』第六号、一五八―一七八頁
小林敏男（二〇一〇）『日本国号の歴史』吉川弘文館

酒井直樹（二〇一六）「関係的同一性から種的同一性へ——平等と國體（ナショナリティ）について」ピーター・ノスコ、ジェームス・E・ケテラー、小島康敬編『江戸のなかの日本、日本のなかの江戸——価値観・アイデンティティ・平等の視点から』柏書房、三三〇—三七五頁
島内景二（二〇〇九）『柳沢吉保と江戸の夢』笠間書院
清水正之（二〇〇五）『国学の他者像——誠実（まこと）と虚偽（いつわり）』ぺりかん社
シラネ、ハルオ（一九九九）「創造された古典——カノン形成のパラダイムと批評的展望」ハルオ・シラネ、鈴木登美編『創造された古典——カノン形成・国民国家・日本文学』新曜社、一三—四五頁
鈴木健一編（二〇一三）『浸透する教養——江戸の出版文化という回路』勉誠出版
スティール、ウィリアム（二〇一六）「近代日本の奔放なる起源——万亭応賀と福澤諭吉」ピーター・ノスコ、ジェームス・E・ケテラー、小島康敬編『江戸のなかの日本、日本のなかの江戸——価値観・アイデンティティ・平等の視点から』柏書房、二八五—三〇三頁
相馬御風（一九二九）『義人生田万の生涯と詩歌』春秋社
高橋磌一編（一九七七）『日本史の人物像　第七巻　反逆者群像』筑摩書房
竹内整一（二〇一〇）『「おのずから」と「みずから」——日本思想の基層　増補版』春秋社
只野真葛（一九九四）『只野真葛集』鈴木よね子校訂、叢書江戸文庫三〇、国書刊行会
田中康二（二〇〇九）『本居宣長の大東亜戦争思考法』ぺりかん社
——（二〇一〇）『江戸派の研究』汲古書院

田中惣五郎（一九七七）「木内惣五郎」高橋磌一編『日本史の人物像　第七巻　反逆者群像』筑摩書房、三三―五四頁
谷川健一（一九七二）『日本庶民生活史料集成』第十八巻、三一書房
圭室文雄（一九七一）『江戸幕府の宗教統制』日本人の行動と思想、評論社
――（一九七四）「かくれ題目」片岡弥吉他『近世の地下信仰――かくれキリシタン・かくれ題目・かくれ念仏』日本人の行動と思想、評論社
塚本哲三編（一九二七）『礼記』漢文叢書、有朋堂書店
辻本雅史（二〇一一）『思想と教育のメディア史――近世日本の知の伝達』ぺりかん社
田世民（二〇一二）『近世日本における儒礼受容の研究』ぺりかん社
時野谷勝（一九七七）「鼠小僧次郎吉」高橋磌一編『日本史の人物像　第七巻　反逆者群像』筑摩書房、九三―一一二頁
徳田武（二〇〇四）『近世日中文人交流史の研究』研文出版
徳盛誠（二〇一三）『海保清陵――江戸の自由を生きた儒者』朝日新聞社
中村幸彦（一九八二）「近世文人意識の成立」『漢学者記事』中村幸彦著述集、第十一巻、中央公論社、三七五―四〇七頁
中村幸彦校注（一九九五）『東海道中膝栗毛』新編日本古典文学全集八一、小学館
浪川健治、小島康敬編（二〇一三）『近世日本の言説と「知」』清文堂

西尾幹二（二〇〇七）『江戸のダイナミズム』文藝春秋
乳井貢（一九三五）「志学幼弁」『乳井貢全集』第一巻、乳井貢顕彰会
ヌスバウム、マーサ／セン・アマルティア編（二〇〇六）『クオリティー・オブ・ライフ』水谷めぐみ訳、里文出版
ノスコ、ピーター（二〇一六）「近世における個性と集団的アイデンティティの同時発生」ピーター・ノスコ、ジェームス・E・ケテラー、小島康敬編『江戸のなかの日本、日本のなかの江戸――価値観・アイデンティティ・平等の視点から』柏書房、一三九―一六一頁
ノスコ／ケテラー（二〇一六）「十八世紀と十九世紀の価値観・アイデンティティ・平等について」ピーター・ノスコ、ジェームス・E・ケテラー、小島康敬編『江戸のなかの日本、日本のなかの江戸――価値観・アイデンティティ・平等の視点から』柏書房、一一―四〇頁
野間光辰校注（一九六〇）『西鶴集　下』日本古典文学大系四八、岩波書店
萩原恭男校注（一九七九）『おくのほそ道』岩波文庫
濱野靖一郎（二〇一四）『頼山陽の思想――日本における政治学の誕生』東京大学出版会
速水融（二〇一一）『歴史人口学で見た日本』文春新書
樋口浩造（二〇〇九）『江戸の批判的系譜学』ぺりかん社
尾藤正英（一九六一）『日本封建思想史研究』青木書店
久松潜一（一九二七）『契沖伝』朝日新聞社

深谷克己（二〇〇六）『江戸時代の身分願望――身上がりと上下無し』吉川弘文館
福澤［福沢］諭吉（一九七八）『学問のすゝめ』岩波文庫
武陽隠士（一九九四）『世事見聞録』本庄栄治郎校訂、岩波文庫
堀新、深谷克己編（二〇一〇）『権威と上昇願望』吉川弘文館
前田勉（二〇〇二）『近世神道と国学』ぺりかん社
――（二〇〇九）『江戸後期の思想空間』ぺりかん社
――（二〇一二）『江戸の読書会――会読の思想史』平凡社選書
真壁仁（二〇〇七）『徳川後期の学問と思想』名古屋大学出版会
松本三之助（一九九六）『明治思想史――近代国家の創設から個の覚醒まで』新曜社
松本茂（一九八四）「本居宣長の仏教観」『宗教文化の諸相――竹中信常博士頌寿記念論文集』山喜房仏書林
松本新八郎（一九七七）「百姓武左衛門」高橋碩一編『日本史の人物像　第七巻　反逆者群像』筑摩書房、六一―九二頁
丸山眞男（一九七二）「歴史意識の『古層』」丸山眞男編『歴史思想集』筑摩書房
源了圓（一九六九）『義理と人情――日本的心情の一考察』中公新書
宮城公子（二〇〇四）『幕末期の思想と習俗』ぺりかん社
宮崎英修（一九六九）『不受不施派の源流と展開』平楽寺書店
本居宣長（一九六八―一九七五）『本居宣長全集』大野晋、大久保正編、全二十二巻、筑摩書房

安永寿延（一九九二）『安藤昌益　研究国際化時代の新検証』農山漁村文化協会
山口宗之校注（一九七一）「学校問答書」『渡辺崋山・高野長英・佐久間象山・横井小楠・橋本左内』日本思想大系五五、岩波書店
藪田貫、柳谷慶子編（二〇一〇）『身分のなかの女性』吉川弘文館
渡辺浩（二〇一〇）『日本政治思想史』東京大学出版会

【て】

【に】

【は】

【ひ】

【ふ】

【ほ】

【ま】

【み】

【め】

【ゆ】

【よ】

事項索引

【ほ】

【ま】

【み】

【も】

【や】

【ゆ】

【よ】

【ら】

【り】

【る】

【わ】

人名索引

Individuality in Early Modern Japan: Thinking for Oneself
By Peter Nosco, Routledge, 2018

【著者略歴】

ピーター・ノスコ Peter Nosco

ブリティッシュ・コロンビア大学教授。専攻は日本思想史。1950年生。

著書に『江戸社会と国学—原郷への回帰』（ぺりかん社、1999年）、共編著に『江戸のなかの日本、日本のなかの江戸—価値観・アイデンティティ・平等の視点から』（ピーター・ノスコ、ジェームス・E・ケテラー、小島康敬編、柏書房、2016年）、*Dissent on Core Beliefs: Religious and Secular Perspectives* (Simone Chambers, Peter Nosco eds., Cambridge University Press, 2015) などがある。

【訳者略歴】

大野ロベルト（おおの ろべると）

日本社会事業大学専任講師。専攻は日本古典文学、比較文化。1983年生。

共著に『日記文化から近代日本を問う—人々はいかに書き、書かされ、書き遺してきたか』（田中祐介編、笠間書院、2017年）、論文に「『もののあはれ』再考—思想と文学を往還しながら」（『アジア文化研究』第42号、2016年）、訳書に『江戸のなかの日本、日本のなかの江戸』（柏書房、2016年）などがある。

徳川《とくがわ》日本《にほん》の個性《こせい》を考《かんが》える

2018年５月10日　初版印刷
2018年５月20日　初版発行

著　者　　ピーター・ノスコ
訳　者　　大野ロベルト
発行者　　金田　功
発行所　　株式会社 東京堂出版
〒101-0051　東京都千代田区神田神保町1-17
電話　03-3233-3741
http://www.tokyodoshuppan.com/

装　丁　　臼井新太郎
組版・印刷・製本　富士リプロ株式会社

ISBN978-4-490-20987-7 C3021